姚权贵 著

晚清贵州朴学研究

上海古籍出版社

本书为贵州省哲学社会科学规划重点项目

"地域学术视野下的晚清贵州朴学研究（20GZZD53）"
结项成果

# 目 录

绪论 *1*

第一节 地域学术视野下的晚清贵州朴学 *2*

一、清代朴学与道咸学术 *4*

二、晚清贵州朴学 *6*

第二节 贵州朴学研究现状 *9*

一、考察贵州朴学的源流演变 *9*

二、探讨贵州朴学人物 *11*

三、关注贵州朴学文献整理 *12*

第三节 晚清贵州朴学的学术意义 *14*

一、充实地域学术的内容 *14*

二、完善中国学术思想的理论与体系 *15*

三、书写更为完整的中国朴学史 *16*

四、丰富发展贵州历史文化 *18*

第四节 本书的思路与内容 *19*

第一章 贵州朴学的流变 *23*

第一节 汉代：经学在贵州萌芽 *24*

一、舍人与《尔雅注》　24

二、尹道真叩问中原文化　27

第二节　明代：贵州朴学初建体系　29

一、易贵：黔人经说始见载史籍者　29

二、孙应鳌：引领贵州实学转向　30

第三节　道咸：贵州朴学勃兴　32

一、郑珍、莫友芝崛起贵州　32

二、养成地域学术风气　34

三、形成朴学人才规模　36

第四节　民初以后：贵州朴学的延续　37

第二章　晚清贵州朴学兴盛探源　39

第一节　始终向主流学术看齐　40

一、莫与俦引汉学入黔　40

二、北学之路　41

第二节　学术环境逐渐成熟　43

一、偏安一隅营造学术环境　43

二、交通发展促进对外交游　44

三、官学、书院、学术机构不断兴起　45

第三节　继承乾嘉学术的优良传统　47

一、乾嘉学术提振贵州朴学氛围　47

二、敢于创新，杜绝流弊　48

三、实事求是　49

第四节　朴学群体的建立与维系　50

　　一、人才结构新陈代谢　51

　　二、学术志向保持一致　52

　　三、学者群体人人奋发　54

第五节　家族式学术文化传承　55

　　一、笃厚的家风　56

　　二、家族书斋与学术园地　58

　　三、家塾与书院融合育人　59

第六节　社会各界的大力支持　61

第三章　晚清贵州朴学代表人物及其群体品格　64

第一节　晚清贵州朴学代表人物　65

　　一、黎安理　65

　　二、莫与俦　66

　　三、黎恂、黎恺　67

　　四、唐树义、唐炯　67

　　五、萧光远　68

　　六、郑珍　68

　　七、莫友芝、莫庭芝、莫祥芝　70

　　八、傅寿彤　72

　　九、郑知同　72

　　十、黄彭年、黄国瑾　74

　　十一、黎庶昌、黎尹聪　75

十二、宦懋庸 76

十三、赵怡、赵恺 76

十四、陈矩、陈田 77

十五、雷廷珍 78

十六、姚华 78

十七、任可澄 79

十八、其他 79

第二节　晚清贵州朴学家的群体品格 85

一、淡泊名利，潜心学术 85

二、心胸豁达，互相扶持 88

三、尊师重道，奖掖后进 89

四、家国情怀，乡土情结 90

第四章　晚清贵州朴学文献辑要 94

一、《千家诗注》 95

二、《周易属辞》 96

三、《毛诗异同》 99

四、《说文逸字》 100

五、《说文新附考》 103

六、《汗简笺正》 107

七、《亲属记》 109

八、《仪礼私笺》 112

九、《巢经巢经说》 116

十、《轮舆私笺》 119

十一、《凫氏为钟图说》《凫氏为钟图说补义》 121

十二、《郑学录》 122

十三、《郘亭知见传本书目》 124

十四、《唐写本说文解字木部笺异》 127

十五、《韵学源流》 130

十六、《古音类表》 131

十七、《宋本广韵校札》 133

十八、《六书略平议》 135

十九、《楚辞通释解诂》 137

二十、《说文浅说》 138

二十一、《等音归韵》 140

二十二、《说文通例》 141

二十三、《小学答问》 143

二十四、《且同亭黔语释》 144

二十五、其他 146


第五章　晚清贵州朴学的内容 152

第一节　乡邦文献的纂辑 152

一、参与方志编纂 153

二、地方文献汇辑刊刻 155

第二节　《说文》学 157

一、《说文》逸字、新附字 158

　　二、"六书"理论　163

　　三、发凡《说文》体例　167

　　四、《说文》版本与文本　170

第三节　金石篆刻　172

第四节　版本目录学　174

　　一、个人藏书目录　174

　　二、古籍版本目录　176

第五节　文献校勘刊刻　178

第六节　文字学　180

　　一、古文字研究　182

　　二、近代汉字研究　192

　　三、汉语俗字研究　198

　　四、沟通字际关系　209

第七节　音韵学　212

第八节　训诂学　215

　　一、申明旧说　216

　　二、考辨词义　219

　　三、考订名物典制　225

　　四、辨订人物史实　227

第九节　亲属称谓词语汇编考释　231

　　一、亲属称谓的词典式纂辑　232

　　二、亲属称谓的词汇史考查　235

　　三、亲属称谓的词汇学分析　244

## 第六章　晚清贵州朴学的方法与思想　*250*

第一节　以文字勘文献　*250*

第二节　名物考古与字词会通　*253*

第三节　流俗用字与典籍文字互证　*257*

第四节　文献的内外求证　*261*

第五节　形、音、义互相求　*265*

　　一、以形考字　*265*

　　二、以音考字　*276*

　　三、以义考字　*283*


## 第七章　晚清贵州朴学的成就与特色　*292*

第一节　具备语言文字学眼光　*292*

第二节　注重揭示汉字演变的规律　*296*

　　一、古籍文字通例　*296*

　　二、汉字孳乳的条件与成因　*297*

　　三、汉字演变的增、减、变、换　*300*

第三节　丰富《说文》学的内容和方法　*305*

第四节　继承发展乾嘉朴学——以郑珍、郑知同父子的《说文》学

　　　　为例　*308*

　　一、援用段说　*310*

　　二、申发段说　*314*

　　三、补正段说　*316*

第五节　校勘考辨古书疑难　*320*

第六节　提升朴学的语言文化价值　323

　　一、语言文字学价值　323

　　二、文化史价值　326

　　三、字典辞书的编纂价值　329


第八章　晚清贵州朴学的不足　334

第一节　因袭旧说致误　334

第二节　文献校对不精　338

第三节　考论尚可商榷　341

第四节　理论总结不够　348


第九章　晚清贵州朴学的当代价值　350

第一节　传承贵州地域学术文化　350

　　一、赓续贵州学术文化传统　351

　　二、提升贵州学术文化地位　352

　　三、提供地域学术的贵州参考　354

第二节　充实"黔学"内涵与体系　355

　　一、追溯黔学的源流与内涵　356

　　二、开展对黔学分支学科的研究　357

　　三、钩沉代表学者个人、群体及史实　358

第三节　重塑沙滩文化、影山文化　359

　　一、凝练沙滩文化、影山文化精华　359

　　二、从"家族式"走向"家国式"　361

第四节 探索教育特色与传统 363

  一、教育之路 363

  二、教育家精神 364

第五节 凝聚贵州人文历史与人文精神 366


结语 369


参考文献 373

# 绪　　论


道咸年间，郑珍、莫友芝崛起贵州，在《说文》、金石、文字、音韵、训诂、版本目录等学术领域，继承发展乾嘉学派优良传统，被誉为"西南硕儒"，并且通过家学、家风教育影响了数代贵州学人。从嘉庆末到民国初的百余年间，以郑、莫、黎三大家族①为核心的贵州学者，以朴学为共同的学术指归，留下了一批高水平朴学著作，形成了自身的学者群体与治学思想，出现了"影山文化""沙滩文化"两个学术文化盛况。这一时期的贵州学术，既与主流学术圈的传统朴学发展保持一致，又与贵州的地理环境、人文生态相融合，呈现出独特的家族式、群体式、地域性的文化传承方式与特点；这一时期的贵州学者，无论是群体还是个人，不仅秉持无征不信、稽古求真、实事求是、锲而不舍的朴学家精神，而且具有"渔樵耕读，家国天下"的群体品格，赋予了贵州地域学术、地域文化独特的魅力，成为近代中国历史文化重要的地域性形态和样本。这段学术思想史，在贵州历史文化发展的进程中是具有里程碑意义

---

① "沙滩文化"时期，对贵州学术、教育、文化产生重要影响和推动的遵义郑氏、莫氏、黎氏三大家族，分别以郑珍、莫友芝、黎庶昌为中坚人物，三大家族间既有师承，又有姻亲关系，通过家风、家学培养文人学士数十人，影响贵州文化历史百余年之久，世人称誉为"郑莫黎三家，衡宇相望，流风余韵，沾溉百年"。

的，具有深远的历史和现实影响，我们称之为"晚清贵州朴学"①。

## 第一节　地域学术视野下的晚清贵州朴学

在中华文明的历史长河中，诞生过许多以地域文化为背景、以地域名称命名的学术文化，学界称之为"地域学术"。这些地域学术，不仅是中国传统文化在空间维度上的繁衍与流传，彼此交融互鉴、共荣共生，形成了对中华文化核心内涵、思想价值的书写与认同；还具有时间维度上的发展演变与前后相承，一是不同历史时期不同形态的地域学术产生、发展、兴盛乃至消亡，构成了地域学术历时演变的脉络，二是同一地域的学术文化在不同时期因社会、文化、人物等因素的变迁，呈现出不同的时代面貌和发展特点。王晓清认为："每一地域学风皆有其独到的文化域点，以及学问出处的关键部位。"② 因此，地域学术的价值就在于，它的空间上呈现出来的地域特色和时间上呈现出来的时代特点，能为中华优秀传统文化和地域学术文化的研究提供更多的学术形态、文化域点，以及更为完整的反映主流学术文化与地域学术文化相互关系的人物线索、文献资料和历史过程。

百多年前，出身贵州的晚清重臣张之洞曾言："古来世运之明晦，

---

① 时间上，本书列举的部分人物、事件可能逸出"晚清"这一范畴，如部分学者虽出生于晚清，但他们的朴学研究实践和代表著作的完成，要晚至民国，综合考虑他们的出生时代、学术活动、师承渊源及其主要影响等，仍把他们纳入一并讨论。

② 王晓清《中国地域学派叙论》，湖北人民出版社，2013年，第5页。

人才之盛衰，其表在政，其里在学。"① 一个民族或地区的社会、政治、经济、文化、思想和精神是否昌明兴盛，最直接地体现在这里的教育和学术文化里。在众多的地域学术中，贵州学术文化有其自身独特的形态、思想原创性和历史影响力，这是近年来关注贵州地域学术的学者们的普遍看法。但相较于更为显赫的徽学、浙学、北学、湘学、蜀学、楚学等地域学术，"黔学"无论是在文化源流的追溯总结、学术生态的调查研究、理论体系的形成建构上，还是在资料、史实、亮点的挖掘上，都处于相对落后的境地。因此，历代贵州学者都非常重视贵州地域学术、地方文化及其各种学术形态的探索研究，近年更是通过大型文化工程、"全黔文库"整理出版、名人历史与传记专题、地方历史文化荟萃、学者个人全集出版、学术著作点校评述等多种途径，从更广的范围和更多的领域深度探寻贵州学术文化，取得了很多重要成果和重大突破，引起了学界对贵州历史文化的关注。

各个地域的学术文化并无优劣之分，有的只是因地理、人文环境造就的地域风格的多样性和差异性。因此，对贵州学术文化的研究，要像其他地域学术一样，立足于古今贯通，彰显学术普遍性之下的"地方特色"，并通过对"一时""一地"乃至"一些人"的学术研究概貌进行持续性关注，来获得对中国传统学术文化的整体性认识，以及对地域学术文化的深入了解。在这一学理逻辑下，那些在贵州发生、发展的学术文化，它的历史源流、文化形态、方法内容、思想特色、学者品格、周边影响等，无疑都能对中国传统学术文化形成清晰、深刻的反观与洞察。

---

① 张之洞著，冯天瑜、姜海龙译注《劝学篇》，中华书局，2016年，第8—9页。

　　那么，贵州有没有这样的地域学术呢？当然有，回顾贵州文化史，我们发现，嘉庆末至民国初的百余年间，受乾嘉学风、道咸学术及其他地域学术的影响，贵州学界的朴学研究有过一段辉煌的历史，根据其时代和地域特点，可以称之为"晚清贵州朴学"。放眼整个贵州学术思想史，"晚清贵州朴学"是颇具代表性且光荣珍贵的一段学术历史。从产生背景来看，"晚清贵州朴学"是中国传统学术中的"朴学"的一种地域性、历时性与共时性相结合的动态演进，对它的价值进行挖掘和重估，一是能够基于对中国传统学术思想史的反思与探索，对其与中国传统学术的深厚渊源进行追溯考证；二是可以结合历史事件、关键人物、代表文献等，来整体性、综合性研究其对贵州地域学术的深刻影响、其对"黔学"内涵的充实、其对贵州文化的传承价值等重要问题。

## 一、清代朴学与道咸学术

　　地域学术是我们追溯考察"晚清贵州朴学"的重要视角，但在考述它的来源与特点时，需要以当时的主流学术之一——"清代朴学"为背景。我国古代学术文化发展到清代臻于鼎盛，朴学占有重要一席，王力先生曾指出："十七世纪到十九世纪（清初到太平天国）是中国语言研究最有成绩的时代……一般学者多被迫离开现实而从事于古书的整理和考证，汉语的古义和古音在这个时代都有很大的发现。这种作风很像汉儒，所以叫做'汉学'；因为这种学问是实事求是的，所以又叫做'朴学'。"① 《汉语大词典》所收"朴

---

① 王力《汉语史稿》，中华书局，1980 年，第 11 页。

学"条列有两个义项：一是指上古朴质之学。后泛指儒家经学。二是指清代学者继承汉儒学风而治经的考据训诂之学①。我们所说的"朴学"取的就是后者，在内涵和外延上，主要指清代学者以文字、音韵、训诂、考据等为研治经籍的主要方法，学术风格承袭汉代经儒的学术研究。清代朴学领域广阔，大师辈出，顾炎武、惠栋、戴震、钱大昕、段玉裁、王念孙、王引之、陈澧、俞樾、孙诒让等人各领风骚，共同铸就中国古代学术史上极为辉煌的时代。尤其是乾嘉时期，朴学的治学指归、学术方法、思想体系臻于完善，并以之为核心，形成了举世瞩目的"乾嘉学派"。据清陈康祺《燕下乡脞录》卷十四载："乾嘉巨卿魁士，相率为形声、训诂之学，几乎人肄篆籀，家耽《苍》《雅》矣。诹经榷史而外，或考尊彝，或访碑碣，又渐而搜及古专，谓可以印证朴学也。"② 足见乾嘉朴学之盛。朴学不是乾嘉学术的全部，但却通过乾嘉学派的推动，对之后的中国学术文化产生了极为深远的影响，一是在学术思想、经史、文化典籍、语言文字等重要领域引领着中国传统学术的主流；二是以其为学术归依，形成了多姿多彩、争妍斗艳的地域性学术和学派，奠定了道咸以降中国新的学术文化的走向和特点。

王国维曾精辟总结清代学术史的流变："我朝三百年间，学术三变：国初一变也，乾嘉一变也，道咸以降一变也……故国初之学大，乾嘉之学精，道咸以降之学新……道咸以降，学者尚承乾嘉之风，然其时政治风俗已渐变于昔，国势亦稍稍不振，士大夫有忧之而不知所

---

① 汉语大词典编辑委员会、编纂处编纂，罗竹风主编《汉语大词典》（缩印本），汉语大词典出版社，1997年，第2701页。
② 陈康祺《燕下乡脞录》，清光绪七年（1881）刊本。

出，乃或托于先秦西汉之学，以图变革一切，然颇不循国初及乾嘉诸老为学之成法。"① 但对整个清代学术，乾嘉及之前的学术历史都备受关注，而道咸以降的学术，无论是学术地理分布、代表人物、代表论著、治学特点、学风面貌等基本情况，还是道咸学术面临时政剧变和西学浸染所呈现出来的新质、新变等，研究都相对较少。

对于道咸学术，应该基于其所处特定的历史时期，注重其与乾嘉的联系与差异，注重其受西学的影响，注重其学理路径、学术基础的新旧特质，选择全国性、地域性的学术样本来作整体系统的研究。这一方面，其实过去学界的探讨并不少，例如开近代学术先河的扬州学派、经史并重的浙东学派、"莫作调人"的南菁学派、融合中西的瑞安学派、杭州"诂经精舍"及其诸儒、"梯梁后学"的通儒俞樾、主持广东学海堂的陈澧、朴学殿军孙诒让等，都颇受学界关注，无论是影响时代的学术流派、学者群体，还是成就斐然的个人，都展现了乾嘉以至道咸的学术风貌、风气与特点。从探索更多流变形式、学术形态、地域样本的角度出发，我们认为，"晚清贵州朴学"是贵州地域文化的历史上的一脉，也是道咸时中国学术文化的一支，它的形成、发展、兴盛和沉寂过程，是符合考察道咸学术历史条件的一个地域学术样本。

## 二、晚清贵州朴学

乾嘉之后，正当清代学术处于时代巨变之时，正当中原、江淮、

---

① 王国维《沈乙庵先生七十寿序》，《观堂集林》卷第二十三《缀林一》，河北教育出版社，2003年，第574页。

两广、两湖的朴学繁荣复兴、纷呈出新之时，远在西南的贵州又是怎样的景象呢？贵州朴学家们并未消沉停滞，他们一面四处奔走，交游求学，接受乾嘉遗风的熏陶，并迎接因中西新旧文化碰撞带来的创变革新；一面又坚守黔地，潜心钻研，兴业讲学，为孕育贵州自身的学术风气而不断努力。直到道咸之际，以"西南硕儒"郑珍、莫友芝及其师门为代表的贵州朴学家，致力于乾嘉以来的传统经学、小学、考据学，留下了一批水平很高的朴学成果，形成了具有一流学术水准的朴学群体，贵州学术文化终于迎来中兴。这一时期的贵州学术，既具有乾嘉以来清代朴学稽古求真、实事求是共性，与我国传统儒学、义理、艺文等优秀文化血脉相连；又因植根于贵州特有的自然、人文环境，形成与其他地域学术具有不同内涵特质的学术分野，赢得了一定的学术史地位，促进了贵州古代学术纳入主流学术史的进程。

梁启超曾提及清代贵州学术："贵州亦自昔骞远朴塞，自道光间程春海为学政，提倡汉学，而独山莫子偲、遵义郑子尹兴焉。咸通小学，善校勘，子尹子伯更亦能传家学，而遵义黎莼斋能为古文，好刻书。"[①] 这里面谈到了晚清贵州朴学的梗概，包括时间节点、学术特点，以及程恩泽、莫友芝、郑珍、郑知同等主要人物。但从晚清至民初，贵州学界与莫友芝、郑珍同时的还有萧光远、傅寿彤、赵旭等学者，之前还有莫与俦、黎安理、黎恂、黎恺等学者，之后还有黎庶昌、赵怡、赵恺、陈矩、姚华、任可澄等学者，可见"晚清贵州朴学"可以延展为一段历史时间更长、所含学者更多的学术

---

① 梁启超《近代学风之地理的分布》，《清华学报》1924 年第 1 卷第 1 期，第 37 页。

思想史。

　因此，我们所说的"晚清贵州朴学"，主要是指嘉庆末期至民国前期（约1810—1920）及其前后百余年间，贵州从事朴学研究的学者群体及其学术实践与成果，以及因此而形成的学术历史。在时间范围上，嘉庆年间"沙滩文化"的开创者黎安理回到遵义从事朴学研究和文教事业，以及莫与俦于嘉庆四年（1799）年入选翰林院庶吉士，可以看作晚清贵州朴学的先导期；道咸至光绪后期以郑珍、莫友芝、黎庶昌及其门人为主的文教及学术活动，可以看作晚清贵州朴学的中兴期；光绪末至民国前期以郑、莫、黎三大家族的门人子弟，以及雷廷珍、姚华、任可澄等学者的书院活动和朴学实践，可以看作晚清贵州朴学的尾声。在学者范围上，以贵州本土学者为主，包括在省内生活和在省外仕宦的贵州籍学者，同时关注入黔仕宦、游学、旅居的客籍学者。在内涵范围上，具体包括贵州朴学家的师承渊源、学术交游、著述文献、治学方法与思想、群体品格等，以及在学术史和学者群两个维度上，所反映出的晚清以来贵州朴学的鲜明特色，以及与传统学术之间的深刻关系，从而完整呈现晚清贵州朴学史的流变与走向。

　晚清贵州朴学对贵州历史文化影响深远，一方面它是由贵州历史文化脱颖而出的一批朴学家们创造的，能代表贵州地域和价值的高水平学术研究史和学术思想史，集中地、典型地体现了贵州传统文化的体貌与精神；另一方面，贵州朴学脱胎于中国古代文字、音韵、训诂、考据等传统学术研究，是一种地域文化，更是中华正统文化传承的典型，反映的是主流学术文化在贵州区域环境中的认同与变迁。此外，晚清贵州朴学还与当时贵州的社会、教育、文教等紧密相关,更重要的是与贵州历史文化中的两朵"奇葩"——沙滩文化、影山文化有着深刻的纽带关系。因此,厘清"晚清贵州朴学"这段学术历史,对于贵州地域学术文化的价值是不言而喻的。

## 第二节　贵州朴学研究现状

贵州朴学特色鲜明,理应成为中国文化和地域学术研究的重要内容。但由于黔地偏远,与中原、江南关山阻隔,外界对它的历史、文献和代表学者等一直缺乏深入细致的解析,甚至存在"因地废人""因地废言"的偏见。因此相较于其他地域学术,贵州朴学的研究仍然相对落后。现有对贵州朴学的研究涉及诸多领域和方面,我们择要论举如下。

### 一、考察贵州朴学的源流演变

一般认为,贵州朴学发轫于西汉经学家犍为郡舍人所著《尔雅注》,张连顺《"黔学"奠基之作〈尔雅·舍人注〉及其相关问题》认为《尔雅注》是黔学的奠基之作,论证了朴学之于贵州学术史的价值。张新民《经学视域下贵州学术思想的流变》和《地域学术与黔学》从经学、小学等角度探讨了贵州学术思想史的发展。陈奇《郑珍经学门径刍议》就专门考述了郑珍经学研究的学术门径。黄万机《贵州汉文学发展史》一书考述了贵州汉文学与贵州历史文化发展之间的关系,其中涉及不少学者、思想源流与朴学是会通的。黎铎《开放中的反思——沙滩文化衰落原因研究》认为沙滩文化衰落的原因是经济、观念、地域、民间文化立场等方面的制约。欧阳大霖《"影山文化"源流述略》和梁光华《论影山文化的形成与影响力》探讨了以莫与俦、莫友芝为代表的影山文化的形成过程，及其与中华优秀传统文化和贵州文化之间的关系。孔维增《遵义"沙滩文化"的考据取向及其思想渊源》一文认为训诂、考据是沙滩文化的主导性治学取向，因此"沙滩文化"是乾嘉考据学的一个构成单元。此外，还有不少成果是通过考察学者个人的治学思想来阐释贵州朴学的渊源流变，例如黎铎《沙滩文化的奠基人黎恂》通过人物传记考述了黎恂与沙滩文化的渊源关系。韦性吕《"西南鸿儒"莫与俦思想源头考》考证了莫与俦教育、学术思想的产生背景及其与贵州汉文化之间的关系。史光辉《绝代经巢第一流：西南大儒郑珍的小学研究》和邹芳望《会通汉宋：郑珍、莫友芝学术渊源考》等文从学术史角度评述了郑、莫的朴学思想与方法。董文强博士论文《清代学术与篆书发展》探讨了清代学术与篆书书法的关系，其中涉及部分贵州莫友芝等人的学术思想与书法。徐道彬《"皖学"入黔：程恩泽对郑珍的学术影响》是通过人物师承关系考察"皖学"对贵州朴学的深刻影响的最新成果。加拿大汉学家施吉瑞（Jerry D. Schmidt）所著《诗人郑珍与中国现代性的崛起》一书有专章论及"郑珍思想中的两面性"，其中对郑珍的"汉学思想"来源及其与"常州派"的渊源关系有较为深入的考释和阐述[1]，这是少有的关注贵州朴学的国外研究。

---

[1] （加）施吉瑞著，王立译《诗人郑珍与中国现代性的崛起》，河南大学出版社，2017年，第122—130页。

## 二、探讨贵州朴学人物

贵州朴学史上，有不少卓有成就的代表学者。早期学界主要关注黔籍历史人物舍人、尹珍，但成果较少。后来莫友芝、郑珍相继受到重视，成果颇丰：莫友芝研究论文有孙晓竹《浅论莫友芝的目录学成就》，吴鹏《贵州省博物馆藏莫友芝家书考释》，张红伟《莫友芝的目录学思想探究》等论文；研究专著有裴汉刚主编《莫友芝研究文集》，黄万机《莫友芝评传》，张剑《莫友芝年谱长编》，张剑、张燕婴《莫友芝全集》等。郑珍研究方面，黄万机《郑珍评传》一书较早综述了郑珍的学术成就。曾秀芳《郑珍研究》一书则对郑珍著述、经学和文学作了专题研究；陈秋月博士论文《郑珍〈说文逸字〉研究》讨论了郑珍文字学的成就与特点。新近史光辉、姚权贵《郑珍小学研究》一书首次以朴学为视野，在梳理考证郑珍《说文逸字》《说文新附考》《汗简笺正》《亲属记》《仪礼私笺》等朴学著述基础上，对郑珍小学的内容、方法和特色及其与清儒如段玉裁、王念孙、王引之、钱大昕、孙诒让等比较，深入研讨了郑珍朴学的成就及价值。邓珍《"西南巨儒"郑珍之文字学研究》一书全面观照了郑珍的文字学著述，并着重以《说文逸字》和《说文新附考》为例，通过与同时期文字学家的比较，客观评述了郑珍文字学研究的学术方法和文字学思想，颇有参考价值。

除郑、莫外，学界讨论最多的是黎庶昌，20世纪八九十年代，就有张新民《黎庶昌及其〈古逸丛书〉》和《黎庶昌的版本目录学——读〈古逸丛书〉札记》、黄万机《黎庶昌及其〈拙尊园丛稿〉》、刘雨涛《龚泽浦购买黎庶昌珍藏善本书》、翁仲康《黎庶昌对地方文献的功绩》、关贤柱《浅谈黎庶昌的〈续古文辞类纂〉》等留意黎庶昌的学术活动。随后，黎庶昌在文化外交、古籍整理、朴学研究等各方面的情况受到关注，代表成果有王宝平《黎庶昌东瀛访书史料二则》和《日本国会图书馆藏黎庶昌遗札》、张新民《黎庶昌及其〈古逸丛书〉考论》、李连昌《黎庶昌〈拙尊园丛稿〉补遗》、武佩《论西学东渐中的黎庶昌》、倪新兵、张波《晚清黎庶昌、杨守敬借钞日本枫山文库藏古钞本〈春秋经传集解〉史实考》等。

此外，学界对其他朴学家如莫与俦、黎恂、唐树义、黄彭年、郑知同等都间有关注。黄万机《沙滩文化志》集中介绍了"沙滩文化"时期，贵州学界具有代表性的一批学者，具有较强的系统性。其他多为单篇论文，代表成果有李远《清代学者莫与俦》、王瑰《"施于有政"——黎恂评传》、龙尚学《晚清知名学者、教育家黄彭年》、刘彤《黄彭年文献学思想研究》、梅桐生《郑知同〈楚辞考辨〉析论》、刘海涛《萧光远与郑珍、莫友芝交往述论》等。

## 三、关注贵州朴学文献整理

王锳先生主导点校《郑珍集·经学》和《郑珍集·小学》，对郑珍学术文献作了整理与校释。进入新世纪，遵义市政府主持整理出版的"遵义沙滩文化典籍"丛书，《郑珍全集》《黎庶昌全集》和《莫友芝全集》已相继出版，其中除三人的诗文以外，不少属于朴学文献。谭德兴《贵州历代著述考：经部》考证了历代贵州籍、贵州客籍人士在经学方面的著述，包括《易》《书》《诗》《礼》《春秋》《四书》、小学等各个方面，其中有不少属于晚清贵州朴学的著述。此外，学界关注较多的是郑、莫著述的史料价值，代表成果有曾昭聪《郑珍〈亲属记〉论略》、易闻晓《郑珍〈说文逸字〉述要》、窦属东《郑珍〈亲属记〉研究》、严易平等《郑珍〈巢经巢诗钞〉诗歌史料价值探析》、郑丽君《论郑珍诗歌的经学根基》、张超人《郑珍〈仪礼私笺〉研究》、花友娟《郑珍〈汗简笺正〉研究》；李朝阳《论莫友芝散文的地域特征》、张新民《莫友芝版本目录学成就考论——影印〈宋元旧本书经眼录〉前言》、梁光华《莫友芝〈宋元旧本书经眼录〉手稿复原揭秘考论》、秦越《莫友芝〈唐写本说文解字木部笺异〉训诂实践考论》等。姚权贵、史光辉《〈说文〉新附俗写源流考辨——基于郑珍的〈说文新附考〉》利用郑珍朴学著作《说文新附考》考释了十余条汉魏以来的俗字，是对贵州朴学进行的文献校理、字词校勘研究。近年由梁光华、欧阳大霖点校的《郘亭知见传本书目莫绳孙稿抄本》，首次通过点校展现了莫友芝《郘亭知见传本书目》的原貌，该书附录还有对莫友芝此书的多项研究成果，很有参考价值。然学界对其他贵州朴学家的著述文献搜集较少，研究成果也不多。此外，近年贵州还陆续推出了萧光远等学者全集，还有各种"家集"、地方丛书等，形成了研究晚清贵州朴学的文献资料体系。

整体上，现有成果对贵州朴学的研究涉及的面很广，且不乏深入的学术思想、学术成果和文献整理方面的研究，这对贵州朴学的研究无疑具有重要的推动作用。但现有成果在以下几个方面仍然有待推进：一是对代表晚清贵州朴学高度、深度的重要人物、经典文献研究成果不多，研究深度也不够。二是大多属于个别专题或个人案例研究，成果比较零散，缺乏对朴学群体的系统性和整理性研究。三是缺少"史"的维度与方法，没有将"晚清贵州朴学"作为一段完整的学术史，无法真正揭示它在中国学术思想史及其地域学术方面的重要价值。四是没有将贵州朴学与其他地域学术进行比较，难以在林立的地域学术中，显现晚清贵州朴学的地位、特色与价值。

## 第三节　晚清贵州朴学的学术意义

深入研究晚清贵州朴学，至少具有以下几个方面的学术意义：

一、充实地域学术的内容

陈祖武先生指出："地域学术是整个中华学术不可分割的一个部分，而且它和中华学术主流是相互补充的，你中有我，我中有你。"① 贵州朴学作为富有特色的地域学术文化，是中华学术的重要组成部分，它不仅增加了中国学术的丰富性和多样性，还有利于探索地域学派及其思想的普遍性和特殊性。

贵州偏处西南，文化地域本属偏远，而相较于其他西南诸省，贵州学术和文化又处于尤为落后的境地，因此贵州在学术和地方文化上自古以来都常被忽略。而晚清时，打破了这一僵局，郑珍、莫友芝在清代学术史上有"西南巨儒"的美誉，成为贵州学术和地方

① 陈祖武《对地域学术的一点看法》，《文史天地》2022年第6期，第1页。

文化的典范，以他们为代表的贵州学者的朴学著作是贵州学术的载体，是外界了解和认识贵州学术的窗口。多年以来，通过数代学人的积极宣传和深入研究，以郑、莫、黎三大家族为学者群体的"沙滩文化"已经为世人所瞩目，"贵州文化在黔北，黔北文化在沙滩"的文化认同也深入人心。在这样的背景下，我们进一步全面深入地开展晚清贵州朴学研究，无疑将有助于进一步弘扬贵州学术和地方文化，从而改善贵州文化长期处于弱势的处境，改观长期以来对贵州"因地废人"的片面认识，从而提高贵州在中国学术史上的地位。而作为贵州地方学术的代表，贵州朴学家的学术方法与思想，亦能为丰富和发展我国传统学术提供个案和研究范式。

我们将"晚清贵州朴学"放到特定的清代朴学及道咸学术的历史范围中，作为一个"样本式"的地域学术形态，对其时代性、地域性及其学术内容、方法、特色、价值等进行历史梳理、描写与评述。钩稽晚清贵州朴学历史，将有助于将贵州学术文化与中国传统学术、其他地域学术的比较、互鉴研究推向纵深。

## 二、完善中国学术思想的理论与体系

晚清贵州朴学展现的是特定历史时期、特定地域范围内，一个朴学群体的治学思想与方法，能够为中国学术思想的理论探索和体系建立提供较为理想的个案。

一方面，晚清贵州朴学能为朴学史增加更多的代表人物和史实，这些代表学者的著述文献，能为朴学研究提供更多珍贵的语料。另一方面，晚清贵州学者在朴学各领域中的学术方法，能为梳理朴学史提供更多的借鉴和阐释路径，贵州学者深谙"以字通经"之道，乾嘉学派所探索遗留下来，诸如训诂笺释、版本校勘、文字考释、经典辨伪、文献辑佚等治学方法和手段，在贵州学者的著述中都有不同方式和层面的展现。而寻绎其中的代表著述，不难发现，他们不但继承清儒治学传统，考据上颇具乾嘉遗风，又时常检讨前贤之得失，填补了前人在传统小学领域的诸多空白，从而开辟新的学术视野和治学途径。

## 三、书写更为完整的中国朴学史

朴学是中国传统学术的重要分支，在历史上，很长一段时间将传统语文学称之为"小学"，汉代又曾把文字学称为"小学"，因儿童入小学必先习文字，故名；隋唐以后，小学逐渐成为统称文字学、训诂学、音韵学的学术概念。若单从小学所包含的三个门类的变迁史看，其起源可能更早，比如有学者认为训诂学早在春秋战国时已经萌芽。早期的小学被认为是专为解经而设，因此一直被当作经学的附庸。但以阐释和解读我国古代典籍为主要研究方向的小学，始终发挥着特殊重要的作用，晚清名臣张之洞在《𫐐轩语·语学二》中说："汉学所要者二：一音读训诂，二考据事实。音训明，方知此字为何语；考据确，方知此物为何物，此事为何事，此人为何人，然后知圣贤此言是何意义。"① 而小学就是我们所说的朴学或者汉学

---

① 张之洞《𫐐轩语·语学二》，《丛书集成续编》第 62 册，新文丰出版公司，1988 年，第 511 页。

的核心，都是以音读训诂和考据事实见长，在历代学者的共同推动下，逐渐形成独立的理论基础和研究体系，在研究内容和方法上都形成了自身的特色，并最终成为中国传统学术的重要门类。

朴学学术史上，历代名家辈出，而至于清代达到鼎盛，这时朴学研究方法和理论得到更好的总结和实践，新的朴学研究领域（如古音学）奠定基础，新的朴学材料被大量发现和使用，一大批高水平的朴学成果相继问世。而纵观整个清代，几乎各个时期都在不断涌现杰出的朴学大师，尤其是乾嘉时期的戴震、段玉裁、王念孙、王引之、钱大昕等，以及清末的俞樾、孙诒让等，共同谱写了清代辉煌的学术史。而在这中间，清代学术曾出现过一段低迷徘徊的时期，那就是晚清贵州朴学家所处的道咸之际。梁启超在总结清代学术史时认为："这个时代的学术主潮是：厌倦主观的冥想而倾向于客观的考察。"① 但国势见衰，难循乾嘉为学之法的道咸时期，能把乾嘉之精博付诸客观考察的庶几无人，身处时代巨变下的晚清贵州朴学家，是乾嘉学术不可或缺的传承和发扬者，作为朴学后继者，他们既深得前贤治学之精深，同时又以自身深厚的学术根基，大力开拓新视野和新途径，在诸多领域做出了力图超越前人的可贵努力。作为该时期难得的一个朴学群体，晚清贵州朴学家对学术史的梳理和贯通是值得关注的，他们将"乾嘉之精"延传至清末，为考察"乾嘉学派"至"章黄学派"中间这段学术历史的发展概况提供了线索。因此，充分考察晚清贵州朴学家的学术活动，总结他们的学术思想和治学精神，必将有助于清代朴学学术史的完整梳理和准确书写。

---

① 梁启超《中国近三百年学术史》，中国书店，1985年，第1页。

　　"晚清贵州朴学"是不容忽视的地域学术样本，贵州朴学家的治学方法，朴学文献中所体现的话语体系，不仅能够充实传统学术体系中的经学、小学、考据学等部分，为朴学史的研究提供新的方法和史料；并且能够反映中国朴学在不同地域上、形态上的发展演变，从而为书写更为完整的中国朴学史提供新素材。

## 四、丰富发展贵州历史文化

　　对贵州历史文化的关注和认识，无论是史前文化、民族文化、傩文化、屯堡文化、夜郎文化，还是沙滩文化、影山文化和汉文学，所涉及的文化来源、特点及其相互关系等是非常广泛的。在这种背景下，如何准确地给"晚清贵州朴学"进行历史定位？通过深入考察"晚清贵州朴学"，至少可以遵循三个方面的线索：一是晚清贵州朴学与同时期贵州其他学术文化如贵州理学、阳明心学、汉文学之间关系，例如晚清贵州朴学家中有不少人是汉宋兼采，对经史子集既有义理的研究，又有文献、文字的考据；还有不少学者在研治朴学的同时，兼工诗、词、曲、散文、小说、戏剧等，且取得一定的成就，从而反映了当时贵州地域文化、地域学术的蓬勃发展。二是晚清贵州朴学与同时期清代朴学的关系，例如贵州学者与当时主流学术圈、著名朴学家的师承、交游，以及入黔学者对贵州学术的影响等。三是晚清贵州朴学与其他地域学术的关系，例如贵州学者在学术交往中，受到江淮、中原、两广、两湖等地区和学者的影响，代表学者如郑珍学术思想中的"皖派"风格，莫友芝、莫棠等藏书和版本目录研究的江浙学风之影响等。厘清这些关系，无疑将更为准确地描写和阐释晚清贵州朴学，并进一步丰富发展贵州历史文化。

贵州历史文化源远流长，"晚清贵州朴学"更是其中绚丽的一笔。以往贵州历史文化研究的弱项不在于文化的空白或匮乏，而在于连续性思想历史、标志性文化现象、地域性学术形态挖掘不够，这种情况近年来虽有所改观，但仍然需要更多学术力量的共同努力。晚清贵州朴学的特质和价值，不仅有助于贵州地域学术文化的保护与传承，为地方文献整理和相关文化事业提供帮助，增进贵州与其他地域学术之间的交流合作，在贵州打造像"桐城文化"那样的地域学术文化范本；而且能够通过深度考察贵州地域学术文化与主流学术文化的交流与交融，进而提升贵州乃至西南地区的学术文化地位。整体上看，晚清贵州朴学非常符合我们所说的连续性、标志性、地域性特征，对其展开深入的思想历史解读，必将进一步深化对贵州历史文化、地域学术的研究。

## 第四节　本书的思路与内容

基于上述思考，我们着眼于晚清贵州朴学这段学术历史，梳理考证贵州从事朴学研究的人物和史实，利用文献、语言、文字、音韵、训诂、历史等学科理论和方法，结合文化典籍、史志、方志文献及后世研究资料，力图从学者群体和学术思想史两个维度，对晚清贵州朴学的产生条件、影响因素、主导人物、群体品格、代表著述、治学思想及其当代价值等展开详细叙述和系统考察。研究内容主要包括：

**1. 贵州朴学的流变。**结合史籍、史志、方志等文献，追溯贵州朴学的起源、形成、成熟、兴盛与延续的历史过程，整体把握贵州朴学的源流演变。

**2. 晚清贵州朴学兴盛探源**。贵州朴学在晚清兴盛有多方面的原因，本书着重论述了贵州朴学向主流学术看齐、人文环境和人才培养、乾嘉学术影响、学者群体精神品格、政商界和旅黔人士支持等几个方面。

**3. 晚清贵州朴学的代表人物及其群体品格**。晚清贵州朴学人物，包含了贵州本土学者（包括在省内生活和在省外仕宦的贵州籍学者）和入黔仕宦、游学、旅居的客籍学者。着重稽考他们在求学、交游、师承、学术活动和著述上与朴学相关的史实，从而梳理出晚清贵州朴学家的完整体系。晚清贵州朴学家们有着群体性的精神和品格，如偏居荒隅却北学中原、仕途不济却醉心学术、具有博大的胸襟和开放的心态、拥有家国情怀和乡邦情结等，共同铸成了晚清贵州朴学所具有的内涵和品质。通过对人物及其品格的考察，整体呈现晚清贵州朴学的人物历史和人才规模。

**4. 晚清贵州朴学文献辑要**。系统搜集、整理后才发现，晚清贵州朴学的文献著述是非常丰富的，这与以往认为贵州地方学术缺乏文献的认识不尽相符。通过总目提要的方式，精要介绍每一部朴学文献的成书、版本、体例、内容和评价，以弄清晚清贵州朴学的文献资源概况。

**5. 晚清贵州朴学的内容**。著述文献是学者朴学思想、学术理念和看法观点的直接体现，需要深入系统地解读。晚清贵州朴学的研究内容涉及《说文》学、文字学、音韵学、训诂学、版本目录学、古籍整理校勘、乡邦文献整理出版等诸多方面。

**6. 晚清贵州朴学的方法与思想**。受乾嘉学术的影响，晚清贵州朴学整体上仍以"以字通经"为学理路径，但在具体方法上有了很多的变化，变得更为灵活、立体，从而形成了自身治学的特色。其主要方法有以文字勘文献，文字考释与名物、典章、社会流俗用字相结合，文献内外求证，形音义用综合互求，等等。

**7. 晚清贵州朴学的成就与特色**。从代表学者、主要文献和研究内容看，晚清贵州朴学在近代中国学术思想史上是有其历史地位和影响力的，主要表现在丰富发展了我国地域学术的形态和理论体系、拓展了清代朴学研究的对象和范围、将朴学领域涉及的有些问题引向深入、使清代朴学在沉寂萧条时得到了延续等。其特色一是涉及面较广，且都源自主流学术的组成部分；二是继承发展了乾嘉学术的治学传统和方式，但在具体内容和学术问题上有所补苴；三是治学路径延续传统学术，但已反映道咸学术的新质、新变；四是将问题讨论引向细节，丰富发展近现代朴学研究话语体系。

**8. 晚清贵州朴学的不足**。对晚清贵州朴学的评价必须是历史的、客观的，不能"溢美"，更不能"护短"，这也是历来贵州学者研究贵州地域学术文化的一贯态度。晚清贵州朴学的不足也是明显的，表现在以今揆古、史实考证薄弱、文献考辨不实、固守之弊、考论尚可商榷等方面。

**9. 晚清贵州朴学的当代价值**。作为思想文化历史的晚清贵州朴学，其价值还应该体现在当代文化传播、建设、推广的转化应用上。从性质和特点上看，晚清贵州朴学的当代价值可以体现在贵州地方文化与地域学术的调查研究，多彩贵州历史文化的发掘，"黔学"内涵和体系的充实，为沙滩文化、影山文化找到更多更好的表达和阐释路径，寻找贵州地域学术与其他地域学术、中国传统学术的互通、互鉴和认同的历史见证等诸多方面。

以上方面，贵州的前修时贤或多或少有所论及，成果颇多，然而大多比较单一、零散，且尚未有关于贵州朴学的专门性研究。我们拟在前贤研究基础上：（1）尝试提出"晚清贵州朴学"这一凝练的学术思想概念，以引起学界更多的关注；（2）在中国传统学术、地域学术的宏观视野下，以晚清贵州朴学的主要人物、重要史实、代表文献为主线，尽可能完整呈现、客观评述晚清贵州朴学的发展演进、地域特色及历史价值，提升晚清贵州朴学研究的整体性、系统性；（3）对晚清贵州朴学融入主流学术的过程与经验，晚清贵州朴学与黔北"沙滩文化"、黔南"影山文化"和贵州"郑莫黎"家族的内在关联和渊源，晚清贵州朴学对"黔学"构建与深化的价值，晚清贵州朴学思想与精神的发掘、重估与传承，晚清贵州朴学所反映的道咸学术的特质与新变，以晚清朴学为代表的贵州地域学术文化与中国传统学术文化的内涵关系等相关重要问题，提出粗浅的思考。

# 第一章  贵州朴学的流变

在中国地域文化的版图上，贵州一向以"神秘"著称，宋朝的敕书中说："惟尔贵州，远在要荒。"① 漫长的历史岁月中，"海百合"的传说、"鬼方"的地望、水中的"竹王"、牂牁国与牂牁江、秦始皇的五尺道、汉武帝的田南夷、说不清的夜郎古国、"黔"字的来历、播州汉文化、李太白的流放、桐梓宋墓、土司制度、水东宋氏、奢香夫人、改土归流、永乐建省、黔中王门、南明永历帝、沙滩文化、安顺屯堡、古老的清水江……这些难以细数的记载或传说，都是外界津津乐道的贵州历史的片段，而只有贵州人自己知道，这是贵州一路走来的印记。千百年来，由于地域的限制，贵州人曾因这些历史文化元素而背上"夜郎自大""黔驴技穷"的包袱。一方水土养一方人，贵州人生活在不同于中原、江淮的地理环境中，有着自己的物质生活、风俗习惯，逐渐形成自身的地域文化。尽管古代贵州社会进程较慢，但文化根基很深，高原山地环境、族群互动的文化生态，形成独特的学术文化基因，加上来自中原文化的缓慢浸润，文化逐渐繁盛。

从"神秘"到"多彩"，贵州历史文化走得很艰辛，但也走出

---

① 鄂尔泰修、杜诠纂《（乾隆）贵州通志》卷三十三，清乾隆六年（1741）刻嘉庆修补本。

了自己的特色和底气。贵州历史上，那些璀璨的文化如屯堡文化、沙滩文化、影山文化、晚清朴学等就是在这样深厚的文化土壤中孕育而生的。

## 第一节　汉代：经学在贵州萌芽

贵州历史上的落后是由封闭的自然地理环境导致的，由不得自己选择。但古代儒家文化与贵州多民族文化的交流，中原政治经济文化与贵州地区的交往，却并不贫瘠。远古时便有多种民族在贵州繁衍生息，秦汉以降先有荆楚、巴蜀之民迁移入黔，元明清时又有中原、江淮的军屯、民屯迁入，人口流动带来的汉文化，与这里土著的民族文化长期交流交融，孕育出丰富多彩的贵州文化。

在学术文化方面，据史籍所载，西汉时就有牂牁人盛览（生卒年不详，一说为今贵州省黔东南州黄平县旧州镇人）受学于司马相如，习诗赋和经学，并"归教乡里"，传播汉学文化，促进了贵州古代文化交流与发展①。尤其是西汉在贵州设置郡县之后，加上文化上推行"罢黜百家，独尊儒术"政策，为儒家经学文化在贵州的传播创造了条件。

## 一、舍人与《尔雅注》

汉代经学是儒家学术流派的重要分支，《诗》《书》《礼》《易》

---

① 《遵义府志》卷三十三引《汉书》云："司马相如入西南夷，土人盛览从学，归以授其乡人，文教始开。"参看郑珍、莫友芝《（道光）遵义府志》卷三十三，清道光刻本。

《乐》《春秋》等儒家经典受到广泛关注，随着汉代经学的繁荣，汉儒治"经"的方法和传统，也逐渐向更广地域传播和扩散，经学家们研治的古书范围也不断拓展。例如以《尔雅》为源头和中心的"雅学"①，在儒家经典以外，是最受汉代以来经学家关注的重要领域。而据文献记载，早在西汉时，黔地经学家舍人就撰著了《尔雅注》。尽管舍人生平未详，但据汉代"吏四百石以下自除国中"的规定，舍人曾在本郡充任文学卒史，他的"本郡"就是犍为郡②，而学界已大致考清犍为郡建置于汉武帝元光五年（前130），古郡治在今遵义一带。关于犍为郡文学卒史舍人著《尔雅注》，则有明确记载，如《隋书·经籍志》载："梁有汉犍为文学《尔雅》三卷，亡。"③ 陆德明《经典释文·叙录》亦云："《尔雅》犍为文学注三卷。"④ 舍人所注《尔雅》散佚，但汉魏至唐宋的训诂学家，对其注文多有引用，引文散见于魏张揖《广雅》、唐李善注《昭明文选》、唐陆德明《经典释文》、宋邢昺《尔雅义疏》等文献中。例如《文选》卷八《羽猎赋》："是以旃裘之王，胡貉之长，移珍来享，抗手称臣。"李善注引《尔雅注》云："舍人《尔雅注》曰：'献珍物曰

① 《尔雅》作者未详（相传为周公所作，实际是由春秋战国时代一些儒家学者纂辑而成），成书在战国或两汉之间，是我国最早的词典，被誉为"辞书之祖"，列入中国传统文化的核心组成部分"十三经"之一。在传统小学领域，《尔雅》一直被视为中国训诂的开山之作，对训诂学、音韵学、词源学、方言学、古文字学研究都有重要影响，书中所记"今话"一般认为是汉代语言。后世有许多仿《尔雅》的著作，如《广雅》《小尔雅》《通雅》等。研究《尔雅》和这些"群雅"文献的学问被称作"雅学"。
② 关于舍人与犍为文学是一人，还是各为一人，尚有争论。陆德明《经典释文》、钱大昕《隋书考异》等文献均认为犍为文学即是舍人。
③ 姚振宗《〈隋书·经籍志〉考证》卷八《经部八》，民国师石山房丛书本。
④ 陆德明《经典释文》卷一，清抱经堂丛书本。

珍，献食物曰享。'"①《说文·玉部》："珍，宝也。"本义是珠玉
一类的宝物，是作名词的，而李善引舍人《尔雅注》"献珍物曰
珍"是说"移珍来享"中"珍"表示贡献珍物，是用作动词的。
考《尔雅·释诂下》载有："珍、享，献也。"是亦有动词之用，
可见舍人注语可以信从。同时舍人注还指出珍、享虽同为"献"
义，但一为献珍物、一为献食物的区别，《说文·亯部》："亯，
献也。从高省。曰，象进孰物形。"与舍人注所言"食物"义相
合。可见，在古籍文字的释诂中，舍人《尔雅注》是颇有参考价
值的。

　　清代朴学大盛，治《尔雅》者于古籍中搜集舍人注文，有很
多收获，据王丽统计发现："马国翰《玉函山房辑佚书》，辑得
193 条，黄奭《尔雅古义》，辑得 233 条，王谟《汉魏遗书钞》，
辑得 168 条，张澍《蜀典》，辑得 242 条。"② 同时，世传还有对
舍人《尔雅注》辑佚的专著《尔雅犍为文学注》，该书有江苏吴
县余萧客本、宝应刘玉麐本、武进臧庸本、江西金溪王谟本、山
东历城马国翰本、江苏扬州叶心兰本、贵州桐梓赵旭本等版本传
世，其中以马氏《玉函山房辑佚书》本最流行。马氏在《玉函山
房辑佚书·尔雅类·尔雅犍为文学注》序言云："舍人在汉武时
释经之最古者，本多异字，尤可与后改者参校而得《尔雅》之
初义。"③

　　舍人《尔雅注》可能是《尔雅》最早的注本，且最接近《尔

---

① 萧统编、李善注《文选》卷八，胡刻本。
② 王丽《试论清代〈尔雅〉古注辑佚》，黑龙江大学硕士学位论文，2011 年，第 45 页。
③ 马国翰辑《玉函山房辑佚书》，广陵书社，2004 年，第 1910 页。

雅》原本者，黄侃曾评价《尔雅注》："所存盖虽零文支义，皆可葆珍，探讨《尔雅》者，究不能不首及于此焉。"① 张连顺先生指出："舍人已然洞明汉字在逻辑向度的'属种关系'，确立了后代汉字释义的根本原则。"② 并认为《尔雅注》是"黔学"的奠基之作③。乡贤郑珍曾盛赞舍人"通贯古今，学究天人"。舍人是贵州最早传播汉文化的经学家，他在传统小学领域的初步实践，是贵州学术文化的萌芽和渊源。

## 二、尹道真叩问中原文化

如果说舍人揭开了贵州学术文化的序幕，那么尹珍则开启了贵州汉文化传播和教育的先河。尹珍（约79—162），字道真，东汉牂柯郡毋敛（今贵州省正安县）人④，生平事迹见晋常璩《华阳国志·南中志》、南朝范晔《后汉书》、南朝宋王愔《文字志目》、明《（嘉靖）思南府志》、清《（乾隆）贵州通志》《（道光）遵义府志》等史籍。据文献载，尹珍曾"自以居于荒裔，不知礼义，心怀高远"，远赴中原求学，拜经学家、文字学家许慎（约58—147）为师，研习五经，又从应奉（生卒年不详）治经书、图纬、文字，精

① 黄侃《尔雅略说》，见滕志贤编《新辑黄侃学术文集》，南京大学出版社，2008年，第268页。
② 张连顺《关于"黔学"的再思考》，《贵州日报·理论周刊·文化贵州创刊号》2018年2月6日。
③ 张连顺《"黔学"奠基之作〈尔雅·舍人注〉及其相关问题》，《贵州社会科学》2014年第6期，第107—111页。
④ 尹珍的出生地学界尚无定论，但一般认为贵州正安县是尹珍居家、讲学、入葬之地。

"三才"之学。

尹珍远赴中原师从许慎，走出贵州，直接接触到了中原学术文化，成为叩问主流学术的第一人，为贵州学人留下了"北学中原"的传统，形成了贵州朴学的学者品格和文化根脉。晚清乡贤郑珍师事名儒程恩泽时，程氏就"举贵州最早学者东汉尹珍（字道真）从许慎学归教乡里以期许之，为改字子尹"①，这正是贵州学术文脉的传承。

尹珍师从许慎、应奉，学的就是当时代表中原主流学术的五经、文字，是正宗的"朴学"出身。学成返乡后，尹珍在今贵州、重庆等地讲学，足迹遍及夜郎、毋敛、珍州、南平军、鳖县诸地，所授既有童蒙习字、讲经之学，又有《论语》《孝经》等儒学经典教育，还有关于《说文解字》"六书"理论，以及文字、训诂、考据、辞章等汉学朴学。尹氏是西汉武帝时"募豪民田南夷"，由蜀郡、广汉、犍为等地入黔的大姓后裔，他利用其在乡邦的影响力，创建了"务本堂"，成为尹珍在西南地区传播中原学术文化、开展汉文化教育的重要场所，关于尹珍对西南地区文教、学术的贡献，《后汉书·西南夷列传》载云："学成还乡里教授，于是南域始有学焉。"②。

尹珍以个人努力开创了"南域之学"，让中原学术文化流向贵州，种下了宝贵的文化种子；加快了儒文化在贵州的传播，让西南地区的汉文化教育得以开拓。于贵州朴学而言，尹珍的求学经历、学术和教育实践是汉代经学在贵州的发端；他和他的"务本堂"在贵州历史中不断传承，影响至今，形成了贵州学人勤学、爱乡、奋

---

① 王燕玉《郑珍年历考要》，《贵州师范大学学报（社科版）》1994 年第 3 期，第 3 页。
② 范晔《后汉书》卷八十六，百衲本景宋绍熙刻本。

发进取的传统和品质，这可能就是贵州历史文化及其地域学术得以兴盛的重要原因。

有文献可查的汉代贵州学者，主要有舍人、盛览、尹珍三人，即世称"黔中三杰"。后来莫与俦创设"汉三贤祠"，祭奉舍人、盛览、尹珍三位贵州先贤，并以其文教思想、文化贡献和汉学精神，教导历代贵州学人。在历史上，舍人以《尔雅注》见称，尹珍功在文教，盛览虽以论赋见长，然"盛览与舍人一样，都是从事汉学之小学功夫"①。可见，汉代贵州学者都有传统小学背景，这与当时中原学术文化界以经学、文字、训诂为主流的学术取向密切相关。

## 第二节　明代：贵州朴学初建体系

尽管萌芽很早，但在漫长的历史岁月中，贵州传统学术一直未有大的发展。直到晚明，随着主流学界掀起"实学思潮"，贵州出身的易贵、孙应鳌等人开始从义理转向实学，并以经学为核心，才逐步建立起贵州朴学的治学取向和早期体系。

### 一、易贵：黔人经说始见载史籍者

易贵（生卒年未详），字天爵，明贵州宣慰司所属贵竹长官司（今贵州贵阳）人，生平最早见弘治《贵州图经新志》，曾历官兵部主

---

① 王晓昕《阳明入黔前的黔中文化与文化人》，《贵州民族大学学报（哲社版）》2017 年第 6 期，第 14 页。

事、礼部郎中、湖广辰州知府等，为官刚正，教民革旧习新，有古循
吏风。易贵对贵州朴学的贡献，是他离任归里后的十余年，据《（乾
隆）贵州通志》卷二十八《人物》载："致仕归，闭门校书十余年，
卒，著有《竹泉文集》《诸经直指》诸书。"他独居幽谷，博览群经，
著有《群经直指》《易经直指》《诗经直指》等，皆经学论著，然均
散佚失传。据《黔诗纪略》卷二载："先生淹贯群经，尤长于《易》。
尝构别业于贵阳北二里许，读《易》岩谷中，至今犹称'点《易》
岩'……黔人著述见于史者，别集始于王教授，经说始于先生。并明
一代，贵州文教鼻祖，其开创之功，不在道真、长通下。"①民国
《贵州通志·艺文志》将《易经直指》列在"《易》类"第一位，足
见其治《易》之精专。尽管《易经直指》是否为易贵所著学界尚未定
论②，但黔人经说见载史籍者，始于易贵，自《贵州图经新志》而
下，《（嘉靖）贵州通志》《（万历）贵州通志》《明史·艺文志》《千
顷堂书目》《（康熙）贵州通志》《（道光）贵阳府志》《黔诗纪略》
等史志均载易贵研治《诗》《易》之史实。

## 二、孙应鳌：引领贵州实学转向

　　孙应鳌（1527—1586），字山甫，明贵州清平卫（今贵州凯里）

---

① 参看谭德兴《贵州历代著述考：经部》，贵州大学出版社，2015年，第3页。
② 关于易贵是否著《易经直指》，莫友芝传证《黔诗纪略》时曾有质疑，谭德兴先生
《贵州历代著述考：经部》一书亦提出怀疑，见第4页；刘海涛、丁羽《民国〈贵州
通志·艺文志〉"〈易经直指〉"条辨正》一文认为"易贵的经学著作则只有《诗经
直指》一部"，《诸经直指》《易经直指》《群经直指》为误传，并有详细考证，其说
可从，《贵州文史丛刊》2023年第2期，第91—96页。

人，贵州著名学者、诗人、教育家，历江西按察司金事、陕西提学副使、四川右参政、金都御史、朝廷大理卿、户部右侍郎、经筵讲官、刑部右侍郎、南京工部尚书等，曾掌国子监祭酒事。生平详见黎兆勋《黔诗纪略》、李独清《孙应鳌年谱》和刘宗碧、龙连荣、王雄夫等点校《孙应鳌文集》等。他勤于调查，知识渊博，教育理念和工作方法得到皇帝重视和采纳。五十岁还乡后，在清平建学孔精舍，为家乡青年讲学，发展贵州文化教育事业。

孙应鳌既是名臣，也是大儒，对他的社会评价，最为人熟知的是他作为王阳明的再传弟子，是"黔中王学"的杰出代表，对阳明心学的继承和发展有重要贡献。其实孙应鳌对《易》《春秋》和四书等经典亦有很深的研究，尤其是《易》学，有学者认为王阳明是"玩易"，而孙应鳌则是真正的"谈易"①，中间的学理路径是由虚转实的。所著《淮海易谈》②《春秋节要》《四书近语》《庄义要删》等有不少对经义的考述，其中《淮海易谈》四卷收入《四库全书存目》，在关注义理的同时，非常重视经典中语言文字的考证，有明显的实学转向。

明代易贵和孙应鳌不同于之前的贵州学者，他们在政坛和社会具有全国性的活动范围和名望，因此不仅吸收了大量贵州以外的学

---

① 参看卢祥运《从王阳明"玩易"到孙应鳌"谈易"》，《贵阳师范高等专科学校学报（社科版）》2005年第1期，第20—25页。

② 一作《淮海易谭》。据有关文献所载，我们怀疑孙氏此书本仅名《易谈》，因其号淮海，《淮海易谈》盖世人依其名号称之。明吕坤《吕新吾先生去伪斋文集》（清康熙三十三年吕慎多刻本）卷四《书启类下·答孙月峰》称"孙淮海《易谈》"，清李颙《二曲集》（清康熙三十三年刻后印本）卷八《读书次第》称"孙淮海《易谭》"，鄂尔泰修、杜诠纂《（乾隆）贵州通志》（清乾隆六年刻嘉庆修补本）卷二十八《人物·孙应鳌》亦只称"《易谈》"。

术思想和治学经验，还通过自身的影响力，让贵州学术文化走出去，为促进贵州学术文化融入主流学术圈作出了重要贡献。易贵和孙应鳌的社会活动和学术实践，极大地推动了贵州学术文化的发展，对晚明之后贵州学者的治学取向和学术追求产生了重要影响。最明显的表现就是，贵州学人继踵易贵、孙应鳌，留下了一大批研究《易》《书》《诗》《春秋》等群经的文献。

## 第三节　道咸：贵州朴学勃兴

正所谓"厚积薄发"，随着学术文化的不断发展和贵州学人的不懈努力，贵州朴学终于在晚清道咸时期迎来勃兴。

### 一、郑珍、莫友芝崛起贵州

乾嘉之后，中国传统学术在沉寂中酝酿新变。道咸年间，深受乾嘉学术影响的贵州学者郑珍和莫友芝，以扎实的朴学功底，继踵乾嘉诸儒，并在多个领域精耕细作，取得了丰硕的成果，学林并称郑、莫为"西南巨儒"。郑珍所著《仪礼私笺》一书，《续修四库全书总目提要》评价称："珍崛起偏隅，名重海内，虽与独山莫友芝并称'莫郑'，而经术深湛，非莫所可及也。其所著书，以高密为宗。是编亦犹此旨。诸条并皆精核。此虽短简，不同苟作也。"①

---

① 《续修四库全书总目提要·仪礼私笺》（稿本）第一册，齐鲁书社，1996年，第708页。

郑珍出生于儒医世家，自幼好学不倦，"寓目辄能记诵"①。先后师从黎恂、黎恺和程恩泽，服膺许（慎）、郑（玄），博通经史子集，尤长于文字考释和音韵训诂。郑珍仕途坎坷，中举后屡试不第，曾辗转贵州、云南、湖南等地当幕僚和教习，晚年受特旨以知县征江苏补用，又因病不能行，一生羁身贫窭。但郑珍却学术醇备，著述精富，他以《说文》、"三礼"为治学中心，留下了诸如《说文逸字》《说文新附考》《仪礼私笺》《汗简笺正》等享誉儒林的朴学著作。《清史稿》载云："郑珍有异才，特优异之，饷以学，卒为硕儒。"② 这是放诸整个道咸学界，对郑珍学术成就给出的客观评价。

莫友芝自幼荫家学，少时迁居遵义，与郑珍同学。与郑珍命运相似，莫友芝也是数次入京会试均不第。莫氏交游广泛，曾入曾国藩幕，游历湖北、安徽、浙江、江苏时，遍访文斋古籍，见闻广博。与郑珍不同，莫氏学问偏重于版本目录和古籍校勘，所著《郘亭知见传本书目》颇为学界称道。但他对文字、音韵的研究亦十分精湛，所著《韵学源流》和《唐写本说文解字木部笺异》，自清末以来，一直为学界瞩目。

郑、莫生平经历晚清嘉庆、道光、咸丰、同治四朝，主要活动于道咸年间，在学术造诣和视野上，郑、莫虽然都以《说文》为中心，但在具体研究中，却涉及宫室冠服、官制礼法、版本目录、金石名物、文字音韵、文献校勘等各个方面，治学领域相当开阔。时

---

① 黎庶昌《郑珍君墓表》，见黎庶昌《拙尊园丛稿》，中国文史出版社，2007年，第56页。
② 赵尔巽《清史稿》卷三百七十六，民国十七年（1928）清史馆铅印本。

任礼部尚书的潘祖荫（1830—1890）认为郑珍乃"黔之通人"①，这是对郑氏学识和眼界的极高评价，其实莫友芝亦然。郑、莫二人都曾数次北学中原，同样仕途不济却努力提升自我，在远乡僻壤做出精深的学问，二人以卓越的学术和高洁的人格，赢得了自己的学术地位，也为贵州朴学博得了一席之地。

## 二、养成地域学术风气

早在黎安理、莫与俦时，便十分注重朴学对后辈儒生的开化，张裕钊在《莫子偲墓志铭》云："教授（莫与俦）故名进士，日以朴学倡其徒、教其子弟。子偲独一意自刻厉，追其志而从之。"② 黎氏、莫氏通过自己的学术和教育实践，在贵州各地讲授传道，因此乾嘉学术鼎盛之时，贵州也萌生自己的学术风气。早期的学术积累和思想浸润，终于至郑珍、莫友芝时而大成。晚清贵州朴学的风气，首先是源自郑、莫、黎三家家风和族风的影响，具有典型的地域性、家族式特点。如受郑母教育，郑珍从小养成俭约奉己、淡泊自守的性情，这对他的为人、为学产生了终生影响。而在《影山草堂本末》中，莫友芝亦曾回忆称："先君以先大父忧……周三岁，能识字，先君授之《毛诗》《仪礼》《戴记》。"③ 足见莫氏家学之深厚。

---

① 参看杨瑞芳《郑珍〈说文新附考〉研究》，首都师范大学硕士学位论文，2003 年，第2 页。

② 张裕钊《莫子偲墓志铭》，转引自张剑《莫友芝年谱长编·附录四：莫氏家族传记资料》，中华书局，2008 年，第 621 页。

③ 莫友芝《影山草堂本末》，参看梁光华等点校《莫友芝全集》第 2 册，上海古籍出版社，2019 年，第 198 页。

郑、莫绍继家学之风，又延续父辈耿介、淡远、求真、守正的思想品格，对往后数代贵州学人的品行、涵养、观念都产生了深刻影响。

晚清贵州朴学的风气，受莫与俦影响至深。自莫与俦引汉学入黔，贵州朴学家们便秉承汉学朴实之风，坚持传统朴学以史经世、以字通经之道。莫与俦在《示诸生教一》中说："学之为道莫先于正趋向，趋向不正虽其胸贯古今，望绝当世，亦是小人耳。"① 这样耿直、刚正的德行教育，树立了黔地学子中正坚毅的学行操守和学术风尚。后来以郑珍、莫友芝为代表的朴学家，就是在这样的学术信念中，努力为贵州学术寻求出路。20世纪八十年代末，王锳先生在点校《巢经巢经说》一书时曾这样评价郑珍的人品和学识："此书的重点却不在阐发经文的微言大义，而主要是用朴学的方法，从文字或内容上对经文或历代的传笺注疏进行校勘、辨伪、补缺、匡谬……这与作者为学的主攻方向有关，因为他于众经中'独深《三礼》'。他撰写这些经学论文，意图是很明确的……他要做先哲与时贤的诤臣，纠正朴学末流的不良风气，捍卫并弘扬汉学，特别是被他看作'家康成公之学'的郑学……作者治学具有'不立异、不苟同''实事求是'的学风。"②

---

① 莫与俦《贞定先生遗集》，《清代诗文集汇编》第 474 册，上海古籍出版社，2010 年，第 740 页。
② 王锳《郑珍经学著作二种点校前言》，《贵州民族学院学报（社科版）》1989 年第 2 期，第 26 页。

在乾嘉朴学势微的道咸时期，面对"西学东渐"① 的强劲冲击，贵州学人的这种坚守是难能可贵的，不仅针砭了时弊和不良学风，也历练出贵州朴学自身的品质，成为晚清贵州朴学得以立足学林的根本关键。

## 三、形成朴学人才规模

道咸时，郑珍、莫友芝二人在朴学领域的躬耕，贵州朴学的水平、理念和影响力都有了质的飞跃，为贵州地方学术文化打下了深厚的根基。而在郑、莫学术思想的影响下，其家族、师友、门人以朴学为核心，逐渐培养形成了一个颇具规模的朴学群体。道咸贵州朴学的主体是郑、莫、黎三家，三家先贤、后生相互教授交流、家学渗透传继，历经数代，形成了支脉庞大的家族学术体系。近来，据一些贵州学者研究发现，除三家之外，其实还有遵义赵氏，他们与三家不仅有师承交游，还有姻亲关系往来。笔者据以往成果初步统计，仅遵义"沙滩文化"相关人物中，继踵郑、莫、黎、赵四家之家学，有朴学背景或朴学成果的多达数十人，其中不乏黎庶昌、郑知同、黎庶焘、宦懋庸、雷廷珍、赵怡、赵恺等影响力较大的晚清学者。朴学群体的兴起是晚清贵州朴学走向鼎盛的重要标志。

———————————

① 西学东渐，指近代（明末清初、清末民初）西方学术思想向中国传播的历史过程，狭义上的"西学东渐"，则主要指道咸以降，西学确实对中学构成根本性挑战，中国传统学术面临转型的历史。"西学东渐"将西方学术的新成果带入中国，打破了中国传统学术"经史子集"的基本框架，受其冲击，传统学术有的走向没落，有的中西结合加以改进，逐渐形成新的学术体系。

## 第四节　民初以后：贵州朴学的延续

清末民初，由于各种原因，贵州朴学曾一度萧条沉寂，但晚清贵州朴学的治学传统和学术思想仍有进一步发展和延续。民国时期，仍有不少学者坚持朴学研究，笔者据相关文献初步统计，代表学者主要有陈田（1850—1922）、陈矩（1851—1939）、杨恩元（1875—1950）、严寅亮（1854—1933）、聂树楷（1864—1942）、赵恺（1869—1942）、任可澄（1878—1946）等。这些学者都有朴学方面的师承、交游或研究，学术取向主要为传统文字、训诂和文献整理等，例如杨恩元学贯古今、精于考辨，曾任教于贵阳国学讲习所，主纂民国《贵州通志》和《续遵义府志》；民国二十五年（1936），杨恩元任贵州文献征辑馆编审时，参编了《黔南丛书》《贵州文献汇刊》等，为发展贵州学术文化作出了重要贡献。与晚清贵州朴学诸儒一样，杨恩元生性淡泊、不乐仕途，积极奔走在黔地开展传统文化教育，为近代贵州培养了一大批青年才俊。杨氏堪称晚清贵州朴学的殿军人物。

新中国成立之后，随着现代意义上的中国语言文字学的不断发展，不少贵州学者转以关注其分支学科文字、音韵、训诂等，但在方法、内容和路径上，仍然保持着晚清贵州朴学的治学传统。例如陈恒安（1909—1986），字恒堪，号宝康，贵阳人，曾师事杨恩元，治学严谨。陈氏通经史、善训诂，精古文字学，曾与商承祚等古文字学家交往，善治甲骨、金文、简牍、帛书等各体文字，著有《殷契书法漫述》等。又如李独清（1909—1985），字笃卿，贵阳人，亦曾师从杨恩元，曾任贵州文献征辑馆编审，主修《贵州通志》中的艺文志、金石志等，潜心古典学与乡邦文献，著有《孙应鳌年谱》《卢丰碑辨》等。这些学者的行述，可以看作晚清贵州朴学的余绪。

值得注意的是，清末民初，整个贵州学界面临社会动荡、西学东渐、传统学术萧寂、新式教育兴起等各种复杂的问题，每个学者的选择和命运都各有不同，一些学者放弃传统学术，致力于新式教育；一些学者则选择坚守传统学术园地，但在时代大潮中显得形单影只。因此，民初后不久，晚清贵州朴学整体上已经走向尾声，而清末民初的一小段可以看作是它的"余波"。

以上是我们对贵州朴学史的粗线条梳理，但以此为线索，我们可以仔细回顾贵州朴学史。首先，不难发现，从汉代经学萌芽，到晚清朴学勃兴，贵州朴学的发展与革新，深受当时主流学术文化的影响，这是贵州地域学术与中国传统学术文化不可分割的重要体现。其次，不同历史时期的朴学发展，都是以代表学者、代表著述为衡量标准的，代表学者决定着治学取向和学术思潮，代表著述反映了治学内容和学术水平，这也是晚明以来贵州朴学发展演变的重要特点。最后，作为中国历史文化的地域形态，贵州朴学史具有一定的连续性，尽管它未能像中原主流学术或某些地域学术那样延传千年，甚至一度中断，但蕴藏在贵州地方文化、地域学术中的内在动力始终经久不息，相较于其他地域学术，贵州朴学面临的困难和挑战可能是最大最多的，这也是贵州学者总是超出常人般坚定弘毅、奋力进取的真正原因。

# 第二章　晚清贵州朴学兴盛探源

古往今来，一个地域的人才、文化、学术的兴起，是与当地历史文化、政治环境、师承家学、社会风气及学者个人的才华素质密切相关。追述贵州朴学史，晚清无疑是最为辉煌灿烂的时期，与历史上的其他阶段相比，晚清贵州朴学最显著的特点是代表学者、代表著述集中出现。据杨云研究："（贵州学术）清代进一步迅速发展，呈现学术文化繁荣景象，从学术人才的分布来看，其中贵阳、遵义地区较多；从著作分类来看，以集部最多，其次为史部、经部；从时间来看，清代的学术人才和著作数量，比明代更多。"① 晚清贵州朴学崛起于道咸之时，清代朴学的鼎盛时期已经过去数十年，作为后起者的贵州朴学为何能在这一时期走向兴盛呢？莫与俦在《戊戌生日郑子尹孝廉以诗见寿和答》诗中说："乾嘉之际盛人杰，翘者未易遽数终。鸿猷何啻冠当代，余绪亦足称儒宗。"② 认为作为贵州朴学代表的郑珍承乾嘉学术的余绪，不唯在当代学者中堪称翘楚者，也能成为比肩乾嘉大家的一代儒宗。最早濡染乾嘉学术的莫与俦，虽由于各种因素并未能在学问上取得大的成

① 杨云《明清时期贵州学术文化地理初探》，《今古文创》2023 年第 23 期，第 70 页。
② 莫与俦《贞定先生遗集》卷四，《清代诗文集汇编》第 474 册，上海古籍出版社，2010 年，第 761 页。

就，但他栽培的郑珍、莫友芝已名扬学林。总体上说，晚清贵州朴学能够兴盛一时，其原因是多方面的，这里我们就几个主要方面略作陈述。

## 第一节　始终向主流学术看齐

从盛览、舍人、尹珍学习儒家学术，并带回黔地传播汉文化开始，贵州学者的治学取向就与主流学术保持密切关系，尹道真更是千里入中原，追随当时"五经无双"的许慎问道，为后世留下了"北学中原"的传统；后来，明代的易贵、孙应鳌等人也因为主流学术的实学趋向，在关注义理的同时，开始注重《诗》《书》《易》《春秋》等经典的字词阐释与经义解读，从而建立贵州朴学的早期体系。总体上说，晚清贵州朴学得以兴盛的重要原因之一，就是一直关注和紧跟主流学术，向主流学术看齐。

### 一、莫与俦引汉学入黔

莫与俦是晚清贵州率先接触朴学的学者，乾隆五十八年（1793）洪亮吉任贵州学政时，莫与俦便与之结交辩论，颇受赏识；嘉庆四年（1799）莫与俦高中进士，选翰林院庶吉士，得见阮元、朱珪、刘权之等全国知名学者，更师事纪昀、洪亮吉，与其同进士者有张惠言、郝懿行、姚文田、王引之等皆朴学名家。在翰林院时，莫与俦近距离感受乾嘉朴学。他周围的师友皆对他寄予厚望，希望他能成为西南汉学一帜，但由于各种原因，莫与俦并未取得理想中的学术成就，他留给世人的仅《二南近说》《仁本事韵》二书及为数不多的诗文杂稿。

　　莫与俦的朴学经历，与尹道真问学中原可谓如出一辙，而他们都把个人追求的重心放在乡邦教育上，更是不谋而合。莫与俦曾以"不能专精文字故训，成一家之书以报师友，愧十九年多士师"（莫友芝《清故授文林郎翰林院庶吉士四川盐源县知县贵州遵义府教授显考莫公行状》）为平生之憾，但他对晚清贵州朴学的贡献，主要在于他依靠个人努力，将乾嘉学术引进了偏远的贵州，并在贵州殚精竭虑开展汉学传播与教育，以其人品学行培育后代黔地学子，他极力倡导朴学，把对乾嘉的全部理解和感悟寄望于后学，后来成为"西南硕儒"的郑珍、莫友芝皆出门中，黔地学术一时盛起。曾国藩在为莫与俦所撰墓表中说："退而教授，儒术兴于偏陬。"① 更为可贵的是，莫与俦教导贵州学子为学、习文、蓄德、修身、养性，都一依乾嘉诸儒的道德、操守，要做到"以切近笃实为主"。后辈学生读书治学皆谨守莫氏家法，不仅精通许、郑文字训诂之学，并且都以乾嘉学者为标榜，甚至终生服膺。

## 二、北学之路

　　历代贵州学者多有"北学"的经历，或为仕第、或为游学、或为交友，贵州学者外出求学的范围并不限于北京、中原等地，还包

---

① 曾国藩《翰林院庶吉士遵义府学教授莫君墓表》，参看王澧华校点《曾国藩诗文集》，上海古籍出版社，2013 年，第 310 页。

括江南、两湖、两广、川陕各地，"北学"只是对这一史实的概称。无论何地、何种形式的"北学"，都能增长见识、开阔视野，并与主流学术形成沟通。晚清时期，随着社会的急剧变化，贵州与外界的交流变得更为频繁。继莫与俦入京交游之后，有北学经历的学者主要有傅潢、郑珍、莫友芝、傅寿彤、黎恺、黎恂、黎兆熙、黎庶昌、梅镇涵、杨恩元、严寅亮、陈矩、赵恺、姚华、任可澄、凌惕安等。考诸相关历史文献，我们看到贵州学者的北学路径，主要有入京赶考、中原交游、访历诸省、入官幕府、结交俊士、游宦海内等，但每个人又各自经历不同。但总体上看，北学经历让贵州朴学人士受益颇丰。例如郑珍数次入京会试，南归时曾游幕湖南等地，深受湘地学术和其师程恩泽的影响，从而笃定"以字通经"之学路。莫友芝亦数次入京，交游广泛，入曾国藩幕，游历湖北、安徽、浙江、江苏时，遍访文斋古籍，广结俊彦，见闻广博，并瞩目版本目录和古籍校勘，与郑珍形成互补。又如杨恩元少年时随父杨树北上，旅居京城，学识阅历日臻丰富，辛亥革命后又游历北方诸省，并远游日本考察文教；严寅亮于光绪二十七年（1901）取道四川、陕西、山西，于河南开封应试，经评选以盐大使留北京候用。

北学是贵州学者与主流学术接触交流的重要途径，不仅让贵州学者走出去，让外界看到贵州学术的面貌与精神，同时也将主流学术引进来，更好地塑造贵州学术的特质。通过北学，贵州朴学发生了重要的变化，体现在三个方面：一是治学取向与主流学术渐相一致；二是通过师承、游幕、旅居、仕宦等，一直与主流学术圈保持联系；三是认同主流学术的价值和追求，并以此形成群体性的治学追求和标准。

## 第二节　学术环境逐渐成熟

晚清贵州学术环境的变化，与社会环境的变迁密不可分。经过明清两代对贵州的开发，贵州社会文化发生根本性改变，在政治、经济、文教、农业、商业等各个方面都走向稳定繁荣。但道咸以后，伴随战乱和人口频繁流动带来的社会急剧变化，传统知识分子面临巨大的命运抉择，一部分学者拼尽全力通过科考投身戎宦，另一部分学者则退守学术和文教，这种局势，客观上促成了晚清贵州学术环境的成熟。

### 一、偏安一隅营造学术环境

建省以后，贵州社会面貌焕然一新，清初以后直到道光中期，社会、经济、政局有过一段时间的稳定，这为当时的贵州学人外出求学、考取功名、投身仕宦等都提供了良好的条件。早期如黎安理、莫与俦、黎恂、黎恺，以及郑珍、莫友芝、萧光远、傅寿彤等人的青年时期，都在相对安定的环境中度过，加上旅黔名儒程恩泽大力阐扬，贵州学术环境逐渐向好。这时的贵州学者在相对富庶的环境中从事学术文化活动，他们的实践和积累，为未来的学术环境奠定了基础。

但道光中期之后，清朝面临内忧外患，各地战乱频仍，深处西南的贵州也受到影响。这时的贵州学者，有的长年在外为官而选择辞官归乡，有的则因登第无望而归里从教，回归乡里后，他们一是兴业讲学，二是专心著述，开始了"偏安一隅"的生存和生活状况。咸丰年间，一股黄白号军侵袭遵义时，郑珍携家人逃往桐梓，得到挚友桐梓名士赵旭的接待，暂避桐梓时，赵旭带郑珍、郑知同游览名胜，访搜古籍，诗文切磋应酬，度过一段安宁的学术时光。这是道咸年间贵州学者人生境遇的一个缩影。值得庆幸的是，相较于其他地区，贵州战争动乱持续的时间不长，至同治、光绪时，贵州社会逐渐趋于稳定，对于贵州朴学的恢复和继续发展提供了较好的学术环境。

## 二、交通发展促进对外交游

贵州偏处西南，自古与外界交往不便，其中最大的限制因素就是交通。但晚清时期，有几个因素却推动了贵州交通的发展，从而为贵州学者的对外交流提供了重要的条件。

顺治朝，清军进军云贵，为平定南明永历政权，重建了大量驿道、驿站和铺递；康熙朝，为平定吴三桂之叛，清政府重修湖广至昆明、川黔的驿道，又新设遵义、水西（今黔西）、毕节、威宁等地驿道；康熙年间，为平定水西宣慰司安坤叛乱，转战威宁、大定（今大方）、黔西、织金一带，整修了黔西北威宁经毕节、黔西至遵义的驿道。这些因战乱而兴修的驿道，为清中叶之后贵州公路交通的发展打下了基础。

雍正时，清廷在贵州进行大规模"改土归流"，据《贵州公路史》考证："为适应'改土归流'军事的需要和发展少数民族地区经济，开辟五条大道，随后设立铺递。这五条大道是：（1）都匀经八寨、丹江至古州。（2）清江至古州。（3）台拱至施秉县同知衙门（今台江县施洞附近）。（4）八寨经丹江、台拱至清江。（5）古州经下江（今从江县下江）、丙妹（今从江）通广西怀远县石碑汛。"①

晚清时期，为了平定贵州地区的农民起义，也在客观上促成了贵州交通的发展。嘉庆二年（1797），安龙仲苗王囊仙起义，清政府为剿灭反军，开通了永丰至归化的大道。又如咸丰、同治年间，为平息贵州各地战乱，逐渐开通或整修了黔北、黔东南、黔西、黔西南等地驿道、道路，贵州道路形成规模化发展。

上述因素渐次打开了黔北、黔西、黔东南等地交通要道，以及湘黔滇东西干线和川黔南北干线；与此同时，贵州境内的清水江、都柳江的水路、航运也逐渐开放。而这些道路为贵州学者入京会试、北上求学、游历省外、拜师寻友，以及外界商旅、学者、官宦等进出贵州提供了极大的便利。交通的发展客观上促进了贵州学者与京津、湖广、中原、江淮地区的交流，贵州地方学术文化与外界的交往变得更加活跃。长期处于闭塞环境中的贵州学者，得交天下文人俊彦，得闻乾嘉朴学之正宗，不再"孤陋寡闻"，而与主流学术融为一体。

## 三、官学、书院、学术机构不断兴起

教育发达是晚清贵州学术环境成熟的另一个重要表现，主要体

① 贵州省交通厅交通史志编审委员会《贵州公路史》第 1 册，人民交通出版社，1989年，第 48—49 页。

现在官学、书院、学术机构的不断兴起。

晚清时期，贵州贵阳、遵义、安顺、永宁、思南、兴义、黎平等多个州府都有官学，而不少学者如莫与俦、萧光远、郑珍、莫庭芝、雷廷珍、姚华、傅潢、胡长新、黎庶焘、聂树楷等都有官学主讲或讲习的经历，推动贵州汉学传播和文教发展。据贵州文化史料及《贵州通志》所载，晚清时比较有名的书院有遵义湘川、育才、培英书院，贵阳学古、正本、正习、贵山书院，兴义笔山书院，黎平书院等。而仅黔北地区，就还有怀阳书院（仁怀）、鸣凤书院（正安）、罗峰书院（务川）、启秀书院（遵义）、洋川书院（绥阳）、龙泉书院（凤冈）、鼎山书院（桐梓）、味经书院（遵义）等，可谓书院林立、学风蔚然。

与此同时，学者们自建的草堂、藏书楼，政府兴建的学堂（如贵阳经世学堂）、国学讲习所等各类学术机构，都如雨后春笋，不断发展更新，成为推动贵州学术文化、乡邦文献整理、地方文教发展的重要力量。

这些地方性的教育、学术机构，对晚清贵州朴学家的教育事业、学术活动都有着巨大的影响。例如道光年间，郑珍执教榕城书院（榕江），学生"负笈背粮"而至，郑珍授之以辞赋、儒家道德、性理和文字之学，以渊博学识获誉"广文郑老"，一时间"坐则侍立一堂，行则从游塞路"，这对于汉、苗杂居，交通阻碍的黔东南地区的文教发展无疑是影响巨大的。

总之，各类官学、书院、学术机构的涌现，不仅反映了贵州文教飞速发展的真实状况，同时也为地方学术文化的传承、学者个人的学术活动营造了相对有利的条件和环境。

## 第三节　继承乾嘉学术的优良传统

乾嘉学术对近代中国的影响是全方位的，对贵州朴学而言，乾嘉学术带来的影响自然也是全面而深刻的，晚清贵州朴学的从古、崇汉、专精、尊师、缜密等特点，均源自对乾嘉学术优良传统的继承。

### 一、乾嘉学术提振贵州朴学氛围

自黎安理、莫与俦接触乾嘉学术并传之黔地之后，贵州学界与乾嘉学术的联络就没有断过，程恩泽官贵州学政时，更是直接将乾嘉朴学带到贵州，并培养出一批真正可以立足学界的年轻朴学家。晚一辈学者中如郑珍、莫友芝、萧光远、傅寿彤等都直接濡染了乾嘉学术，这不但丰富夯实了他们个人的学养，也极大提振了当时贵州朴学的氛围。早期莫与俦进京会试，与朴学名士同堂论辩，回黔后大力倡导朴学，论及江、阎、惠、陈、段、王等乾嘉巨儒，"听者如旱苗之得膏雨"。莫氏任遵义府学时，直接教授郑珍、莫友芝等。后来郑珍师从程恩泽，真正走上朴学正途，郑珍晚年曾撰诗云："我为许君学，实自程夫子。"（《王个峰言某友家有〈说文〉宋刻本亟属借至则明刻李仁甫〈韵谱〉也书凡二函皆锦赗金籤极精善细审函册分楷标题并先师程春海侍郎手迹知是生前架上物也凄然感赋识之册端》）而上溯师承，程恩泽的老师是乾嘉经学大师凌廷堪，凌氏精通礼学，尤以治《仪礼》享誉学林，这就是为什么郑珍在经学领域以精研《仪礼》著称，并写出《仪礼私笺》这样的传世名著的原因。

经过早期的酝酿，乾嘉学术的浸润逐渐加深，随着后来学者群体的不断扩大，贵州朴学的氛围更加醇厚。郑珍、莫友芝秉持乾嘉实事求是的学风，所教导之莫庭芝、郑知同、黎庶昌、黎庶焘、宦懋庸、黎汝谦等晚生，皆当时俊拔。道咸时，尽管乾嘉学风式微，但贵州学人积极主动地以乾嘉学术为归依，并以实际行动发扬传承乾嘉之学，在艰苦备尝的环境中，做出了令人感佩的成就。

在乾嘉学术的直接影响下，晚清贵州朴学的路径更为明确，学术力量越来越凝聚，在学术宗旨、精神风貌上都呈现出浓厚的乾嘉遗风。

## 二、敢于创新，杜绝流弊

贵州学者对乾嘉传统的继承，还体现在勇于创新、敢于针砭时弊上，这也是乾嘉鼎盛时的显著特征。

莫友芝《邵亭知见传本书目》，创造了辑录古籍版本目录的新体例；《韵学源流》一书，是我国最早论述声韵之源流端委的专著之一。又如郑珍撰《说文逸字》《说文新附考》，专论逸字、新附字，补正乾嘉学者在这方面的空白和不足。程棫林《说文通例》十卷，是校辑《说文》体例之专著，在晚清学界大有超越前代的影响力。任可澄在《贵州通志》中所著《鬼方考》《牂牁江考证》《土民总说》《贵州考》诸篇，被史家誉为"补史之缺，参史之错"的佳作。这些都体现了贵州学者在朴学领域的创新精神。

经历了乾嘉的巅峰后，清代学术整体转向低谷徘徊，后进学者似乎再难取得超越前儒的成就，一些流弊也随之产生，正如王力先生在《中国语言学史》中所说："王氏父子治学谨严，所证也还不能尽是。俞樾、章炳麟则每况愈下，借声近义通的原则来助成武断，此风迄今未泯。"① 贵州学者受时弊影响是不可避免的，但可贵的是，不少学者在著述中还是指出了前代学者的弊病，并加以匡正之。例如对于"六书"中颇受争议的"转注"，清儒大多因许慎语焉不详而有所偏废，而郑珍、郑知同父子在自己的"转注"学说中，指出了许慎未能明辨形声与转注，说解文字时偏重形声而忽略转注的弊端，其结论广受学界认可。

除了在具体问题上杜绝流弊，针对社会上兴起的不正学风和时弊，贵州学者往往能力排众难而坚守正本。例如清末民初，随着"西学东渐"的加剧，不少人提出废止声韵之学，音韵学出身的杨恩元在这种背景下，坚持刊印莫友芝《韵学源流》钞本，并为之写《跋》，以实际行动回应时代的弊端。这正是贵州学者在学术精神上守中持正，敢于开拓创新的体现。

## 三、实事求是

"实事求是"是乾嘉学派的核心思想之一，贵州学者在这一方面有笃厚的秉持和传承。综观贵州学者的著述、言论、思想，无论是考证字词，还是钩稽文献，无论是发表己见，还是辨章学术，都

———————

① 王力《中国语言学史》，山西人民出版社，1981 年，第 214 页。

保持着实事求是的作风。例如在疏证传抄古文过程中，郑珍常常驳正郭忠恕《汗简》存在的谬误，例如"🔲"字《汗简》以为"隍"字，并注音"乌华切"，郑珍《笺正》则指出此"隍"字实为"隔"字之误，"乌华切"下字"华（華）"实为"革"字形近之误。笔者今考"隔"字《说文·𨸏部》篆体作"🔲"形，右旁所从作"🔲"，仔细比较就能发现，这个形体与"🔲"字中间部分的形体是完全相同的，是"鬲"，而不是"皇（篆体作"🔲"形）"；郑氏还指出《汗简》凡从"阜（𨸏）"之字，都仿照《说文》"隘"（篆体作"🔲"形）等字从篆形"𨸏"书，故传抄"隔"篆作"🔲"形。而语音上，即如郭氏以为"隍"字，其音"乌华切"也与"隍（《广韵》"胡光切"）"字音不符，而郑珍校正后反切下字"革"，考"隔"字《广韵》入声麦韵"古核切"、《龙龛》"音革"、《字汇》"音格"，与《笺正》所注音相同。郑氏实事求是，匡正了郭氏对字形的误释和对反切的误读，以此厘出正确的字形和字音，以正传抄古文之讹谬。

总之，继承乾嘉学术的优良传统，是晚清贵州朴学取得一定成就的重要原因。而晚清贵州朴学有多少乾嘉学术的特点？晚清贵州朴学相较于乾嘉学术，产生了哪些变化和发展？仍然是有待深入研究的问题。

## 第四节　朴学群体的建立与维系

这里所谓"朴学群体"，是指在特定时期或地域内，以朴学为共同志趣和学术宗旨的文人学者及其所构成的稳定团体。晚清贵州朴学的昌明，离不开朴学群体的建立与维系，在学术文化氛围浓厚的群体中，不同师承、地区、身份的人才能够集中力量从事朴学活动及其文化事业，从而取得具有时代性、地域性的学术成就。

## 一、人才结构新陈代谢

从嘉庆末至民国初的一百多年时间里，贵州朴学的学者群体尽管在人才规模上与其他地区还有一定差距，但也有自身的发展演变，表现为人才结构的新陈代谢，学术脉络和学术传统良好的赓续。从我们所知的代表学者来看，晚清贵州朴学的人才变化可以划分为四个主要时期。

初期阶段：朴学人才开始出现，学者群体开始形成，并从事朴学学术活动。代表学者有黎安理、莫与俦、黎恂、黎恺、唐树义、傅潢和青年时期的黎兆勋、赵旭、郑珍、莫友芝、萧光远、莫庭芝、傅寿彤、胡长新等。重要事件有莫与俦执教遵义府学、程恩泽任贵州学政、郑珍师从程恩泽、傅寿彤服膺洪亮吉、郑珍撰《说文新附考》等。

中期阶段：杰出学者不断涌现，并推出代表性成果。代表学者有郑珍、莫友芝、傅寿彤、萧光远、莫祥芝、郑知同、黎庶昌、唐炯、黎兆祺、黎庶焘、黄彭年、李兰台等。重要事件有郑珍、莫友芝并称"西南硕儒"、郑珍著《说文逸字》《仪礼私笺》等、莫友芝著《唐写本说文解字木部笺异》《邵亭知见传本书目》等、黎庶昌辑成《古逸丛书》、郑知同补苴郑珍学说等。

后期阶段：朴学进一步发展，再传弟子阐述家学与师承。代表学者有黎庶昌、郑知同、宦懋庸、赵怡、赵恺、陈矩、陈田、雷廷珍、莫绳孙、廖袭华、黎汝谦、严寅亮、程棫林等。重要事件有郑知同撰《楚辞通释解诂》、黎庶昌汇辑《黎氏家集》、赵恺收藏郑氏著述版本、陈矩编印《黔南丛书》、严修官贵州学政、改学古书院为贵州经世学堂、雷廷珍执掌笔山书院、程棫林撰《说文通例》等。

末期阶段：晚清朴学家持续影响贵州学术，道咸朴学仍有余波，出现新的朴学人才，朴学所代表的传统学术逐渐转型。代表学者有姚华、任可澄、聂树楷、黎景煊、莫棠、杨兆麟、杨恩元、平刚、梅镇涵、赵廷璜、凌惕安、杨寿篯等。重要事件有姚华执掌笔山书院、姚华著《小学问答》《黔语》等、任可澄总纂民国《贵州通志》《黔南丛书》等、莫棠绍继莫氏版本目录学、杨兆麟与章炳麟结交、平刚师从章炳麟并与结交黄侃、凌惕安编著《郑子尹先生年谱》等。

此外，随着学者群体的更迭，他们从事学术活动的主要阵地也在发生变化，从最初的影山到后来的沙滩，由早期的遵义书院到笔山书院，从学古书院到经世学堂，贵州朴学家群体及其学术文化视野不断适应时代变化，取得新的发展进步，从而再现了晚清以来贵州朴学的演变历史。

## 二、学术志向保持一致

朴学群体，既可以是人为组织并关联的有形实体，也可以是自然形成的无形群落。贵州朴学显然属于后者，但即便如此，当我们回顾这段学术历史时，尤其是对比几代学者的学术特点时，仍能看到非常明显的继承性和群体性。

在师承、学术思想和路径上，几代贵州学者之间的前后继承是很明显的。例如对《说文》学的研究，自初期郑珍专研《说文》新附字开始，至中后期莫友芝、郑知同、雷廷珍、宦懋庸、赵怡、赵恺、许庄叔、程棫林等，以至末期的梅镇涵、杨寿钱等皆对《说文》有所研究，并且在继承前人成果基础上，于各个方面皆有补遗、补白。比如对《说文》体例的研究，除郑珍在《逸字》《新附考》两书的相关论述外，郑知同《说文本经答问》、雷廷珍《文字旁通卷末》、梅镇涵《说文解字部首》、许庄叔《黔雅》、程棫林《说文通例》分别从引证、叙例、部首、说解、通例角度率有补充，从而将对《说文》义例的研究推向纵深。尤其是程棫林《说文通例》一书，据袁艳秋、孙家愉考证："程氏此书汇纂各家所发许书之例而成，行文中复以夹注品评各家之得失。执此一编，而诸家发凡之说尽见，这不仅非常便于初学者，而且对研究《说文》体例也具有非常重要的学术价值。"① 程书是继王筠《释例》之后，研究《说文》体例具有较大影响力的论著之一，也是贵州朴学保持继承性、群体性效应产生的结晶之一。

而值得关注的是，除《说文》学外，晚清贵州朴学在版本目录、文献校勘、古籍刊刻等方面都有着这种继承性和群体性，这是贵州学者在学术志向上保持一致的重要体现，从而维系了朴学群体

① 袁艳秋、孙家愉《程棫林〈说文通例〉稿本考》，《贵州文史丛刊》2022 年第 3 期，第 130 页。

的持续发展。

## 三、学者群体人人奋发

晚清贵州朴学的发展，离不开学者群体在自己治学领域的努力奋进。如果说社会变迁、乾嘉影响、教育发展、交通改善等都属于外部因素，那么贵州学者人人奋发向上，不断在学术上精进，则是推动晚清贵州朴学走向辉煌的内部因素。嘉庆时，莫与俦就以"以朴学倡导士林，洗南中之陋"为己任，这种精神影响了几代贵州学者的从教和问学。晚清时期，受各种因素影响，贵州学者要么放弃功名归里从教，要么偏居乡里醉心学术，以各种方式来实现自己的学术理想和人生追求。例如在科举场上，早期如郑珍、莫友芝、赵旭、黎兆勋等都多次碰壁而不第，于是他们都选择放弃仕途而潜心学术，于是学问日渐醇熟，似乎他们都把科场上的失利化作了学术上的奋力拼搏。

又如郑知同，自幼蒙父郑珍亲自授业，文字学造诣深厚，青年时抱才自负，不屑于八股时文而断绝仕进念头，更因人前夸耀郑氏之学配称朴学"殿军"，人以为太狂妄。但若了解其生平，便知他毕生致力《说文》之学，文字、训诂更是精醇，不在乃翁之下。郑知同生性耿介，不合世俗，自青年时便因战乱随父奔逃，郑珍去世后，家道艰难甚至生计窘迫，但郑知同并未因此而颓废，反而更为坚韧地投身学术，除协助郑珍完成《逸字》《新附考》《汗简笺正》等文字学著作，他自己更有专研《说文》、六书的著述十多种，惜多未付刊。而其传世著作如《楚辞通释解诂》《补姚氏说文考异》

《说文正异》等皆称誉学林。

在晚清贵州朴学群体中，像郑知同这样在仕途和生活中"命本穷薄""贫窭不堪"，但在学术上博闻强识、奋力向上的学者不在少数。由于年少即勤奋追求、刻苦用功而且对于学术理想愈老弥笃，贵州朴学群体中有不少人贫病交加，甚至英年早逝，令人叹惋。正是学者群体这种人人奋发的进取精神，并且竭尽数代家族后学、门徒和后学之精能，不断为贵州学术添砖加瓦，才使晚清贵州朴学历经百年而不衰，朴学群体及其学术生涯的根基、脉络得以维系，从而为后世保存了一段完整的学术史。

## 第五节　家族式学术文化传承

清人赵翼在《廿二史札记》中说："古人习一业，则累世相传，数十百年不坠。盖良治之子必学为裘，良弓之子必学为箕，所谓世业也。工艺且然，况于学士大夫之术业乎？"[①] 说的是家族代际传承对学术发展的重要性。清代学术史中有不少家族性的地域学术，如高邮王氏、吴县惠氏、常州庄氏、武陵杨氏等，在当时和后世学界均有颇高的声誉。而"家族式"的学术文化传承方式，也是晚清贵州朴学兴盛的重要影响因素，如果说其他地域学术的传承主要依靠学者群体的师承关系，那么晚清贵州朴学的传承不仅有师承关系，同时还有家学、家风上的代际影响。例如遵义黎氏家族的黎恂、黎恺被称为"黎氏双璧"，郑氏家族的郑珍、郑知同父子被称为"大

---

① 赵翼著，王树民校证《廿二史札记校证》卷五，中华书局，1984年，第100页。

小郑"等，正是晚清贵州朴学以家族性、群体性方式传衍百年的一大特色。前修时贤如梁光华、黄万机、欧阳大霖、黎铎、葛明义、孔维增、史继忠、杨军昌、史光辉等学者对贵州地域文化的家族史、家族学术多有探究，这里我们参考前人成果对晚清贵州朴学的"家族式"传承续作陈述。

## 一、笃厚的家风

早在黔南独山时，莫与俦所代表的莫氏一族就非常注重以儒家思想教育家族子弟，在先贤影响和莫氏家学的影响下，家学门风日盛，发展到嘉庆、道光时，形成了颇具声名的"影山文化"。家教门风对莫氏后代产生了深远影响，无论是莫与俦举家搬到遵义，还是莫友芝、莫棠、莫绳孙等游历或隐居江南，莫氏一家开展文教、学术、藏书、著述，都一直以"影山草堂"为其榜额，百多年间"影山文化"的内涵就是莫氏家族"耕读为业，诗礼传家"的家学、门风。嘉庆四年（1799）莫与俦考取了翰林院庶吉士，接触了当时主流学术圈的文人达士，术业和思想更为精专。回到独山后，莫与俦在紫泉书院和影山草堂讲学，他在教书育人过程中，"一扫过去只重俗学读书做官的偏向，大力提倡实事求是的汉学学风，尤其重视品德教育，推行汉儒朴实学风，不空谈义理"①，在他的努力下，黔南影山家族教育和学术风气日渐笃厚。

而在黔北遵义，到嘉庆年间黎安理回乡从教时，黎氏家族已在

---

① 欧阳大霖《"影山文化"源流述略》，《教育文化论坛》2011 年第 5 期，第 124 页。

遵义世居八代，家学渊源十分深厚。黎氏家族恪守祖训家规，历代皆以"耕读"为本，尤重朴学、文教，至嘉道间，在黎安理的教导培养下，其子黎恂、黎恺逐渐成长，他们创立私塾，求购古籍，建造藏书室，在乡里传道，家乡沙滩向学之风日臻浓厚，逐渐开创出远近闻名的"沙滩文化"。后来，莫与俦执教遵义书院，把在黔南影山的家族教育和文化带到了遵义，与黔北遵义的黎氏家族文化融为一体，在莫氏、黎氏家学门风的共同推动下，"沙滩文化"底蕴更为深厚、影响更为深远。莫与俦在《示诸生教》中提出的"端趋向""黜浮华""薄荣利""固穷约"的学术、教育理念，成为莫、黎两家的家学思想和学术追求，他们的子弟门人，为人重道德节操修养，读书讲求字斟句酌、释疑会通，这是很多家族后人选择清贫一生，以学问、教育终老的原因。

　　随着文教、学术风气日盛，贵州学术文化传承的"家族性"逐渐体现，这与遵义沙滩几代朴学家的家族关系和家学渊源密不可分。从学者关系看，黎氏家族从黎安理开始，其子有黎恂、黎恺，黎恂又有子黎兆勋、黎兆熙、黎兆祺、黎兆铨、黎兆普，黎恺有子黎庶焘、黎庶蕃、黎庶昌、黎庶诚；莫氏家族从莫与俦开始，其子有莫友芝、莫庭芝、莫瑶芝、莫生芝、莫祥芝，莫友芝有子莫彝孙、莫绳孙，莫祥芝有子莫棠、莫祁；郑氏家族从郑文清开始，其子有郑珍等三人，郑珍又有子郑知同。而郑文清为黎安理女婿，其妻为黎恂之妹，她的家庭教育影响郑珍终身；黎恂为郑珍伯舅，又将长女许配郑珍，成为郑珍岳丈。莫友芝长子莫彝孙曾娶郑珍三女为妻，为郑珍女婿；黎庶昌为莫与俦女婿，其妻为莫友芝小妹，而庶昌次女又嫁给舅哥莫祁。此外，在遵义与郑、莫、黎存在姻亲关系的，还有夏氏、杨氏、赵氏、宧氏等，其中宧氏宧子藩是郑珍同窗，是莫与侗任教遵义府学时的得意弟子，后郑知同娶宧氏之女为妻。而赵氏家族也是遵义的书香世家，郑珍长女郑淑昭嫁于赵廷璜，有子赵怡、赵恺，二人继踵家学，推崇外公郑珍的学术和人格。

在家教门风的濡染和培育下，栽培出了西南大儒郑珍、莫友芝，亦有"黔之通人"之称的黎兆勋，以及黎兆祺、黎庶焘、黎庶昌、郑知同等后辈学者，其中郑知同以家传朴学跻身晚清著名学者之列，黎庶昌更是成长为影响近代中国的外交家之一。

## 二、家族书斋与学术园地

晚清贵州朴学在沙滩形成了非常浓厚的读书向学的风气，郑、莫、黎三家都是书香门第，既有姻亲关系，又有师承关系和师友交往。在这种氛围下，三大家族的文人学士，皆有好古、著书、藏书的雅好。不少人都有自己的书斋。黎恺的"近溪山房"，黎兆勋的"姑园"，黎兆祺的"息影山房"，黎庶焘的"暮耕草堂"，黎庶昌的"拙尊园"①，郑珍的"望山堂""巢经巢"，莫友芝的"青田山草堂"等。黎恂辞官告归时，带回数十箱古籍，在沙滩建起"锄经堂"。这些书斋大多建立在环境清幽的山林、园岭、湖光山色之间，既是贵州学者钻研古籍、著书立说之地，也是他们身心、学术、精神的园地。例如郑珍曾在"巢经巢"中度过二十余载，潜心耕读，

---

① 参看史继忠《"沙滩文化"揭秘：文化与教育交融》，《教育文化论坛》2010 年第 2 期，第 101 页。

他的很多朴学著作就是在这里写就的。这些书斋，为贵州学者的家族教育和学术传承，提供了非常深厚的"文化生态"，成为晚清贵州朴学得以发扬光大的真正底蕴。

这些别致的书斋、居所，是贵州学者思索、问学的园地。在这里，不但形成了沙滩黎氏家族村落、郑氏望山堂、莫氏青田山庐衡宇相望的文化格局，并且在家族教育中，他们恪守清、慎、勤三字，注重言传身教，从小培养良好的品性与学风。他们把自己对家族教育的感悟和理念，写进自己的著述中，例如莫与俦著有《示诸生教》、黎恺著有《教余教子录》、郑珍著有《母教录》，为教育后世门人子弟处世、读书、治学之道，留下了宝贵的经验和启示。书斋文化的繁盛，是晚清贵州学术风气淳厚清净的最好证明，以郑、莫、黎三大家族为主的贵州学人，家风严正、家学渊源深厚，成为晚清贵州朴学的文化根基。莫与俦晚年在诗中："老来不记旧卿相，独记先辈之高风。"（《戊戌生日郑子尹孝廉以诗见寿和答》）家族先辈的言行、德操、训导，让晚清贵州学者深刻领悟到以"道德文章"修身立世的人生哲学，从而孕育出数代文人群体，晚清贵州朴学才得以薪火相传。

## 三、家塾与书院融合育人

家族教育和门第风范是涵养晚清贵州朴学的重要因素，依靠家族教育，使晚清贵州朴学具有浓厚的民间色彩。但以郑、莫、黎三家的家族教育并不是单一、封闭的，而是与当时贵州的书院教育相辅相成的，结合家庭私塾、家学门风、社会阅历和学术实践，形成了一个底蕴深厚、受众广泛的文教环境，构建起独特的家塾与书院融合育人的教育体系。莫与俦在独山时，就在自家的影山草堂讲授治学方法，又在独山州学和紫泉书院传播学术文化，到遵义府学任教后，又创办湘川书院，以教授门人、著书立说、培养人才为宗旨，培养了数代学人。而黎安理首先在沙滩创办"振宗堂"，开创最早的家塾教育，黎氏家族子弟黎恂、黎恺均在此处执教终身，乡里门人子弟皆染其惠泽，前后培育文人学者多达百人，涌现出数代朴学俊才。郑珍不仅以家学家风悉心教导后世子弟门人，又长期执教榕城书院，大力推广朴学文化，大大提振了贵州的向学之风。

郑、莫、黎三家后世子弟及其门人或得家塾熏陶，或就读书院，或在书院讲授，结交师友，数十年见间造就了几代人才。晚清贵州朴学的学者群体中，如萧光远、莫庭芝、雷廷珍、姚华、傅潢、胡长新、黎庶焘、聂树楷等均有在家塾和书院学习、任教的经历。他们接受知识、从事教学、开展学术的湘川、育才、培英、榕城、学古、笔山等书院，以及遵义、兴义、安顺、黎平、思南、独山、石阡等州学、府学，都成为当时贵州教育文化和地域学术的重要推动力。晚清贵州朴学家们的共同努力，摸索出了一条家学、府学互进共荣的教育之路，使家庭教育和学校教育相得益彰，不少后进晚辈秉持尊师重道的传统，使贵州的文教事业和朴学研究得以弘扬传承。

总之，家族家训与书院教育承载的价值观，对晚清贵州地域文化和朴学学术影响深远，可以说是精深的家教教学成就了晚清贵州朴学的兴盛，是家塾与书院的融合促进了贵州学术文化的代代相传。莫友芝晚年在《影山草堂本末》中说："一家之于一乡微矣，一堂之于一家又微矣。而吾生五十三年，上下四朝五世，所历聚散死生，乡里之兴废，纷不可纪，而此堂与之终始。今虽鞠为焦土，而先世以来，经术流衍，循良之规，师儒之泽……溯其引掖造就，一皆出于此堂。"① 正因为幼年和青年时期所受的家族教育，才奠定了莫友芝一生的学养、学术和思想，而这也可以说是整个晚清贵州朴学呈现家族式传承、群体性发展的根本原因。

## 第六节　社会各界的大力支持

晚清贵州朴学的兴盛，离不开社会各界的支持，而这些支持的来源和方式也是多种多样的。在贵州朴学家的人生境遇和学术生涯中，他们得到过哪些人的帮助和支持，我们无法尽考，但那些见载史籍的达官显宦和名人俊杰，他们对贵州朴学界的支持是值得铭记的。

晚清时，随着社会政治的急速变动，人才流动也变得频繁，这使得贵州与外界的联系更加紧密。不少政坛商界人士进入贵州，或经商从政、或游历寄学，不少旅黔学者对贵州朴学产生了重要影响。据黄万机《沙滩文化志》等文献载，晚清旅黔学者主要有程恩泽、贺长龄、邹汉勋、曾国藩、张锳、张之洞、张裕钊、薛福成等。此外，还有乾隆五十七年（1792）就任贵州学政的洪亮吉，清末民初推动新式教育的贵州学政严修，光绪元年（1875）任贵州曾巡抚的黎培敬等。如曾国藩于幕府招纳莫友芝，莫氏得以游历各地并受聘

---

① 莫友芝《郘亭遗文》卷六，梁光华等点校《莫友芝全集》，上海古籍出版社，2019 年，第 199—200 页。

苏州、扬州几家书局校刊古籍，为后来写作《邵亭知见传本书目》积累了丰富的资料；而郑珍、黎庶昌、黎兆祺都受过曾氏帮助。又如张之洞亦曾招郑知同入幕府，帮助其传布其父郑珍之学，光绪十三年（1887）张之洞设广雅书局，聘郑知同任书局总纂。历官贵州学政、贵州布政使、贵州巡抚的黎培敬向清廷举荐赵旭，后者得以授翰林院孔官衔及都匀府学教授。

而贺长龄、洪亮吉、程恩泽、邹汉勋等几任学政本身就有朴学背景，洪亮吉、程恩泽更是学林公认的汉学名儒。早在莫与俦进京会试时，就受到洪亮吉的赏识，后来通过洪氏得交乾嘉诸名士。而傅潢、傅寿彤父子皆服膺洪亮吉，傅寿彤长于经史，精于汉学、音韵，后来成为与郑珍、莫友芝齐名的贵州朴学家。而大家最熟知的是程恩泽在黔时，培养了郑珍、莫友芝等门生，并以其学影响贵州学者，郑、莫苦钻汉学，皆有大成。程恩泽还依靠自己在政坛的影响力，为贵州学人外出游幕从学提供了不少便利，为贵州地域文化的培养和传播做出了重要贡献。贺长龄于道光十六年（1836）擢贵州巡抚时，治黔九载，振兴文教，倡修方志，在各州县兴建书院义学，文风丰然，他曾乡试郑珍，珍得中举人，又纳入门下，指导郑珍研习宋明理学，并资助其完成学业。邹汉勋精于地志之学，他对贵州朴学最大的影响一是重视地方文化，纂修方志，曾参与主纂《贵阳府志》《兴义府志》《大定府志》《安顺府志》等；二是注重乡邦文献，刊刻经籍，受其影响，贵州古籍刊刻取得很多成果。此外，他与郑珍、莫友芝交好，相互敬重并书札往来，一时传为佳话。

在晚清贵州朴学的末期，对贵州学者帮助和影响最大的是严修，在黔时，他召集雷廷珍等人将学古书院改为贵州经世学堂，贵州文教开始走上近代新式教育之路，雷氏受其帮助，出任兴义笔山书院院长，培育了姚华、任可澄、周恭寿等名士。任可澄居贵阳时，受到当时贵州学政严修赏识，为他后来总纂民国《贵州通志》提供了很多便利。

上述来黔名人如洪亮吉、程恩泽、严修等对贵州学界的帮助，还表现在大力推广书院教育，使晚清贵州各地书院、学堂发展迅速，营造了空前繁荣的文教、学术氛围。据张羽琼等学者考证认为："有清一代，出任贵州学政的约 90 人次，但真正能够培育人才、转移一代学风的，仅有乾隆朝的洪亮吉、道光朝的程恩泽和光绪朝的严修三人而已。"①

晚清出黔游宦的贵州朴学家，亦从诸多方面，关心、推动了贵州学术、文化的发展。如遵义唐树义曾官陕西按察使，其子唐炯官云南巡抚，皆身居高官，而树义与郑珍、莫友芝过从甚密，并且关心乡邦文化和文献整理，曾出资助郑珍纂辑《播雅》，支持莫友芝编印《黔诗纪略》；而唐炯与郑珍交情甚笃，曾多次出资帮助郑珍一家渡过难关，并刻印郑珍遗稿数种，包括《郑学录》《仪礼私笺》等。

正是在社会各界的大力支持下，晚清贵州呈现出"崇儒兴学，政教并举"的繁荣景象，为晚清贵州朴学及其学者群体营造了相对安稳的教书育人和学术研究环境。

---

① 张羽琼、郭树高、安尊华《贵州：教育发展的轨迹》，贵州人民出版社，2009 年，第189 页。

# 第三章  晚清贵州朴学代表人物
## 及其群体品格

地域学术的繁荣与延续，不仅需要深厚的文化根基，还有赖于文人群体的共同努力和不断进取。"筚路蓝缕，砥砺奋进"可能是晚清贵州学人的真实写照，清代史学家章学诚曾言："一人之史而可以与国史、家史相取证。"① 加拿大汉学家施吉瑞（Jerry D. Schmidt）在自己的著述中曾高度赞誉郑珍："要了解中国近代史，就必须研究郑珍。"② 深刻反映了贵州学者在中国近代史中的地位和影响。而晚清贵州朴学史既是学术的历史，也是学者的历史，不同的是，它不是"一人之史"，而是一个学者群体的历史，是一个学术追求和学术思想都高度一致的人文地域的历史，当中的每一个人，他们的家世、师承、品格、气节、才华、眼界都为这段学术历史增添了笔墨和色彩。晚清贵州朴学家群体勤奋坚韧的群体品格，是贵州学术文化永葆活力的根本原因。这一章，我们先简要评介晚清贵州朴学的代表人物，然后尝试从学术思想史角度论述贵州朴学家的

---

① 张羽琼、郭树高、安尊华《贵州：教育发展的轨迹》，贵州人民出版社，2009 年，第189 页。

② 曾秀芳《从冷落到关注：郑珍研究的回顾与思考》，《贵州社会科学》2010 年第 12 期，第 117—118 页。

群体品格。

## 第一节　晚清贵州朴学代表人物

晚清贵州朴学有哪些代表人物？他们的学术经历与成就如何？这是深入考察晚清贵州朴学的重要前提。贵州学者如王锳、袁本良、汪文学、黄万机、梁光华、张新民、欧阳大霖、张连顺、谭德兴、刘海涛、龙先绪、杨元桢、史光辉等，外地学者如钱仲联、白敦仁、张剑等，都对贵州朴学人物都做过很多探讨，成果丰硕。如《贵州通志·艺文志》（民国）、《沙滩文化志》《明清贵州 6 000 举人》、《遵义市人物志》、《贵州历代著述考：经部》、《郑珍小学研究》、《莫友芝全集》，对历代贵州朴学人物的辑录考证颇为周详。这里，为与本书主题内容相契合，我们择要选介部分晚清贵州朴学代表人物，以便对晚清贵州朴学及其朴学家有整体性的认识。为避免与已有成果有所重复，我们介绍代表人物时侧重考述他们的生平，以及在朴学方面的学术交游、师承渊源、学术造诣、学术活动和代表著述等，对人物相关的其他方面的活动和历史则从略，并结合相关文献和研究资料，适当对人物进行简评。

### 一、黎安理

黎安理（1751—1819），字履泰，号静圃，遵义东乡禹门人。曾于乡里作塾师、郎中、小贩、算命先生，嗜书如命，乾隆四十四年（1779）中举，至五十八岁始任永从县（今贵州从江县）儒学训导，后官长山（今山东邹平市）知县等。黎氏重朴学、文教，其子黎恂、黎恺，孙黎兆勋，外孙郑珍等受其教诲，均为黔北学者中坚。还培养了王廷葵、王青莲等名士。黎氏朴学著作有《梦余笔谈》《四书口义》等，《清史稿》载其生平，为遵义"沙滩文化"开创者。

## 二、莫与俦

莫与俦（1762—1841），字犹人，号杰夫，贵州独山人。莫氏为书香门第，其父莫强是秀才。嘉庆四年（1799）进京会试，主考官是汉学名家阮元、朱珪，同场考官还有著名学者纪昀、洪亮吉等，是年莫与俦以新进士入选翰林院庶吉士，同榜有王引之、张惠言等，皆晚清著名学者。之后与俦受教于名儒朱珪、纪昀，得窥门径，潜心研讨，学业精进，终成贵州汉学之拓荒者。道光三年（1823），任教遵义府学，致力于汉学传播和家乡文教事业，勤恳历十九年，卒于任上，有名节，曾国藩为撰墓志铭。

莫氏在黔南独山时，即以朴学和儒家思想教育子弟和门生，并以莫氏家族为核心开创了"影山文化"。而至遵义任府学教授时，莫氏又以其深厚的学养，以及在文教方面的心得，开遵义一代学术风气，培养郑珍、莫友芝两硕儒。在莫与俦的影响下，遵义郑、莫、黎三大家族文化日盛，并以此逐渐形成世人瞩目的"沙滩文化"。张舜徽在《清人文集别录·巢经巢文集六卷》中说："有清一代，贵州学术，自独山莫与俦开其先，至珍而乃大。当乾嘉朴学极盛时，与俦奋自僻邑，出游名都，得与姚文田、王引之、张惠言、郝懿行辈同登进士，出阮元之门，师友濡渐，讲求朴学，退而教授遵义，以经术倡导后进，珍实为其嫡传。"①《清史稿》载其生平著述，朴学代表作有《二南近说》四卷、《仁本事韵》二卷等。

## 三、黎恂、黎恺

黎恂（1785—1863），字雪楼，晚号拙叟，黎安理长子，郑珍伯舅、岳父，遵义东乡禹门人。嘉庆十九年（1814）进士，历任云南平彝（今富源）、新平知县等，咸丰元年（1851）告还。黎恂善治经、史，经学多参汉魏诸儒之学，史学则以《资治通鉴纲目》为主，曾建藏书楼"锄经堂"，购藏珍本典籍数十箱，供黎氏子弟研读，培养其子黎兆勋、外甥郑珍、莫友芝、黎兆铨、黎庶焘、黎庶蕃、黎庶昌等，皆黔北名士，"沙滩文化"因此成风。黎恂研治宋学和史学，晚年益埋头治学，以文章学术名世，著有《读史纪要》《千家诗注》《四书纂义》等。

黎恺（1788—1842），字子元，晚号石头山人，黎恂之弟，郑珍二舅。道光五年（1825）举人，曾任贵州印江、开州（今贵州开阳）县学训导等。熟诵诸子百家之书，工诗词，有《石头山人词抄》《教余教子录》等，因学术、诗词和文教贡献，与黎恂并称"黎氏双璧"。

## 四、唐树义、唐炯

唐树义（1792—1853），字子方，贵州遵义人，嘉庆二十年（1815）举人，官至陕西按察使。道光二十九年（1849）冬，引疾

---

① 张舜徽《清人文集别录》，华中师范大学出版社，2004年，第434—435页。

归，乡人筑"待归草堂"跂之。树义好与名士交游，归后与郑珍、莫友芝等过从甚密。著有《乙巳朝天录》《从戎日记》《待归草堂诗文集》等，亦注重乡邦文献，曾资助郑珍纂辑《播雅》，支持莫友芝编印《黔诗纪略》。

唐炯（1829—1908），字鄂生，唐树义第四子，道光二十九年（1849）举人。官至云南巡抚。唐氏父子为郑珍远亲，按辈分一为其表叔，一为其表弟，炯与郑珍交情甚笃，曾多次出资帮助郑珍一家渡过难关，并刻印郑珍遗稿数种，包括《郑学录》《仪礼私笺》等。著有《成山老人年谱》《四川盐法志》《续修云南通志》等。

## 五、萧光远

萧光远（1803—1885），字吉堂，号鹿山，遵义毛石人。道光五年（1825）举人，曾在湘川、育才、培英书院主讲。善经、史、文，与莫友芝谈及汉学、宋学，相见恨晚，后又与郑珍结交，在当时贵州学界，三人鼎足。萧光远毕生钻研儒家经典，通《论语》《易》《礼》，尤其以研治《易经》著名。著有《周易属辞》十二卷、《周易通例》五卷、《周易通说》二卷、《易字便蒙》等"易学"专著，其中颇多以小学治经的论述和方法；另有《汉书汇抄》《毛诗异同》等，皆朴学专著。

## 六、郑珍

郑珍（1806—1864），字子尹，号柴翁、巢经巢主等，贵州遵义人。道咸时期贵州朴学核心人物，在经学、小学、文学、史学等领域学底深厚，在小学、经学方面著述宏富，成就卓著，为晚清学界所称道。《清史稿·儒林》为立《郑珍传》，与独山莫友芝并称"西南大师"。郑珍生平，见《清史稿》《清代朴学大师列传》等，王燕玉、窦属东、袁媛、史光辉等学者都有叙述整理，可参详。黎庶昌《拣发江苏知县郑子尹先生行状》和《郑墓表》、郑知同《敕授文林郎显考子尹府君行述》、凌惕安《郑子尹年谱》所记尤详。其中贵州乡贤王燕玉（1923—2000）撰有《郑珍年历考要》一文，梳理了郑珍一生之主要事迹。

郑珍幼时聪敏，从舅父黎恂、黎恺问学，二十岁时，因文章受到程恩泽赏识，选为"拔贡"，师事程门，学许、郑考经论字之道。莫与俦教授遵义府学时，郑珍拜其门下，并结识与俦子莫友芝，成为一生知己。道光二十二年（1842），郑珍、莫友芝共同编纂《遵义府志》四十八卷，该志书是晚清地方志编纂的典范之作，体大思精，梁启超誉之为"天下府志第一"，张之洞盛赞其为"善本"。郑珍兼通文字、音韵、训诂、考据，且皆功底深厚，又博通"三礼"，好治经典，学行和著述为时人称道，时任礼部尚书的潘祖荫称郑珍为"黔之通人"①。

尽管仕途坎坷不利，但郑珍学术交游很广泛，是晚清贵州用功最勤，学术领域最广，成果最多，影响最大的朴学家。郑氏所著朴学文献，刊行传世有《轮舆私笺》二卷、《凫氏图说》一卷、《仪礼私笺》八卷、《巢经巢经说》一卷、《说文新附考》六卷、《说文逸

---

① 杨瑞芳《郑珍〈说文新附考〉研究》，首都师范大学硕士学位论文，2003 年，第 2 页。

字》二卷、《汗简笺正》七卷、《亲属记》二卷、《郑学录》四卷、
《郑学书目》一卷、《母教录》一卷、《樗茧谱》一卷等；未刊有
《说隶》《老子注》《世系一线图》《无欲斋诗注》①；散佚不存者有
《补钱氏经典文字考异》《说文大旨》《转注本义》《说文谐声》数
种②。史光辉、姚权贵近著《郑珍小学研究》对郑珍生平及著述有
深入研究，可以参看。

## 七、莫友芝、莫庭芝、莫祥芝

莫友芝（1811—1871），字子偲，自号郘亭，莫与俦第五子，
与郑珍并称"西南巨儒"，二人相交甚笃，为毕生知己。友芝自幼
荫家学，与俦教授遵义时，友芝同往，遂与郑珍、黎兆勋等同龄
人同学交游。道光十一年（1831）获乡试第一名，但后来数次入
京会试皆落选。道光十八年（1838）与郑珍合纂《遵义府志》，
反响极高。莫友芝喜好搜集文献，乐藏秘籍，治学善文字、音
韵、训诂之考源，尤精书法、版本目录与金石之学，所著《郘
亭知见传本书目》一书，为版本目录、古籍校勘、藏书爱好者
所称道。

莫友芝是晚清贵州交游最广泛的朴学家，曾入曾国藩幕十余
年，游历湖北、安徽、浙江、江苏，曾于武昌为胡林翼校勘《读
史兵略》，受聘苏州、扬州几家书局校刊古籍，遍历江南藏书文

---

① 吕友仁《乾嘉朴学传黔省，西南大师第一人——郑珍学术成就表微》，《河南师范大学
学报（哲社版）》1997年第2期，第58页。
② 王锳、袁本良点校《郑珍集·小学》，贵州人民出版社，2001年，第8页。

斋，访录散佚典籍、碑碣，见闻尤广。莫氏朴学著述传世者，主要有《邵亭知见传本书目》十六卷、《宋元旧本书经眼录》三卷、《持静斋藏书记要》二卷、《唐写本说文解字木部笺异》一卷、《韵学源流》一卷等；未刊则有《邵亭书画经眼录》四卷、《邵亭经说》一卷、《古刻抄》《梁石记》《资治通鉴索隐》《旧本未见书经眼录》《影山草堂书目》六册、《邵亭日记》二册、《邵亭印存》等。其中《唐写本说文解字木部笺异》一书，在《说文》学领域影响甚广。莫友芝是晚清贵州朴学、黔南"影山文化"、黔北"沙滩文化"的核心人物之一。

莫庭芝（1817—1889），字芷升，号青田山人，莫与俦第六子。七岁随父寓居遵义，受教于父兄和郑珍，对许慎《说文解字》研读甚精，兼治经史诸子。道光二十九年（1849）拔贡，历任永宁州学正、安顺府学训导、思南府学教授、贵州学古书院山长等，在贵州执教四十余年，传播莫氏教育思想，是"影山文化"核心人物之一。

莫祥芝（1827—1890），字善徵，号九茎，莫与俦第九子，清末贵州独山庠生。同治六年（1867）出任江宁知县。祥芝颇重文化建设，署任通州知州时主修《通州志》十六卷；任江宁知县时主修《同治上江两县志》三十卷①。同治七年（1868），刊付郑珍《轮舆私笺》二卷；光绪六年（1880），汇集出版孙应鳌《孙文恭遗书》六种。祥芝注重古籍校勘、版本及其刊刻，其校刊翻刻的古籍有宋张涌《乖崖先生文集》（清康熙苏州张青芝仿宋抄本），宋魏了翁

---

① 刘汉忠《江南"铜井寄庐"藏书考略》，《江苏图书馆学报》1997 年第 1 期，第 33 页。

《毛诗要义》二十卷、《谱序要义》一卷，清顾观光《武陵山人遗书》，清张文虎《舒艺室余笔》《清朝古文正的》等。

## 八、傅寿彤

傅寿彤（1818—1887），字青余，贵阳人。咸丰三年（1853）进士，官河南按察使、南阳知府等。其父傅潢曾师从汉学大师洪亮吉，以经史见长，傅寿彤受家学影响，服膺洪亮吉，精于汉学、音韵、史志、书法、诗词，才华受到程恩泽、祁寯藻及汉学大师阮元的赏识。朴学著述有《古易殊文集》《易源》《孝经述》《古音类表》《孔庭学裔》《书经略商》《周官源流考》《论语偶笔》《石经异文考》《三国志音证》《十六国方域考》《十六国年表》《澹语》《古文辞》《二十四节气证》《洪北江先生年谱》等，后因家中失火，大多著述毁于一炬。傅寿彤是当时与郑珍、莫友芝齐名的贵州朴学家，所著《古音类表》九卷（民国贵阳文通书局铅印本，《黔南丛书》别集八九十册），依据《说文》归类，按音划分，是小学尤其是音韵学的一大建树，至今仍有学术价值。

## 九、郑知同

郑知同（1831—1889），字伯更，郑珍之子，晚清贵州朴学家。《续遵义府志》卷二十载："（知同）幼时，征君即口授四子书、六经。稍长，为讲《说文》形声、训诂之学。征君既通儒，而知同亦精敏勤力，趋庭习礼，敦敦自持。年二十，以《说文》受知于常熟翁同书，取列庠序。"① 后入张之洞幕府，在四川传布其父郑珍之学。光绪十三年（1887），张之洞设广雅书局，招郑知同任书局总纂，书局声名提升。时任川东道员的姚觐元亦曾请知同校订《说文考异》。

知同自小慧敏，能阐家学，郑珍对他寄予厚望，曾归田亲自授业。郑珍临终之时，曾对知同言："吾平生腹稿尚夥，若加我数年，庶几尽有成书，而今已矣。第所存稿亦不为检，汝力犹能校订，其未次者，当善排比，无使紊乱遗失。及汝世能梓行之，则吾子也。"② 郑珍生时，知同便多所辅助参详，郑珍的朴学著述如《说文逸字》《说文新附考》《汗简笺正》《亲属记》等，知同多有补苴之功；郑珍去世后，他的几部重要著作以及未刊遗稿，皆由知同及郑珍门人整理刊印。

郑知同宗许、郑之学，造诣深邃，年少时即随父习家学，小学精拔，得父真传。所著有《说文正异》《说文述许》《说文商议》《说文伪字》《经义慎思篇》《愈愚录》《隶释订文》《楚辞通释解诂》《转注考》《说文浅说》《说文本经答问》《集韵正误合钞》《国语笺》③ 等。从其朴学研究的范围和内容看，郑知同所涉领域远在其他学者之上，其水平亦不在其父之下；而从著述数量看，郑知同可能是晚清贵州朴学成果最多的学者，惜大多亡佚不存或未见刊行。

---

① 周恭寿修，赵恺、杨恩元纂《续遵义府志（民国）》，黄加服、段志洪主编《中国地方志集成·贵州府县志辑》第35册，巴蜀书社，2006年，第59页。
② 郑知同《敕授文林郎显考孝子尹府君行述》，国家图书馆藏清宣统元年（1909）铅印本。
③ 梅桐生《郑知同〈楚辞考辨〉析论》，《中国楚辞学》第十二辑"第十二届中国屈原学会年会暨楚辞学国际学术研讨会论文集"，2007年，第41页。参看谭德兴《论郑知同诗文创作的儒学内涵》，《贵州工程应用技术学院学报》2017年第1期。

其中《楚辞通释解诂》尤为后世学界所推崇。郑氏父子"俱以经训绩学名冠西南；时人以之比王氏引之，惠氏栋宇父子，称'大小郑'"①。

## 十、黄彭年、黄国瑾

黄彭年（1824—1890），字子寿，黄辅辰子。道光二十五年（1845）进士，后官湖北布政司。黄彭年学识渊博，阅历极广，所修《畿辅通志》三百卷，体大思精，推为名著。与郑珍交好，黄氏曾整理郑珍遗稿《康成传注、年谱、书目、弟子目》，并为之序，即后来学界看到的《郑学录》。

黄国瑾（1849—1890），字在同，清湖南醴陵人，迁居贵州贵筑，黄彭年子，光绪元年（1875）举人，二年（1876）进士，选翰林院庶吉士。曾任国史馆纂修、会典馆总纂、绘图总纂官等。博览群书，善诗文，有学名，荫家学，尤喜藏书。家有书楼训真书屋、咏雪楼，所藏多秘籍，国瑾遍读之。黄氏所藏仅宋本元刻就达数十种，如抄本宋仁宗撰《洪范政鉴》、宋椠本《婚礼备用》、元刻《困学纪闻》《玉海》《鲍明远集》等，皆传世罕有。所藏金石拓本亦多。朴学著述有《训真书屋文存》《夏小正集解》《段氏说文假借释例》《离骚草木疏纂》等。

---

① 龙先绪《郑子尹家世及其后嗣考》，《遵义师范高等专科学校学报》2001年第1期，第3页。

## 十一、黎庶昌、黎尹璁

黎庶昌（1837—1898），字莼斋，自署黔男子，遵义东乡禹门人，黎恺第四子，莫庭芝妹夫，郑珍门人，晚清著名外交家、学者、散文家，曾追随曾国藩六年之久，颇受赏识①。光绪二年（1876），黎庶昌开始任驻英、德、法、西班牙使馆参赞，游历欧洲五年，写成《西洋杂志》一书，被誉为贵州"睁眼看世界"的第一人。光绪七年（1881），擢升二品，派驻日本国大臣。驻日期间，注重搜寻中国国内散佚而流存日本的书籍文献，得唐、宋、元、明、清历代珍本数十种，其中包含唐本《玉篇》零本三卷半、《文馆词林》十三卷半、宋本《史略》六卷等珍贵汉籍，集成《古逸丛书》二百卷，被学界誉为"海外奇宝"。归国后，黎庶昌出资创建云贵会馆，举办洋务学堂，培养出国人才。

黎庶昌以"经世致用"为治学宗旨，文风雄奇蕴藉。所著主要有《拙尊园丛稿》六卷、《遵义沙滩黎氏家谱》一卷、《黎氏家集》四十卷、《曾文正公年谱》十二卷、《全黔国故颂》二十四卷、《续古文辞类纂》二十八卷、《古逸丛书》二百卷、《古逸丛书叙目》一卷、《宋本〈广韵〉校札》《春秋左传杜注校勘记》一卷等。黎庶昌早期师事郑珍，所学主要为文字、训诂、考据和诗文，这是他能融汇传统经学、小学与诗文创作为一身的原因；而在域外汉籍的搜集整理和乡邦文献的汇辑方面，黎庶昌贡献尤巨。

黎尹璁（生卒年未详），字班孙，黎庶昌之子。嗜好古学，喜

---

① 参看《遵义历史名人概览》，《当代贵州》2012年第23期，第34页。

搜藏金石、书画、古印、钟鼎、碑版、钱币等，以收藏宏富著称。特别留心古代钱币的收藏、文献整理和著述研究，著有《古泉经眼图考》一卷、《古泉书录解题》三卷，在金石目录学领域颇受关注。

## 十二、宦懋庸

宦懋庸（1842—1892），字伯铭，号莘斋，遵义董公寺人。自幼好学，曾拜莫祥芝为师，习经籍。懋庸曾游历浙江、江苏、上海，与孙衣言、吴敦、李仕棻等学者唱和。宦氏一生潜研，好搜罗古籍善本，精校点。朴学著述有《莘斋诗余》一卷、《论语稽》二十卷、《六书略平议》八卷、《说文疑证篇》二卷、《读书记稗言》四卷、《读前汉书私记》六卷等。其中《论语稽》是宦氏专力稽考《论语》字词、章句的著作，考释精深、引证宏富，对晚清以后《论语》等儒家经典的新注、新译、新释类著述的出现产生了一定影响。

## 十三、赵怡、赵恺

赵怡（1851—1914），字幼渔，号汉鳖生，遵义团溪西坪人，郑珍外孙。光绪十五年（1889）举人，光绪二十年（1894）进士。官四川新津知县。客居成都时，曾创办草堂，培养滇黔学子。怡善诗古文，工书法，《中国美术家人名辞典》载其生平行略。著有《文字述闻》《转注新考》等，保存郑氏学术精华，阐述郑氏六书、文字学之见解与思想。

赵恺（1869—1942），字乃康，祖居遵义清水塘，幼年受学于遵义名儒鞠子清，后拜郑知同门中，遵许、郑之学。赵恺推崇郑珍的学术和人格，将郑珍主纂的《遵义府志》比之《华阳国志》。其学术与郑珍一脉相承，主张"治学以文字入手，以读经为归"，赵恺留心收藏郑氏著作的各种版本、手稿、尺牍、墨迹，辑有《郑子尹先生年谱》，著有《读说文解字》等。后受民国贵州省主席吴鼎昌（1884—1950）的聘任，筹划刊行郑珍、郑知同学术著作，对郑氏全集的刊行贡献尤大。

## 十四、陈矩、陈田

陈矩（1851—1939），字衡山，自幼嗜书，推崇郑珍、莫友芝之学。对金石考古有深入研究，认为金石考古家：一曰通六书之变假，二曰校经籍之异同，三曰知舆地之沿革，四曰补史传之阙误，五曰识制文之体创①。曾随黎庶昌赴日交流。补注《孟子外书》，纂辑《孟子弟子考补正》，该书在海内外风行，时人评价甚高。民国二年（1913），陈矩任国学讲习所所长及贵州省立图书馆馆长；民国八年（1919），陈矩鉴于家乡文献残缺，决定续修《贵州通志》，兼印《黔南丛书》，以此"表彰先贤，嘉惠后学"。任可澄非常推崇"南学巨子"陈矩。光绪十九年（1893），赵藩在《灵峰草堂集·序》中认为："（陈矩）往来南北，驰驱海外，历水陆数万里，所至必登览其山川，搜访其图书古迹，与其贤士大夫游，已著之篇什。"陈矩还校勘有郑玄注疏《毛诗郑笺残本》三卷（卷四一卷六），民

---

① 庞思纯《明清贵州 6 000 举人》，贵州人民出版社，2006 年，第 150 页。

国二年（1913）四川成都存古书局据北宋钞本影刻。此残本为陈矩于日本古寺中获得，此本虽缺，却是诸本中的珍本。故用阮元本校之，逸字、异字加以圈点，然后影刻。

陈田（1850—1922），陈矩二哥，官至御史。潜心嗜古，长诗文，为清末贵阳著名学者，留心乡邦文献，注重考证对清代贵州文人学者生平事迹，于人物遗闻、逸事颇多考述、持论平允，著有《听诗斋诗》《遗文》《周渔璜年谱》等。辑成《明诗纪事》二百卷，参与辑成《黔诗纪略后编》30 卷，《略补》3 卷。

## 十五、雷廷珍

雷廷珍（1854—1903），字玉峰，贵州绥阳人，光绪十四年（1888）举人。1896 年，贵州学政严修将学古书院改为贵州经世学堂，雷廷珍为创办人之一。后出任兴义笔山书院院长，拟订学堂章程，培育大批人才，姚华、任可澄、周恭寿等皆其门生。雷氏精通经史，严修曾称叹"不意于黔中乃见大儒"。雷廷珍是晚清南方著名经史学家和教育家，著有《经义正衡》《文字正衡》《时学正衡》《声韵旁通》《经说》等。

## 十六、姚华

姚华（1876—1930），字一鄂，号重光，一号茫父，贵州贵阳人，光绪二十三年（1897）举人，民国时任贵州省参议院议员，北京女子师范大学校长。姚华师从雷廷珍，曾任兴义笔山书院院长，戊戌变法时东渡日本。姚华学识广深，精文字学、音韵学、戏曲理论，他在梨园极受崇礼，王瑶卿、梅兰芳、程砚秋等皆尊其为师。居京时和藏书家伦明、孙殿起等交好，好收藏金石、书画、古籍，藏有宋椠本《汉隽》《周易注疏》和明刻传奇多种。朴学著述有《小学问答》《说文三例表》《黔语》《书适》《金石系》等。

## 十七、任可澄

任可澄（1878—1943），字志清，贵州安顺普定县人。克承家学攻读经史，居贵阳时受到当时贵州学政严修的赏识。光绪二十九年（1903）中举，授内阁中书一职。曾担任民国《贵州通志》总纂，期间卜居昆明西山，潜心著述，完成《贵州通志·前事志》，民国三十一年（1942），他将文稿带回贵阳付印。上起殷商，下讫清末，上下两千余年，条分缕析，详加考订。其中《鬼方考》《牂牁江考证》《土民总说》《贵州考》诸篇，均系其精心论著，历来被史家所推崇，被誉为"补史之缺，参史之错"的佳作。这部《贵州通志》被史家认为是民国年间史学价值极高的通志巨著。同时还组织编印了《黔南丛书》七十册，内容包括经学、舆地、风土、诗词、杂记、小学、音韵等诸方面。还撰有《西望山毗卢寺访碑记》《且同亭笔记》《读史脞录》等。

## 十八、其他

除上述主要人物外，晚清贵州有朴学学习经历、从事朴学相关研究的学者还有以下一些人物，简附如下：

**黎兆勋**（1804—1864），字伯庸，号檬村，黎恂长子。道光八年（1828）秀才，交往多名流，道光二十九年（1849）代理石阡府学教授。著有《侍雪堂诗抄》六卷，与莫友芝共同辑纂《黔诗纪略》。

**傅潢**（生卒年未详），字星北，贵州贵阳人，傅寿彤父亲。随学政洪亮吉攻汉学，又师从翟翔时问故。游历湖南、北京时，广交名士，遍阅载籍，学术精进。先后任贵定教授、正习书院主讲等，宣扬汉学。著有《诗义长篇》二十五卷、《庭训》四卷、《条泉笔记》等。

**赵旭**（1812—1866），字石知，号晓峰，贵州桐梓县人。先后游学山东、吴楚，阅历广博。后居家课读，与郑珍、莫友芝交好。历任桐梓、荔波县学教谕，都匀府学教授等。曾协助郑、莫纂《遵义府志》，采访桐梓掌故，编成《桐鉴》六卷、《桐梓艺文志》四卷等，为桐梓地区最重要的历史文化资料。辑有《犍为文学尔雅注稽存》（清末姚之恢抄本），共辑《尔雅》古注二百九条，为赵氏藏犍为文学《尔雅注》钩沉之作。

**胡长新**（1819—1885），字子何，贵州黎平县人，曾受业于莫友芝、郑珍。道光二十六年（1846）举人，次年进士，改任贵阳、铜仁等府教授，多次辞去官职，归乡任黎平书院主讲。著有《籀经堂诗钞》《籀经堂文钞》等，校刊《三忠合编》等。

**彭应珠**（生卒年未详），字真崖，贵州黎平县人，与胡长新交游，曾主讲黎阳书院，有教名。长于古今文字、音韵，著有《华严字母浅说》一卷①。

---

① 《华严字母》共有四十二个，因出自《大方广佛华严经入法界品》，故名"华严字母"。据说《华严字母》是古代佛教僧侣为了学习梵语而用汉字标识的梵语古印度语字母表。古代音韵学家一般用作考察汉魏以来汉语声母的材料。

黎兆祺（1820—1885），字叔吉，号介亭，贵州遵义人，黎恂第三子。幼从长兄黎兆勋及外兄郑珍研治宋学。曾到南京投奔曾国藩，后定居贵阳，著有《息影山房诗钞》等。

黎庶焘（1827—1865），字鲁新，号筱庭，遵义沙滩人，黎恺长子。咸丰元年（1851）举人，曾得郑珍、莫友芝指点，在湘川、育才、培英三书院讲习，传播黎氏之学，门人有宦懋庸等。

李兰台（生卒年未详），字畹侯，贵州都匀人，曾主讲四川蓬莱书院，精通音韵学。所著《等音归韵》十卷（清道光十年贵州熊氏文光堂刻本），以三十六字母之反切，归诸一百六部之韵，平声每韵三十二位，仄声每韵二十一位，各韵之字，同音者悉同一位，可以音韵探字义。

莫绳孙（1844—1919），字仲武，号省教，贵州独山人，莫友芝次子，清末藏书家。长期独居扬州，整理和刻印莫氏祖辈、父辈著述，辑有《独山莫氏遗书》六十六卷。继承"影山草堂"藏书，所藏有唐写本《说文解字木部残卷》、明本《徐霞客游记》、清初刻本《通雅刊误补遗》等。刊印莫友芝《郘亭知见传本书目》《宋元旧本书经眼录》等；编有《影山草堂书目》《文渊楼藏书目录》（油印本）；辑有《金石文字集拓》等。

廖袭华（1859—1948），字葆珉，号西山，贵州印江人。自幼熟读四书、十三经，师从古文字学家龚炳琳、俞荫甫研治经史，精于古文字、训诂之学。曾参与"公车上书"。廖氏汉学研究精微，著有《古本大学集释》《尚书统古七辩》等十数册。

严宗六（生卒年未详），字子诚，道咸间正安州思里乡人。生平见《续遵义府志》卷二十二记载。致力训诂、音韵之学，著有

《四书识注》《左传类编》《摘韵辨讹》等，皆未刊行。

**黎汝谦**（1852—1909），字受生，黎兆祺四子。光绪八年（1882）任驻日领事。汝谦诗文、学术受郑珍濡染，与莫庭芝合纂《黔诗纪略后编》三十三卷。

**严寅亮**（1854—1933），字碧岑，号弼丞，贵州印江人。晚清著名书法家、教育家。严寅亮自幼学识超群，尤好书法，同治十一年（1872）秀才，曾为皇家园林颐和园题牌匾。著有《剩广墨试》《严氏家训》《严寅亮年谱》等，校勘有廖袭华《古本大学释议》①《进藏日记》等。

**程械林**（1858—1915），字少珊，贵州思南人。师事莫庭芝，习经史、词章、杂学。光绪十五年（1889）进士，入翰林院任编修，戊戌变法后清史馆馆长赵尔巽欲聘程械林为纂修，不受。程氏兼通经学、小学、善书法，著有《说文通例》十卷、《成均课士录》《毛诗多识》六卷等。其中《说文通例》十卷乃程氏校辑《说文》体例之专著，在晚清学界颇具影响力，该书现存稿本完帙一函九册十卷，贵州省博物馆收藏，为海内外孤本。

**聂树楷**（1864—1942），字尊吾，贵州务川人。光绪二十九年（1903）后，先后在思南、黎平、兴义等地书院，云南学政衙门等任职。参编《黔贤事略》《贵州通志》《兴义县志》等。

**黎景煊**（生卒年未详），字樾青，贵州德江（一说石阡）人，光绪十一年（1885）举人，官四川知县、贵州国学讲习所小学科主讲等。著有《说文引绪》二卷（民国十二年播文印书局铅印本）、

---

① 廖氏原书名为《古本大学集释》。

《郑笺诗用汉制考证》等。《说文引绪》为其任主讲时所撰讲义，时人谓此书："此书提纲挈要，条分缕析，皆小学之中端绪，而可引申以至于其极者，是即引申之权舆也，曷以引绪名乎?"故名《说文引绪》。

**莫棠**（1865—1929），字楚孙，贵州独山人，莫祥芝第三子。民国后归隐苏州，嗜好收藏图籍，得叔父莫友芝耳濡目染，精目录、版本之学，绍继莫氏家学余绪，留心黔人著述及其刊布。藏有宋刻巾箱本《五经正义》、宋刻《梦溪笔谈》《仪礼要义》《隋书详节》、元大德本《南史》《两汉诏令》《吴越春秋》《伤寒直格方》等，著有《铜井文房书跋》，编有《文渊楼藏书目录》抄本一册，《铜井文房书目后编》著录三百五十七种等，版本皆精善。

**杨兆麟**（1869—1919），字次典，原名杨锡谟，贵州遵义人。光绪十七年（1891）举人，光绪二十一年（1895）赴北京会试，参加"公车上书"，光绪二十九年（1903）中一甲三名进士，人称"杨探花"，官翰林院编修、浙江嘉兴府知府等[1]。杨兆麟幼承家学，早期就读于黎氏，受沙滩文化熏陶，攻习经史、诗词。光绪三十年（1904），杨氏留学日本，考入早稻田大学，在日期间，与朴学大师章炳麟结为挚友。归国后曾参加辛亥革命，后返乡从教，主持纂修《续遵义府志》，另有《守拙斋文稿》，编印有《鹿山先生全集》等。

**杨恩元**（1875—1952），字覃生，贵州安顺人。少时随父宦游北京，官礼部主事等。民国时先后在贵阳国学讲习所、贵州文献征辑馆任职。杨氏学贯古今、精于音韵、考辨，面对"西学东渐"，

---

① 参看《遵义历史名人概览》，《当代贵州》2012 年第 23 期，第 35 页。

有人欲废声韵，杨恩元力排众难，于民国十二年（1923）校刊付印莫友芝《韵学源流》钞本，并撰《韵学源流跋》。主纂民国《贵州通志》和《续遵义府志》，参编《黔南丛书》《贵州文献汇刊》等。

**平刚**（1878—1951），字少璜，贵阳青岩人。曾为章炳麟的弟子，与黄侃交往亲密，秉承章氏之学，致力于《尔雅》《广韵》，论及文字、训诂。

**梅镇涵**（生卒年未详），贵州铜仁人，历任河南优级师范学堂国文讲席、燕京大学教授等。编次《说文解字部首》三卷（清宣统三年饷豫石印馆石印本），为梅氏自编《说文》初级讲义，主要参考贵州焱之饶《说文部首》，并附郑子尹《转注说》于篇末。

**赵廷璜**（生卒年未详），字仲渔，别号慕青山孩，曾从郑珍受许、郑之学。著作存《慕耕草堂集》等。

**凌惕安**（1891—1950），号笋香室主，贵州贵阳人，晚清著名学者、藏书家。曾随黄齐生、王若飞等赴日留学，后游历北京、杭州等地，先后任职于中华书局贵阳经销处、贵州文献征辑馆等。注重贵州地方文献、历史文化研究，好收藏刊行古籍、善本、史志、金石、碑刻、尺牍等①，编著有《清代贵州名贤像传》《郑子尹先生年谱》《黎莼斋先生年谱》《黔故掇拾》等。

**杨寿钱**（生卒年未详），字伯坚，贵州贵阳人，曾参加辛亥革命。博闻强识，工《说文》、音韵。著有《公孙龙子释义》《说文音义》《六书要义》等。其中《六书要义》是论述"六书"的专著，该书只有稿本，未刊行。

---

① 参看万泰华《著名学者、藏书家凌惕安》，《贵阳文史》2016年第5期，第9页。

通过钩稽人物和史实，可以看到，晚清贵州朴学代表人物既有驰名学界的宿儒，亦有学界惊诧的青年才俊，很多学者都“名声在外”，享誉学界。除了“西南百代儒宗”的郑珍，“黔中大儒”的雷廷珍，还有时人并称“黎氏双璧”的黎恂、黎恺，“西南巨儒”的郑珍、莫友芝，“大小郑”的郑珍、郑知同父子，“陈氏三杰”中的陈矩、陈田，“思南五子”中的程棫林、严寅亮、黎景煊、廖袭华，“贵州四硕儒”的郑珍、莫友芝、赵恺、廖袭华等，几乎人人奋进，且都有代表论著传世，其中有不少为学林所称道者。而综观人物更迭，从十八世纪中叶一直到二十世纪初期，前后历一百五十多年，基本上代有人出，其中不乏“青出于蓝”的俊杰名儒。因此，从人物史实的角度看晚清贵州朴学史，真可谓人才辈出，繁荣昌盛。

## 第二节　晚清贵州朴学家的群体品格

晚清贵州朴学群体的人才规模之大，维系时间之长，学术成就之高，在贵州学术文化史上都是空前的。这里面的原因自然是多方面的，但其中最根本的原因，是作为一个学术群体的贵州朴学家们具有良好的群体品格。尽管每个学者在人生境遇和治学偏好上有所差异，但他们在学术志向和品格上却有着高度的一致性，这是晚清贵州朴学家形成群体品格的基础。

### 一、淡泊名利，潜心学术

在人生和仕途上，贵州学者的境遇各不相同，有人一帆风顺，有人潦倒坎坷，但面对名利和学术，他们的价值取向却如出一辙，那就是淡于名利而醉心学问。在贵州朴学家群体中，有这种品格的学者出自两类人：

一类是中举后却屡次会试不第，从此放弃仕途而潜心著述者。最具代表性的是郑珍、莫友芝，二人中举后曾数次结伴进京会试，过程艰辛但皆被黜落，郑珍甚至因考试期间身患重病而交白卷。二人同病相怜，最终坚定地选择放弃仕途，而偏居黔地潜心学问，数十年而矢志不渝。这种选择，无疑会给他们的人生带来巨大的折磨，例如郑珍曾在地方上担任幕宾、学官等职谋生，但因为他只能以教职候补，所以职位经常被人取代，道光年间他在古州（今贵州榕江）任学官，但很快被正职取代；闲赋家中四年后，又接任代理威宁学正，入职仅三天，就被正职取而代之。同治时，即便有祁寯藻的密荐、曾国藩的征用，郑珍迎来人生中最好的仕进机会，终因口疾发作未能出行，旋病卒。面对如此多舛的命途，郑珍依然能够坦然面对，并且在乱世之中写成《仪礼私笺》《轮舆私笺》等名著，足见其品格之坚韧。

与郑珍同样命运多蹇的，还有其子郑知同，知同生逢乱世，自幼随父漂泊，但他数次应乡试不中，加之生性与时不合，很早就放弃了仕进之路，转而在学术上精益求精。知同历经家道衰落，又多次在学界碰壁，以塾师等维持生计。知同在人生取向上的选择，一是其性格使然，二是深受其父"淡泊自守"的家风影响。乱世漂泊之中，他宁愿自专家学，在西南诸省宣扬郑氏家学，整理刊刻郑珍文献，也不愿迎合世俗而追求仕进。郑知同对文字、训诂和《说文》的研究贯穿始终，为晚清贵州朴学之佼佼者，同时为朴学走出贵州导夫先路——在成都入张之洞幕府时，传布郑珍之学遍于全蜀。郑知同曾评价父亲郑珍："僻处偏隅，生出晚季，羁身贫窭，荼檗备尝，暂位卑官，文章事业，半得之忧虞艰阻之境，却学术醇备，著述精富。"[①] 这其实也是对郑氏父子两个人相同命运及其学术、人格的中肯评价。

类似的学者还有桐梓人赵旭，他本出身书香世家，然而幼小时即家道中落，少年时期的他曾在游学中研习学术，但即使"才高气盛，又不可一世之气概"，仍然九次乡试不中，科考失利让他对仕途和学术有了新的认识，他转而与有同样命运的郑珍、莫友芝、黎兆勋等交好，人生境界和学术研究大为精进。

另一类是进士顺利，供职外省或京师，但后来辞官归里而潜研学术者。早期的黎安理、莫与俦都属于这类学者，黎氏曾任长山（今山东邹平）知县，辞归后一心从教，培养了黎恂、黎恺、黎兆勋、郑珍等黔北学者中坚。其长子黎恂效仿其行，以进士任云南平彝（今富源）、新平知县后告还，自建"锄经堂"，并购藏珍籍数十箱，供子弟研读，培养黎兆勋、郑珍、莫友芝、黎兆铨、黎庶焘、黎庶蕃、黎庶昌等名士，晚年更是埋头治学，以文章学术名世。而莫与俦更以新进士入选翰林院庶吉士，与王引之等同榜，在京时，更是得阮元、洪亮吉、朱珪、纪昀诸儒亲染，然而他只做过短暂的地方官，便辞归故里弘扬汉学，兴隆文教，他甚至强烈贬责世俗以博取功名利禄为目标的读书风气。莫与俦不仅自己耿介自守，并且在自编的《示诸生教》中教导晚辈后学不以名利为累，应安贫乐道

---

① 郑知同《敕授文林郎显考子尹府君行述》，国家图书馆藏清宣统元年（1909）铅印本。

而敦行礼让，他的风范对莫氏家学及其晚清贵州朴学家的影响深远。

受前代乡贤、师长的影响，"淡泊自守"似乎在贵州学者心中扎下了根，中后期学者如黎兆勋、傅潢、莫庭芝、黎庶昌、黎庶焘、聂树楷等都在类似的人生经历和学术生涯中，选择了以学术、教育为重心，有些学者甚至一辈子没有走出贵州，但却有着极高的学术修为和个人修养。更有莫棠、任可澄之类隐居偏远而潜心著述的学者涌现。此外，贵州朴学家中也不乏仕途顺利，但却选择归里从事教育和学术研究的学者，如黎庶昌告还乡里的第一件事，便是兴办新学；曾在四川做知县的黎景煊后来回到贵阳国学讲习所任小学科主讲，弘扬朴学；陈矩曾官至成都知府，回贵阳后出任国学讲习所所长、贵州省立图书馆馆长等；杨恩元辞礼部主事后，先后在贵阳国学讲习所、贵州文献征辑馆任职，专注于《贵州通志》的纂辑和地方文献的刊刻。

晚清贵州朴学家在面临人生、理想时能做出如此统一的选择，不仅仅是因为他们身处同一个动荡的时代，而是他们作为传统知识分子，内在精神品格高度一致的深刻印照。

## 二、心胸豁达，互相扶持

敢于抛却名利而一心向学，并能在贫窭的命途中施展抱负，反映贵州学者的心胸是乐观开放的，而他们胸怀的豁达还体现在学者间的相互帮衬扶持上。初期如黎兆勋、赵旭、郑珍、莫友芝、萧光远、莫庭芝、傅寿彤等学者之间都有较深的往来，郑珍、莫友芝是终生至交，早年求学的郑珍受莫氏家族帮助颇多；赵旭在学术、诗词创作上受到郑、莫帮助，而郑珍一家躲避战乱时，赵旭曾招待他们数月之久；萧光远曾在遵义城门外偶遇莫友芝，深夜谈论汉学、宋学，后来又与郑珍引为至交，三人交情笃厚，并在贵州学界呈鼎足之势。唐炯曾蒙郑珍指点学术文章，而郑氏落难时，唐炯多次出资帮扶，并为之刻印遗稿数种。黎氏家族对郑珍帮助尤多，而黎家后人如黎庶昌、黎庶焘、黎兆祺、黎汝谦等在学术、诗文方面都得到过郑珍授业或点拨。黄彭年与郑珍交好，曾帮助整理郑氏遗稿，并为之序，后来黄氏任湖北按察使时，珍子知同还投奔过他。这些都是发生在晚清贵州朴学群体中的佳话。

贵州朴学群体关系比较复杂，有父子、兄弟、师生、同学、朋友，但他们的共同特点都是一心向学、嗜古弥笃，因此在治学和生活中，他们往往为追求一致的学术目标和理想，而彼此切磋指点，相互砥砺。这种互相扶持的优良传统，营造出宽松友好的学术文化环境，使从事朴学研究的每一个学者都能获得学术增长和精神依托，从而做出更高水准的朴学研究，这就是晚清贵州朴学能发挥群体优势的根本原因。

## 三、尊师重道，奖掖后进

贵州朴学群体另一个显著品格就是尊师重道、奖掖后学。早期如程恩泽在汉学上对郑珍寄予厚望，郑珍谨遵其道，卓然成大儒；而在学术路径、为人处世上，郑珍、莫友芝皆承莫与俦教诲。这种尊师重道、奖掖后进的学风，与晚清贵州朴学的家族式、家学式的传承特点有密切关系，典型的代表如莫友芝绍继莫氏家学，郑知同推广郑氏家学，黎庶昌光大黎氏家学等。

又如郑珍执教榕城书院时，黎平学子胡长新慕名而来，得郑珍悉心教导，并向时任贵州巡抚的贺长龄写信推荐："府学廪生胡长新，年少而贫，独能日夕相从，留心根柢之业。此子如不废学，必作黔东冠鸡。惟得此一士，足相告语耳。"① 郑珍离任时，还专门写《别子何》三首相嘱咐，对胡长新期许很高。而得知胡长新由于过于贫困意欲放弃乡试，郑珍又请胡长新的启蒙老师莫友芝写信力劝。后来胡长新参加道光二十六年（1846）乡试中举，并于次年榜题进士。更令人惊讶的是，科考顺利的胡长新并未选择仕途，而是遵循老师之道，回乡从事文教事业。这正是贵州学者尊师重道、奖掖后学的最好证明。

此外，还有莫棠归隐苏州，专研莫氏家学；莫绳孙独居扬州，刊刻莫氏祖辈、父辈著述，都是其尊师重道品格的体现。又如后来总纂《续遵义府志》的赵恺，拜郑知同门中，遵许、郑之学，非常推崇郑珍的学术和人格，在治学路径上与郑珍一脉相承，并且留心收藏郑氏著作的各种版本、手稿，为筹划刊行郑珍、郑知同学术著作四处奔走，对郑氏全集的刊行做出重要贡献，足见赵氏尊师重道之品格。

## 四、家国情怀，乡土情结

综观贵州朴学群体及其每个学者的一生，就会发现，他们既有

---

① 郑珍《巢经巢文集》卷二《上贺耦耕先生书》，见黄万机等点校《郑珍全集》第 6 册，上海古籍出版社，2012 年，第 446 页。

家国情怀，又有乡土情结，家国情怀是他们走出贵州，广游天下，追求学术最高理想的动力，而乡土情结则是他们抛却功名，回归乡里，潜心学术的出发点。

例如道光八年（1828），第一次会试失败让郑珍投身学术的志向更为坚定明确，他回到家乡开始了"耕读"生活，期间广搜典籍，潜研于"巢经巢"中，并专力于许慎《说文解字》及其清儒的《说文》研究，数年间文字学功底大进，并写成了《说文新附考》。再次进京时，郑珍将手稿呈业师程恩泽审阅，程氏对其文字学水平大为赞赏，并希望郑珍留在京城从事汉学研究，但是郑珍最终选择了回到遵义。道光十六年（1836），郑珍在云南平夷做过一年幕宾，其间他目睹了官吏腐败，民生悲惨，矿工生死挣扎，对滇东风土人情了解甚多，这一时期他的学术研究和诗歌创作都充满家国情怀。回黔后，他应遵义知府平翰聘请纂修《遵义府志》，他与莫友芝广搜博采，完成了一个历史性的任务。道光二十四年（1844）郑珍赴榕城书院任教，开始了后半生的教职生涯，可以说郑珍的一生都在家国与乡邦之间徘徊，反映了他作为传统知识分子的人格。

又如同治元年（1862），经历了两次"鸦片战争"之后清朝社会更加动荡不安，面临时局的危难，年仅二十五岁的黎庶昌两次呈递《上皇帝书》，力陈清除积弊、兴变革命的主张，表现出中国文人安邦利民的英雄气概。黎庶昌自署"黔男子"，他的《上皇帝书》是古今贵州学者最有魄力的壮举，这种家国情怀，可谓人如其名。光绪年间，黎庶昌出任英、德、法、西班牙使馆参赞，游历中写成《西洋杂志》一书；光绪七年（1881），派驻日本国大臣时，注重搜寻中国国内散佚而流存日本的书籍文献，并集成《古逸丛书》二百

卷，被学界誉为"海外奇宝"；归国后出资创建云贵会馆，举办洋
务学堂，培养出国人才。黎庶昌与郑珍、莫友芝不同，他从小心怀
大志，以"经世致用"为行世准则。而这样一位出身贵州，对中国
近代史产生过重要影响的英才，同样有着浓郁的乡土情结，光绪二
十一年（1895），黎庶昌回到故乡遵义沙滩，得知遵义旱灾，自捐
银六千两，并号召在外做官、经商的遵义人士募捐白银二万两以赈
济乡民。他毕生关注乡邦文献和地方文化传承，晚年时仍致力于撰
写《拙尊园丛稿》《遵义沙滩黎氏家谱》《黎氏家集》《全黔国故
颂》等。

在贵州朴学家群体中，有类似经历和历史使命感的还有很多，
例如赵旭、傅寿彤、宦懋庸、赵怡、陈矩、黎景煊、杨恩元、凌惕
安等，在他们的学术生涯中，都因为强烈的家国情怀而积极参与时
事，同时心系乡土，为家乡的教育、文化等四处奔走，这正是贵州
学者群体品格的最好体现。

值得注意的是，古今文人的家国情怀和乡土情结，往往体现在
他们的文学创作中，贵州学者中如郑珍、莫友芝、郑知同、黎汝谦、
黎庶昌、黎庶焘、黎兆祺、黎兆勋、傅潢、莫庭芝、莫祥芝、姚华
等都是学术、文学兼醇的学者，所以在他们诗文中，对人生境遇的
感叹、对家国命运的担忧、对时事的抱怨和无奈、对故乡的思念等
有更多的呈现。例如莫友芝流寓京城时，生活落寞无助，而此时又
遇英法联军攻打北京，他看见圆明园被毁，清王朝风雨飘摇，于是
写下不少诗歌痛斥清政府投降软弱，抒发匹夫愿赴国难的英雄之志。
而综合文学表达和学术研究，恰好能更完整地看到晚清贵州朴学家
的群体品格。

　　总之，在晚清复杂多变的社会环境中，贵州朴学家作为中国传统知识分子，他们的个人命运与家国、乡邦命运紧密相连，这奠定了他们的价值取向、文化心态和群体品格。曾担任《遵义丛书》副主编的曾祥铣先生曾用"耕读渔樵，家国天下"八个字概括沙滩文化的特征，可谓当言之选。贵州学者能够通过自身的奋力拼搏，为贵州学术文化争取一席之地，并在个人的坎坷人生中，保持豁达开明的心态和强烈的参与意识，为家国、乡邦的前途和命运贡献自己的力量，这是难能可贵的，这种在社会历史、人物事件中积累下来的文人群体品格，正是贵州地域学术、地方文化的特质。

# 第四章　晚清贵州朴学文献辑要

研究晚清贵州朴学，主要人物和代表文献是两大前提和基础，贵州朴学家留下了多少朴学文献？这些文献有怎样的学术背景和特点？怎样更深入地挖掘这些文献的学术价值？这些都需要深入全面的文献彻查、整理来回答。在这个方面，贵州的前修时贤已经做了很多努力和贡献，当代贵州学者尤其重视本土学术文献的搜集、整理和研究，以及本土学术文化的宣传推介。自 20 世纪九十年代以来，从政府到学界，在贵州地方文献的整理出版方面取得了丰硕成果，其中朴学文献占有非常重要的位置，如王锳、袁本良、汪文学、黄万机、周鼎、贾忠匀、陈琳、龚正英、张连顺、梁光华、张新民、欧阳大霖、朱良津、刘海涛、龙先绪、杨元桢、谭德兴、史光辉等贵州本地学者，以及钱仲联、白敦仁、张剑等外地学者，关注到贵州朴学文献的方方面面，这似乎也是晚清以来贵州学术文化的一种传承。其中王锳《郑珍集·经学》（贵州人民出版社，1991）与《郑珍集·小学》（贵州人民出版社，2001）、周鼎《贵州古旧文献提要目录》（贵州历史文献研究会，1996），谭德兴《贵州历代著述考：经部》（贵州大学出版社，2015），朱良津《贵州省博物馆藏珍稀古籍汇刊》（广西师范大学出版社，2015），史光辉《郑珍小学研究》（上海古籍出版社，2023）等，对相关朴学文献的整理与评述尤为精细，值得参考借鉴。

在前辈学者的基础上，本书不揣简陋，着重介绍与本课题关系紧密的晚清贵州朴学代表文献，一是确保本书研究内容的完整，二是通过代表文献的全面梳理来展现晚清贵州朴学的全貌。为避免与前人成果有所重复，我们在评介时，一是着重介绍代表性强、影响力较大的文献，尽可能公允评价其价值；二是精要介绍其作者、成书、版本、体例内容和朴学价值等，并适当举例说明，对文献中的文字细节等则不赘述；三是适当引介朴学文献的相关研究成果，以概观研究情况并便于稽核。

## 一、《千家诗注》

黎恂《千家诗注》，是黎氏利用古籍文献，以编选、注释方式勘定《千家诗》的一本校勘著作。俗本《千家诗》是古代流传颇广的童蒙读物，但在文本、内容、传刻方面存在不少讹误和不足，黎恂在《序》中说："俗本《千家诗》传布已久……第原本题目间与正集不符，作者姓字亦多舛误，曾有为之注者，虽字解句释，如《四书》讲章然，而于讹舛处毫不考正，事实亦未注明，殊非善本。"黎氏《千家诗注》选诗一百二十五首，集唐宋著名诗人七十四人，精选精注。

黎氏《千家诗注》版本，现存有光绪己丑活字版排印本（刊行本）和《黎恂千家诗注》手稿影印本（中国文联，2003 年版）。通行本有梁吉平校点黎恂注《千家诗》（上海古籍出版社，2020年版）。

从内容上看，黎氏诗注主要包括两个方面：一是对《千家诗》的诗歌题名、作者、诗中人物和地名进行校雠勘正；二是对诗歌版本异文进行考证。例如王安石《书湖阴先生壁》诗："茅檐长扫净无苔，花木成蹊手自栽。一水护田将绿绕，两山排闼送青来。"黎注云："俗本作《茅檐》。'净'，集作'静'，'蹊'，集作'畦'。《冷斋夜话》：'山谷尝见荆公于金陵，因问丞相近有何诗，荆公指壁上所题"一水护田"两句云："此近所作也。"'《石林诗话》：'荆公诗用法甚严，尤精于对偶。尝云："用汉人语，只可以汉人语对，若参以异代语，便不相类。"如此句"护田""排闼"之类，皆汉人语也。'此法惟公用之，不觉拘谨。"其中既有诗名考订，还有异文校勘，并且对诗歌所用词汇的语言时代、诗歌艺术等作了判断。

黎恂《千家诗注》考证精审，是一部水平较高的校勘学著作，在小学、文学领域颇有声名。黎氏曾将此注本作为家塾课本，用于教授遵义沙滩门人子弟，对于早期"沙滩文化"的朴学、诗学皆有影响。李昌礼认为："黎恂选注本《千家诗》作为教授子弟的家塾课本，它的编撰其实也是传统《千家诗》的一种地域化和民族化的过程。"①

## 二、《周易属辞》

萧光远《周易属辞》十二卷，是萧氏积十六年之功阐发《周

---

① 李昌礼《黎恂〈千家诗〉诗注特色及其文学意义》，《安顺学院学报》2018 年第 4 期，第 35 页。

易》经文义例的专著，其《自序》云："私怪象、爻、翼，何以一语而再见、数见、十数见？此中必有义例。乃悉屏旧说，专取经文观玩……因将同句、同字、同旁、同音及不同字，分类钞集；又以全《易》一千三百余字，据许叔重《说文》，逐一比勘，渐次推出义例十数条……莫君子偲见之，谓旧义新解，时或间杂，不若离之两美。乃略删节成稿，继改例增例，频增频改，最后得直卦例，遂逐爻变直为主，旧稿存者十不过二三。今定《周易属辞》十二卷，《周易属辞通例》五卷，《属辞通说》二卷。"萧氏挚友郑珍曾为是书作序，认为此书："乃独能冥精覃思，执经传所用凡一千三百三十六字，析之合之，迻之错之，纵横钩铢，谓文王、周公、孔子用字各有定数，因推其所以为辞者。"①

《周易属辞》现存两个版本：一是清道光二十九年（1849）手抄本，存八卷，遵义市图书馆有存；二是清咸丰三年（1853）吉修堂刻本，现藏国家图书馆、贵州省图书馆、贵州师范大学图书馆、贵州省博物馆②。另有杨兆麟据吉修堂刻本编印《鹿山先生全集》本。今有刘海涛等点校《萧光远全集》本，以吉修堂刻本为底本，以道光本为参校，可以参鉴。

体例上，《周易属辞》以卦名为序，各卦名之后先举《说文》释义，释义中加"按"提出自己的考辨，例如卷一"乾"卦：

乾字义：《说文》："乾，上出也。从乙。乙，物之达也。倝

---

① 谭德兴《贵州历代著述考：经部》，贵州大学出版社，2015年，第33页。
② 参看刘海涛等点校《萧光远全集（上）》，贵州民族出版社，2018年，第10页。

声。""倝，日始出，光倝倝也。从旦放声。""旦，明也。从日
见一上。一，地也。""乙，象春草木冤曲而出。阴气尚强，其
出乙乙也。与丨同意。"按：乾从乙，坤从申，卦名取干支，详
见《通例》①。

卦名释义之后，逐条阐释卦辞；其后是疏解同字（如"乾同
字"）、字旁（卦名字的谐声偏旁）、象字（中断卦之辞）；有些卦
名最后还有"类附"，即附记与卦辞相类事物（一般为相反的两类）
并加以阐述，如"坤"卦最后类附天地、阴阳、刚柔、健顺。要理
清《周易属辞》的体例，需要与萧氏《周易属辞通例》一书相
参互。

内容上，《周易属辞》一是阐发卦辞义理，二是明析《周易》
之义例，而其义例往往隐藏在卦字和卦辞中，因此书中有大量关于
文字形音义的阐释，卦辞疏解中有不少字际关系的辨析，而"字
旁"中更是涉及大量谐声偏旁的解析，其中以引《说文》为最多，
具有朴学考据特点。例如卷二"蒙"卦：

> 蒙，亨。匪我求童蒙，童蒙求我。初筮告，再三渎，渎则
> 不告。利贞。
>
> 蒙者，昏昧之义。由昏而明，故亨。卦有同人象，"童"
> 与"同"谐，有噬嗑象，"筮"取"噬"旁。筮之求神，亦暗

---

① 刘海涛等点校《萧光远全集（上）》，贵州民族出版社，2018年，第19页。

求于明也。初筮，诚也。渎，不诚。不告，不屑之教诲①。

萧光远积十多年寒暑撰成《周易属辞》一书，发凡《周易》义例，旁推交通，触类引申，是精研《周易》的"一家之学"，备受时人推崇。

## 三、《毛诗异同》②

萧光远《毛诗异同》四卷，书前有萧氏《诗序毛郑集传异同说自识》，其中的"诗序"指《毛诗序》，"毛"指《毛诗诂训传》，"郑"指郑玄《毛诗传笺》，"集传"指朱熹《诗集传》，萧氏通过汇辑四书、对比异同，择其善者而从，萧氏在该书《自识》中说："朱子《集传》多与《序》异……若不知朱子之前有《小序》、毛、郑。而泥古说以驳《集传》者，则又刻意吹求……光远课徒，暇取《小序》、毛、郑、《集传》异同，会其大意，择可从而从之……自便于省览而已。"③ 书内亦间有萧氏评语，是一部从训诂、义理两个角度研究《诗经》的专著。《毛诗异同》旨在表达作者"汉儒训诂、宋儒义理不可偏废"的学术观点。

《毛诗异同》有清同治六年（1867）成都刊刻本，为该书原本，遵义市图书馆有藏。另有杨兆麟编印《鹿山先生全集》本，

---

① 刘海涛等点校《萧光远全集（上）》，贵州民族出版社，2018 年，第 40 页。
② 有些著录此书的成果中又称《毛诗异同说》，萧氏原书名并无"说"字，但正文中又按《毛诗异同说一》《毛诗异同说二》等论列，著录者因加"说"字。
③ 谭德兴《贵州历代著述考：经部》，贵州大学出版社，2015 年，第 53 页。

系据原本重印；今有刘海涛等点校《萧光远全集》本，亦以原本为底本。

　　《毛诗异同》的体例内容，是以《诗经》篇名或诗说观点为条目，条目下注列四书观点并进行异同比较；举列"诗说"即对《诗经》内容的某一学说，属于《诗》论或文学范畴的专门理论，对于这些《诗》论的论述，《毛诗异同》中有说、总说、又等名目；四卷分别为"国风周召邶鄘卫王第一""国风郑齐魏唐秦陈桧曹豳第二""小雅大雅第三""三颂第四"[①]；四卷之后，还附有"郑氏改字""《集传》改字""《春秋传》赋《诗》汇钞""《诗》杂说上、下"诸篇。而具体条目中，内容既有对篇目、《诗》说异同的阐释对比，也有对字词、名物的考据。

　　《毛诗异同》虽为萧氏课徒之用，但对于《诗经》版本追索、异文考证、文本源流等方面研究皆有裨益。

## 四、《说文逸字》

　　郑珍《说文逸字》（以下简称《逸字》）是专考"《说文》原有而今之铉本亡逸者"，凡一百六十五文，"与有清一代《说文》学诸家相比，《逸字》一书在对《说文》收字，尤其是逸字的鉴定上，有其独特方法"[②]。

---

① 谭德兴《论萧光远〈毛诗异同〉的诗学内涵》，《河北师范大学学报（哲社版）》2021年第4期，第83—84页。
② 史光辉《绝代经巢第一流：西南大儒郑珍的小学研究》，《孔学堂》2018年第4期，第72页。

　　《逸字》刊行于咸丰八年（1858），最早的版本是望山堂家刻本，分上下二册，下册为下卷与附录。后来的版本主要还有：无名氏袖珍本（与《新附考》合刻），天壤阁丛书本，巢经巢全集本，1931 年商务据望山堂原刻铅印本，1936 年商务丛书集成初编据天壤阁丛书影印本，1940 年贵州省政府据吴鼎昌初印巢经巢全集刷印本①。21 世纪初，由王锳、袁本良两先生点校的《郑珍集·小学》中《逸字》一卷②，以望山堂本为底本，参校丛书集成本、巢经巢全集等诸本，是点校水平很高、内容最完整的版本。

　　《逸字》部首排列依铉本《说文》原序不变。按郑珍所言："谨依部次，粹而记之。"体例以部首为纲，正篆为标，训解按语附后；每一款目，郑珍先列部首名称，然后以所考逸字的正篆为标目，便于查检；标目之后，首先仿照《说文》旧例进行训解，然后列举诸本所引、各家所言，最后加考者的按语；训解和考语之间，以"○"间隔以明之③。

　　《逸字》的内容，一是考释文字的形、音、义及其嬗变，所考字形包括古文字形 31 例：襧、㡀、琿、哥、芗、蓬、冊、𠨍、禔、蘦、殻、笄、访、㫃、坒、肖、籴、帟、廿、采、捄、㔾、晶、甿、赸、弓、𦥑、卝、劉（鐂、鎦）、冂、簠；篆文或体 24 例：薮、

---

① 王锳、袁本良点校《郑珍集·小学》，贵州人民出版社，2001 年，第 18 页。
② 窦属东《郑珍〈亲属记〉研究》，贵州师范大学硕士学位论文，2014 年，第 3 页。
③ 用按语加以论证时，郑珍的按语后间有子知同的按语加以补苴，从而使论证更为严密，材料更为翔实。知同的按语，是在郑珍考释之后，另起一行，并缩进一格，以"知同谨按"为标志。关于《逸字》一书的体例内容等，史光辉、姚权贵《郑珍小学研究》（上海古籍出版社，2023）有详细介绍，可参看。

晥、胐、箮、个、亶、槫（樽）、癩、反、顪、襧（祙）、彛、黛、慗、濂、㻮、愧、魗、匜、絭、薑、蟻、陶；籀文 9 例：燮、叙、卤、枲、槀、鬊（髳）、㚜、匲、乹等。例如：

【槀】

籀文"槀"。见《玉篇·肉部》。按，《史篇》汉后尽亡，顾氏籀文全出许君，惟此与"疒"（疢）、"壶"（壶）、"兂"（秃）不见《说文》。考"疒"乃分"疢"之偏旁（"疢"籀作"疢"，详后"廿"下）；"壶"乃去"壶"之上盖；"兂"乃不知《说文》"秃"下称王育说，育即注《史篇》者，其说固从禾也。三字盖陈彭年等妄增，独此必顾氏据《说文》之旧。卤部止"槀"、"槀"二文。籀体"卤"作"鬲"，故"槀"、"槀"之籀皆从鬲。今脱此。(68)①

二是通过文字考辨，厘清逸字产生的原因和路径。《说文》逸字产生的原因很多，郑珍在《逸字·自序》中指出逸字产生的原因主要是"历代移写，每非其人。或并下入上，或跳此接彼。浅者不辨，复有删易。逸字之多，恒由此作"。而在考证逸字时也对逸字来源有更多的总结，比如有一类逸字，其实是"大徐新附而许君原有者"，所谓新附字，即徐铉认为"经典相承传写及时俗要用而《说文》不载者"。但郑珍考证发现，部分新附字实为许君之旧。此

---

① 本书引用郑珍《说文逸字》《说文新附考》《汗简笺正》《亲属记》四书，如无特别说明，均引自王锳、袁本良点校《郑珍集·小学》（贵州人民出版社，2001）一书，引文后直接加（）注明页码。

类新附字，《逸字》所载共有：襦、詢、誌、崡、朘、劇、叵、歈、瞖、鬐、駋、澷、闑、緅等 14 字。

总之，《逸字》在探求逸字产生原因、廓清逸字范围方面，有很多创获，是郑珍优于其他清儒之处，该书虽以逸字的考证为目标，但对于恢复许慎真本、阐发《说文》义例、揭示文字演变规律等朴学方面，都有独特的参考价值。

## 五、《说文新附考》

郑珍《说文新附考》（以下简称《新附考》）六卷，该书的创作目的，史光辉指出："力在考证徐铉等附益《说文》的 402 字，郑珍在书中对每一个新附字逐一进行考定，'于文字正俗，历历指数其递变所由'，《新附考》一方面考定出许书原有而传本写脱、先秦经典有之而许氏失收、先秦其他典籍有之而许氏不收的字；一方面从时代和源流上，辨明了后世新增的俗字。"[1] 郑知同于补苴父说、驳正钮说（钮树玉《说文新附考》）亦多所发挥，提高了该书的学术价值。

《新附考》是郑氏父子共同付出心血的《说文》学著作，初创于道光十三年（1833），郑珍晚年命子知同重新厘定，知同不仅承父命"广稽载籍，务求确当古字"，而且在见到钮树玉《新附考》之后"遍揭其违失凡若干事，一一辩诘，各附当条之末"，直到光

---

[1] 史光辉《绝代经巢第一流：西南大儒郑珍的小学研究》，《孔学堂》2018 年第 4 期，第 73 页。

绪四年（1878）刊刻，历时四十多年。《新附考》六卷本有三种重要版本：第一种是刻于光绪四年（1878）的姚觐元咫进斋丛书本；第二种是民国二十五年（1936），上海商务印书馆"王云五丛书集成"两册本；第三种是1985年中华书局"丛书集成初编（许学）"两册影印本①。

关于《说文新附考》的版本流传问题，贵州省博物馆藏有程恩泽批注本《说文新附考》手稿，是咸丰元年（1851）程恩泽手校稿本，这个本子（以下称"程批本"）的情况值得一说。

《新附考》是郑珍早年所作，其子郑知同在郑珍原稿的基础上详加增订，书成之后又经姚觐元、程恩泽等校订，姚觐元初刻成书，复经华阳傅氏世洵辑林山房、贵阳凌氏惕安笋香室、山阴许氏枕碧山馆、高邮王氏鹤松堂等藏书室收藏传刻，形成绵密复杂的版本系统。贵州省博物馆藏"程批本"不仅反映了郑珍、郑知同、程恩泽三人的手稿原貌，而且手稿之校注字迹为版本的流传、稿本到刻本的过程提供了重要参照，具有一定的文献价值。另一方面，手稿与刻本的差异也反映了郑珍、郑知同乃至程恩泽等人的文字学观念，勾勒出郑珍考订文字的具体历程，为进一步开展郑珍学术研究提供了珍贵的参考资料。

程批本封面手书《说文新附考再稿》，内页手题《郑子尹先生说文新附考再稿本》，有"贵阳凌氏笋香室珍藏"朱文方印。正文部分第一页手题"说文新附考卷一"，其下有"贵阳凌氏笋香室珍藏"朱文方印、"凌惕安印"朱文方印、"子尹"朱文方印，可见此

---

① 杨瑞芳《郑珍〈说文新附考〉研究》，首都师范大学硕士学位论文，2003年，第2页。

书曾收藏于贵阳凌惕安家族。开本高 26.3 厘米，宽 20.7 厘米，纸张微黄，且有水渍。卷内内容主要分为三个部分：字头、字条、眉批。文中字头篆书大写并粗化，阐释该字的字条部分繁体竖行，每页十二行，行二十字。卷首扉页有朱批曰："与王松亭校附说正同，此蒙旁加一小红圈。辛亥腊月对过。"卷首有墨批："朱墨批点出程春海先生手。"卷三末曰："辛亥十二月用朱笔删改过。上方或朱写，或墨写，今凡在首旁印小红圈，此皆春海师书，当条朱墨圈皆师笔。"

程批本是更接近郑珍初稿的版本，除了能够见出郑珍、郑知同父子观念的发展变迁，也可以与传世刻本相互参照，起到校勘的功用。例如傅世洵刻本《说文新附考》"遥"字条有"淮能原道训"，今查程批本与姚氏"咫进斋丛书"刻本俱作"淮南原道训"，知傅刻本误作"能"。又如傅氏刻本"束皁有瓍"，"皁"字程批本与姚氏刻本俱作"帛"。考《广韵·皓韵》："皁，黑缯。"且音"昨早切"，音"zǎo"，是黑色丝织物。而"帛"《说文·帛部》："帛，缯也。"音"bó"，是丝织物之泛称，一般又特指白色丝织物。则皁、帛音义皆别，但由于字形相近，明清典籍多见二字讹混使用。又如程批本"春秋互出"，"互"字傅氏刻本与姚氏刻本俱作"错"，程批本原引文出自《五经文字序例》："葛蔍同姓，春秋互出。"[1] 钮氏《说文新附考》亦引作"互"，当以"互"为是。傅氏刻本"藿苇首千眠"，"首"字程批本与姚氏刻

---

① 陈树华《春秋经传集解考正》卷十六，清抄本，第7页。

本俱作"兮"。郑氏原文引自王逸《九思》："藿苇兮千眠。"① 则
"首"当作"兮"。

互勘亦可校正程批本之误，如程批本中"翕呷萃蔡"作"翕"，
而傅氏刻本与姚氏刻本俱作"噏"。《说文·羽部》"翕"字段玉裁
注："翕从合者，鸟将起必敛翼也。"而"噏"即"吸"异体，或作
"偗"，引申有"收敛"之意，《集韵·缉韵》："偗，敛也。或作
噏。"《汉书》《文选》及钮树玉《说文新附考》作"翕呷萃蔡"，
而《史记》作"噏呷萃蔡"，《经籍篆诂》曰："噏呷，衣裳张也。"
本句即取"捣衣之声"意思，故当以"噏"为是。又如程批本中
"吉王宣璧"，"王"，傅氏刻本与姚氏刻本俱作"玉"，而据《广川
书跋》"湫渊"条"吉玉宣璧""取吉玉为宣璧"等，知程批本
"王"为"玉"形讹。

内容体例上，《新附考》诸部按《说文》原序排列，对徐氏新
附 402 字逐一论列，其说解体例类似于札记形式，但其考订"究源
竟委"，"缕析条贯"，"于文字正俗，历历指数其递变所由"。例如
"古文有之，而《说文》录其误字者"：

**【脔】**

肥肠也。从肉，启省声。康礼切。

按，《山海经》有"无脔之国"，"在长股东，为人无脔。"

郭注："脔，或作'綮'。"作"綮"正字。《庄子·养生主》

---

① 陈第《毛诗古音考》卷一，《文渊阁四库全书》第 239 册，台湾商务印书馆，1986 年，
第 41 页。

所言"肯綮",《释文》引司马云:"綮犹结处也。"肥肠为筋所结处,故谓之"綮"。肥肠《唐韵》作"腓肠",《说文》"𧿁"字注及《广雅》《山海经》注并同。别作"肥肠",亦见《山海经》注。又名"腨肠",一作"膞肠"。(263)

在郑珍之前,清儒就对新附字做过大量研究,钮树玉等学者还形成了专著,但就新附字的考释而言,《新附考》对文字的考证尤为精深,不仅旁征博引,而且能够融会贯通,考字水平远超前人。相较于同领域的著作,所考虽然都以《说文》新附字为主,但《新附考》同时还做了大量汉字源流考辨和演变规律辨析工作,这对于新附字研究乃至汉字学的研究都具有十分重要的参考价值。

## 六、《汗简笺正》

郑珍《汗简笺正》(以下称《笺正》)共八卷:《书目笺正》一卷,笺正正文六卷,略叙、部首目录合一卷。该书是对五代末宋代初书画家、文字学家郭忠恕(?—977)所撰《汗简》一书的笺释考证,力在明古文源流演变。郑珍作《笺正》的原因和目的,其子郑知同该书"题记"中有所澄清,大概郑氏认为郭氏《汗简》、徐铉新附之类,都是讹传古文以至混乱许慎《说文》者,加上古文本来深奥,很多人无法深入考释,很多古文真相就被掩盖。于是郑珍对徐铉新附和《汗简》进行了推本求原、详细考证其中文字的工作,他先写了《说文新附考》,随后又撰成

《汗简笺正》①。

《笺正》一书，最早的刊行本是郑知同在广雅书局任职时，专门整理郑珍遗著时所刊刻，即光绪十五年（1889）广雅书局本，凡四本八卷。后来的版本，主要有黎氏影广雅书局本、文通书局铅印本、贵州省府刊印《巢经巢全集》本等②。

郑氏《笺正》紧依《汗简》原书部次，逐字考证。该书的编写体例，郑珍除了在序言中有所交代外，在一些字条的笺语中往往亦有所披露。例如：

## 【弍（一）】

薛季宣所注《古文尚书》"一"作此。郭氏所采《尚书》即据此本。后例称"薛本"。其文合郭氏所载者，例注"同"；字有不同，则加笺考。凡此伪本所用奇古字，细检核之，大半以《说文》、三字石经为主，而别采他书以足之……后凡属《说文》古字，郭氏或采《说文》，或取《尚书》石经及他家，例先注"古"字，以定其体。郭氏书例，不取《说文》籀体；惟别载他书间有与籀合者，亦例注"籀"字。（502）

其中涉及郑氏《笺正》一书的体例问题，以及他对相关文献的把握和说明，主要有三个方面：

---

① 郑知同《〈汗简笺正〉题记》，参王锳、袁本良点校《郑珍集·小学》，贵州人民出版社，2001年，第465页。

② 参看花友娟《郑珍〈汗简笺正〉研究》，贵州师范大学硕士学位论文，2016年，第5页。

一是《汗简》所引用的《尚书》，其实是薛季宣（1134—1173，南宋理学家）所注《古文尚书》，郑珍引用《尚书》时，把这本书称作"薛本"。郑氏书中，主要以薛本、《汗简》《说文》等书互勘。

二是薛本中所见古文，若与《说文》《汗简》相合，《笺正》就用"同""薛本同"等语标示出来，若不合，则以援引文献在笺语中加以考证。

三是凡见载于《说文》的古文字形，无论郭氏《汗简》从何处援引而得，《笺正》皆注曰"古"，而见载于《说文》的"籀文"，就注明"籀"。

《笺正》一书，显示了郑珍在疏证古文、校勘文献方面所做的努力，从今天我们对这些字形和文献的重新审视来看，郑珍的很多结论都是值得信从的。在郑珍之前，清儒虽研究金石文字，但尚未如郑珍一样以专书为对象，对古文和古籍进行系统的考证校释，他的研究成果显示了清代文字学和文献学的发展与进步。其实伴随着古籍的不断诞生，文字的不断演变，在古籍校勘、刊刻中形成的版本失考、转录失真乃至讹乱谬误，都是很难避免的，这对学者的见闻、功底和治学态度都是很大的考验。在辑录古文资料方面，郭氏已经有很高的成就和贡献了，为后世开展传抄古文研究提供了重要的历史资料，而在古文的钩沉、稽考方面，郑珍作为后来者，又有所进步。

## 七、《亲属记》

郑珍《亲属记》二卷，"是郑珍在考释文字、解读经义之暇，为'阐述礼经记载中历代宗族亲属称谓'而'考证其源流演变'的著作，书名取自孔壁中《亲属记》一种"。《亲属记》刊行于光绪十二年（1886），郑知同与陈矩共同"补缀"而成。较之历代辑录亲属称谓的古籍，《亲属记》"内容集中，阐释引证极为周详；精通古礼，长于文字声训，在辨异同、订违失上，颇多可取"。与各时期的同类著作相比较，郑珍《亲属记》在收录亲属类称谓方面更为详细系统。《亲属记》是考察郑珍训诂学成就和贡献的重要语料。

《亲属记》问世后一百余年间，其主要版本依次为贵阳陈氏刻本、《广雅丛书》本、《巢经巢全集》本、中华书局 1996 年标点本。时间最早的是贵阳学者陈田、陈矩兄弟所刻"陈刻本"，在陈矩为《巢经巢全集》本所作"跋"中提到，称"（陈刻本）上卷开雕于光绪丙戌十二月（1887 年 1 月），完工于丁亥九月（1887 年 10 月）"。又称"下卷余已补缀成书矣，付之钞胥，不慎于火，为荧惑下取。数月心力，灭没于烟焰中"。《广雅丛书》本署有"光绪壬辰孟冬广雅书局校刊"，时间即 1892 年 11 月。此时"正值郑知同在广雅书局谋事，于是对'陈刻本'开始全文校订，然后在《广雅丛书》中增加《亲属记》二卷。但内容上，《丛书》本仅收有直系亲属称谓词，而旁系亲属称谓则缺收多半，只是将'陈刻本'所存一卷析分为二卷，亦非全卷。至 1929 年，赵恺纂修《续遵义府志》时，又从陈田、陈矩兄弟处得到原刻《亲属记》的补订本"。这个本子的第二卷所收即旁系亲属称谓，比较接近郑珍原著《亲属记》二卷本，后来被收进《巢经巢全集》，正可补全《广雅丛书》本之所缺。1996 年中华书局所出标点本，是根据原广雅书局校订本，因此内容也不完整①。

《亲属记》以全面收录亲属称谓词为目标，各词条详加疏解，在编写体例上，具有语文辞书特征：全书两卷，第一卷收录直系亲属称谓，第二卷主要收录旁系亲属称谓，分类明确；设立"类目"② 以辖各类词条。无论直系、旁系亲属，《亲属记》先对每一类称谓设立了一个类目来囊括所收词条，类目作为该类词的大类，属于"上位词"，而其所辖词条属于小类，属于"下位词"，这样就把它们类聚在一起，很容易看到它们的区别与联系；既从历代典籍中搜集亲属称谓词条，又依靠古籍所载来考释这些词汇，从而辨明这些词汇的形、音、义，以及在古籍中的使用情况。例如"夫之母曰阿家"：

> 【阿家】
> 《北史》："齐文宣以姪女乐安公主妻崔达拏。尝问公主：'达拏于汝云何？'答云：'甚相敬，惟阿家憎儿。'文宣乃杀其母。"《南史》："范蔚忠临刑，其妻骂之曰：'君不为百岁阿家作计。'蔚宗母泣责蔚宗，仍以手击其颈。其妻云：'罪人，阿家莫念！'"（1153）

《亲属记》不仅对古代宗族、礼法有深刻的把握，从而对古代亲属称谓作出准确阐释；并且通过系统整理亲属称谓词汇，既对婚、

---

① 窦属东《郑珍〈亲属记〉研究》，贵州师范大学硕士学位论文，2014 年，第 2 页。
② 曾昭聪（2011）《郑珍〈亲属记〉论略》一文称为"提要"，为便于分析和表述，我们称之为类目。

姻、内、外、从、堂、表、宗、族、亲戚等语素所表达的亲属关系作了界定和考据，并且从历时和共时角度，对《尔雅·释亲》以降古代汉语亲属称谓系统的发展演变作了梳理。此外，郑珍对每一条亲属称谓词所作的考证，不仅有助于汉语亲属称谓的溯源讨流，还能为相关辞书编纂，以及进一步的理论研究提供语料。

## 八、《仪礼私笺》

郑珍《仪礼私笺》八卷，是郑珍毕生经学研究的代表作品，一经问世，便受到学界士林的广泛认可，即使在有清一代经学大兴、著述如林的大环境下，亦占有重要地位。关于《仪礼私笺》的版本，据张超人《郑珍〈仪礼私笺〉研究》考察，主要有同治五年（1866）成山唐氏刻本、广雅书局本、《皇清经解续编》本、《黔南丛书》本、《巢经巢全集》本、清抄本、清稿本等版本①，后面几种版本大多是据唐氏本翻刻。以王锳先生为代表的学者曾对郑珍所著四部经学著作做过点校工作，其中《仪礼私笺》一书由李华年先生点校，该书即以唐氏本为底本，其他版本作参校，是比较完善的本子。

《仪礼私笺》今存八卷，是郑珍研习《仪礼》及郑玄注的成果，因中年丧乱，郑珍未及对《仪礼》全书加以笺释，内容仅概及《仪礼》之四篇，其中卷一、卷二为《士昏礼》，卷三为《公食大夫

---

① 张超人《郑珍〈仪礼私笺〉研究》，贵州师范大学硕士学位论文，2015 年，第 19—23 页。

礼》，卷四至卷七为《丧服》，卷八为《士丧礼》①。全书讨论经义共计一百六条，每条长者数千言，短者二十余字，内容涉及礼学、经学、小学等相关领域的问题。

《仪礼私笺》的编写体例，首先是以《仪礼》经文原句为条目，然后经文下首列郑玄之注，注文则以郑珍按语形式加以考释论证。例如卷一《士昏礼》：

> 主人筵于西户。西上右几。
>
> 注：筵，为神布席也。户西者，尊处，将以先祖之异体许人，故受其礼于祢庙也。
>
> 按，神，祖父之神也。《驳五经异义》：卿大夫无主几筵以依神，故少牢之祭，有尸无主。布席讫，主人将以当行之事告，凡六礼皆然。使若祖父临之。（60）②

《仪礼私笺》在体例内容上还有以下特色：

一是申明郑注之隐义，补充郑注之未足。郑玄《三礼注》简奥，许多注文极为简略乃至于隐晦，读之往往难得其真义，后世治礼者往往备感其乏，甚至造成对经文、注义的误读、误解。郑珍以"善读经，尤善读注"著称，据郑知同的回忆，郑珍对郑注往往

---

① 张超人《郑珍〈仪礼私笺〉研究》，贵州师范大学硕士学位论文，2015 年，第 24 页。
② 郑珍《仪礼私笺》，王锳等点校《郑珍集·经学》，贵州人民出版社，1991 年，第 60 页。本书引用郑珍《巢经巢经说》《仪礼私笺》《轮舆私笺》《郑学录》四书，如无特别说明，均引自王锳等点校《郑珍集·经学》（贵州人民出版社，1991）一书，引文后直接加（）注明页码。

"思之数日不识所谓，始亦讶其不合，迨熟玩得之，觉涣然冰释"（170）。

例如卷一《士昏礼》曰："主人筵于户西。西上，右几。"郑注："筵，为神布席也。"郑注颇简略，而贾公彦疏亦只略解郑注之"为神布席"，隐晦不明，郑珍乃考证指出："神，祖父之神也。"并引用郑玄《驳五经异义》里相关文字作为证据："卿大夫无主几筵以依神，故少牢之祭，有尸无主。布席讫，主人将以当行之事告，凡六礼皆然，使若祖父临之。"（60）其义乃明。

二是评议诸家之歧说，维护郑义之确凿。《仪礼私笺》广泛征引魏晋以来各家解经之说，其中颇有不同于郑玄注者，郑珍则通过考证，排除异议，维护郑注之义，所谓"于古今聚讼之地，必研究康成立说之所以然，穷源导豂，见为凿不可易而后已焉"（169）。

例如卷六《丧服·大功九月章》曰："为夫之昆弟之妇人子适人者。"郑注："妇人子者，女子子也，不言女子子者，因出见恩疏。"晋人陈诠不同意郑说，他认为"妇人子"三字指的是两个人，其言曰："妇人者，夫之昆弟之子妇；子者，夫之昆弟之女子子适人者，此是二人。先儒以'妇人子'为一人，此既不语，且昆弟之子妇复见何许也？"清初著名学者徐乾学（1631—1694）也认为陈诠之说较郑玄为优。郑珍驳正曰："其说新而实非。"他从全经文例出发，对郑玄注作了补充考证："经称'妇人'，此条外凡四见，皆与'丈夫'对举，为男子、女子之称，则此'妇人子'亦犹女子子耳。注义原确。"进而指出陈诠说法之荒谬："若是侄妇，曰昆弟之妇可也，今曰'昆弟之妇人'，反不语甚矣。世叔父母为侄妇之服，经皆不见。必以此为服昆弟之子妇，世叔母见矣，世叔父服之又见

何许乎?"(128—129)

又卷一《士昏礼》:"宾升西阶,当阿,东面致命。"郑玄注:"阿,栋也。入堂深,示亲亲。今文'阿'为'庪'。"郑珍笺云:"男女非受币不交不亲,礼至纳征,始昏定而受币,甫行采择,尚不为亲,何亲亲之有?所谓'示亲亲'者,盖女家于六礼皆为神设席,使若祖父临其礼者然。而其神位在阿之后,后楣之前,使者当阿致命,其意壹似亲近几筵,令主人之亲闻之者然,所以示亲近主人之亲也。不然,主人在阼阶上,宾乃深至栋下,以致来命,何为哉?此康成所以必从古文也。或以栋下与主人南北甚相悬,庪,或别名为阿,当从今文,安知郑义!"

三是申明《仪礼》义例,因循文例而解经。郑珍治经提倡"守经",即解读经典的前提是清楚了解经典本书的体例,而《私笺》中无论是离析章句,还是疏解经义,都善于依据《仪礼》文例。例如卷六《丧服》:

> 女子子嫁者未嫁者,为世父母、叔父母、姑姊妹。
>
> 注:旧读合"大夫之妾,为君之庶子","女子子嫁者未嫁者",言大夫之妾为此三人之服也。"下言为世父母、叔父母、姑姊妹者,谓妾自服其私亲也",此不辞,即实为妾遂自服其私亲,当言"其"以见之。
>
> ……
>
> 又按,郑改读必据经不言"其"者,盖通计全篇经例,于为人后者、为人妾者、女子子适人者三等人之服私亲,文必言"其",以见非所后及夫家之亲。《大功章》"女子子适人者为众

昆弟"，独不言"其"者，以叔嫂无服，不嫌无"其"字故也，则此"为世父"等若必是妾服私亲，经决无不言"其"，今既不言"其"，知非妾服私亲决矣。(131—132)

例子中既指出了通例，也说明了特例，并以此澄清了《大功章》"女子子适人者为众昆弟"独不言"其"者这一特例的成因。这些都是依靠《仪礼》本书之义例而发幽显隐。在众多研治三礼的清儒中，郑珍对"三礼"之整体性及其通例、特例的熟悉，是优于其他学者的，因此他往往能驳正其他人因不明文例而产生的误读和曲解。

《仪礼私笺》作为郑珍精研三礼的结晶，充分体现了他的广博学识和精湛学术，不仅廓清了不少前人遗留下来的谬说与偏见，还为更好地阅读和解读《仪礼》乃至"三礼"提供了富有价值的参考意见。

## 九、《巢经巢经说》

郑珍《巢经巢经说》一卷（以下简称《经说》），是郑氏研治经学的笔记和论文集，郑珍是经学、小学兼精的"通儒"，《经说》就是他利用朴学之方法，从文字、文本、训诂角度对经学典籍和历史注疏进行校勘、匡补、辨伪、考异的著作。书中所论包括历史人物考证，以及《尔雅》《尚书》《孝经》《周礼》《仪礼》《礼记》，皆经学要典。

《经说》一书版本主要有三种：一是望山堂家刻本（贵州省政

府编印《巢经巢全集》本，1940)，此本由郑知同抄写，错误较少；二是南菁书院本（《皇清经解续编》卷九百四十三刊），这个版本的校刻质量较差，不但文字多有错讹，甚至脱漏其中《调人》一整篇前后千余字；三是中华书局四部备要《巢经巢集》排印本，此本据望山堂家刻本重印，较为精审。另有王锳等点校《郑珍集·经学》（贵州人民出版社，1991）本，以四部备要本为底本，以家刻本、南菁书院本参校，点校精良。

《经说》一书体例上大多类似于札记，以条目记之。例如"《孟子》"篇第一条：

> "寡人如就见也。""如"字之义，赵氏、朱子俱未及。后人强为通之，于语意究不融贯。按《尔雅》，"如，谋也"，注云"如，所未详"。余以为《释诂》正训此"如"字，"如就见"作"谋就见"解，语豁然矣。(34)

其中"寡人如就见也"是《孟子》中所摘原文，以其为条目，后文则为《经说》考证之内容，郑氏据《尔雅》："如，谋也。"知"如"有"谋"之义，用以训解《孟子》"寡人如就见也"则豁然贯通。又如"《尔雅》"篇：

> 《释诂》："赓、扬，续也。"注："扬未详。"按虞书"飏言"，《史记·夏本纪》作"扬言"。史公从孔安国问故，所载多古文说，知作"扬"者乃古文。汉碑"扬举"字多作"飏"，则"飏言"及"时而扬之"作"飏"者，盖今文通用

也。(36)

　　其中"《释诂》：'赓、扬，续也。'"是《尔雅》原文，《经说》摘以为条目，后文则为郑氏考证之语。郑氏据《史记》等文献，考证"扬"或作"飏"的文字史实，并证实"扬"有"续"义。

　　而内容上，《经说》一书从一些条目的考语看，既有文字的形音义考辨及字际关系说解（如上举"扬"与"飏"），又有对经典中文字、音韵、异文、讹夺、窜衍等情况的勘定，其中亦不乏文史考辨。例如"孔疏《尚书》古、今文经字之异"一篇：

　　　　《尧典》正义云："庸生、贾、马之等惟传孔学经文三十三篇……篇与夏侯等同，而经字多异。夏侯等书'宅嵎夷'为'宅嵎铁'，'昧谷'为'柳谷'，'心腹肾肠'为'优贤扬'（今本误作"忧肾阳"）……是郑注不同也。"按此疏载古、今文字异处，"嵎夷昧谷心腹肾肠劓刵劅剠"是古文，"嵎铁柳谷优贤扬劓宫劅割头庶剠"是今文……若膺段氏撰异辨证甚详。余以为疏文本自易混，即读作"夏侯等书某字郑为莫字"亦无不可。若段氏引《夏纪索隐》，称《今文尚书》及《帝命验》并作"禺铁"，《书释文》称《考灵曜》及《史记》作"禺铫"，《尚书大传》及郑注"八月西巡守"言"柳谷"，《周礼·缝人》注称"《书》曰'度西曰柳谷'"，裴松之《管宁传》注称《今文尚书》"优贤扬历"诸处，证"嵎铁"等为今文，确矣！(38—39)

《经说》一书，之所以称之为"经说"，就是郑珍要在自己精通的"三礼"及其经学研究方面，提出自己的观点和思想，一是与学界旧儒论辩真理，二是要弘扬许、郑之学，纠正当时朴学的不正之风。书中有不少显隐发微和见解独到之处，值得研治朴学者参考。

## 十、《轮舆私笺》

郑氏《轮舆私笺》二卷，是郑氏注解、考证《周礼·考工记》车制内容的专门著作，郑珍在《自序》中说："余所见言车制者，自唐贾氏、孔氏及宋林膚斋、元戴仲达，以迄国朝惠天牧士奇、江慎修永、方灵皋苞、戴东原震、段懋堂玉裁、金辅之榜、姚姬传鼐、程易畴瑶田、阮芸台元，凡十余家。他著者未及见，然已愈说愈详矣。今年自入闰五，少雨热酷，穷居无憀，辄取《考工》经、注读之。坚守康成，往复寻绎，时似得解，颇繁记识。至是三职有者，用思略尽。因汇为《轮舆私笺》，得常览之，省其当否。"① 可见是书要在清儒考据的基础上，进一步详论《考工记》之车制，并阐发郑注之精微。

《轮舆私笺》主要有三种版本：一是南菁书院本（《皇清经解续编》刊）；二是《巢经巢全集》本（贵州省政府编印，1940）；三是清光绪《广雅丛书》本（光绪年间广雅书局刊）。现行有王锳、胡运飚点校《郑珍集·经学》本（贵州人民出版社，1991），以南菁

---

① 王锳等点校《郑珍集·经学》，贵州人民出版社，1991年，第179页。

书院本为底本，以《巢经巢全集》本、《广雅丛书》本为参校，颇为精良。

《轮舆私笺》的体例，整体上是择取《考工记》中隐晦、疑难之句，逐句论析，并对郑注详加阐释；书分二卷，卷一注解《轮人》，卷二注解《舆人》《辀人》和《轮人》。例如卷一：

> 视其绠，欲其蚤之正也。
>
> 注："蚤"当为"爪"，谓辐入牙中者也。郑司农云："'绠'读为'关东言饼'之'饼'，谓轮箪也。"玄谓轮虽箪，爪、牙必正也。
>
> 察其菑、蚤不齵，则轮虽敝不匡。
>
> 注：菑谓辐入毂中者也。菑与爪不相佹，乃后轮敝尽不匡刺也。郑司农云："'菑'读如'杂厕'之'厕'，谓建辐也。"泰山平原所树立物为菑，声如"戴"。博立枭棋亦为菑。匡，枉也。
>
> 轮偏出股凿之名，古无正字，其声如"绠"。《记》即以"绠"为之。"绠"从"更"声，"更"从"丙"声，古读"绠"非如今之姑杏切也。先郑读为"关东言饼"。而《玉篇》云："绠，郑众音补管反。"是关东言饼亦非如今之必井切也。汉人言轮偏出，其声如"箪"，因又以"箪"为之。"绠"与"箪"只声有轻重，其实一也。今时俗言物偏出为"箪出"，犹汉之遗语。（201）

其中"视其绠，欲其蚤之正也"与"察其菑、蚤不齵，则轮虽敝不匡"为《考工记》中原文,以之为条目,下"注"即郑康成注文,自"轮偏出股凿之名"至"犹汉之遗语"为郑珍考语。

从内容上看,郑珍对《考工记》原文的笺释,既包括形制、大小、长短、厚薄、尺寸等车制细节,也包括对其概念、名称、本字、读音、语源等的考据,内容广博而深邃,对原文内容和郑注所涉字词疑难皆厘然分清。此外,在考证过程中,郑珍博征历代学者对车制的考论,又博引经史子集,于《尔雅》《说文》等朴学专书所引尤多,因此郑珍此书可谓宏富专精之集大成之作。

《轮舆私笺》表面是解读《考工记》之疑难内容,实则是通过语言、名物、史实的综合考证,对周代车制追根溯源,以此来了结历代诸儒关于车制的争论。因此,其书在历史学、语言学、辞书编纂、文化史方面均有重要的学术价值。

## 十一、《凫氏为钟图说》《凫氏为钟图说补义》

郑珍《凫氏为钟图说》一卷,是郑氏专为《周礼·考工记·凫氏》"凫氏为钟"所作的图解图说,郑氏在《自题辞》中说:"凫氏钟制,《贾疏》略且不明。宋后至今,诸家说愈歧出,读之皆觉不安,因按经注申明之,并以图焉。"因此,是书一为申明"凫氏钟制",二为厘清"贾疏",以综和诸家之说。

《凫氏为钟图说》的版本:一是清光绪二十年(1894)贵筑高氏刻于资州官廨本,贵州省图书馆、贵州省博物馆、贵州师范大学图书馆有藏;二是民国二十九年(1940)贵州省政府刻本,中国国家图书馆有藏。今行《续修四库全书》第八十五册本,系据光绪本影印。

《凫氏为钟图说》刊印后，晚清学者陈矩为之"补义"，名《凫氏为钟图说补义》，陈氏补义主要是在郑氏基础上，援引古籍匡正"贾疏"在数字、名义方面的疏误，可与郑氏原书配而读之。

《补义》一书版本有二：一是清光绪二十九年（1903）成都刻本（《灵峰草堂丛书》本），贵州省图书馆、贵州师范大学图书馆有藏；二是民国四年（1915）贵阳文通书局铅印本。

郑氏《凫氏为钟图说》与陈氏《凫氏为钟图说补义》皆深研"三礼"之经学专著，其中考据说解以精微见长，于研读礼学、经学、考据颇有启发。

## 十二、《郑学录》

郑珍《郑学录》四卷，是郑珍为东汉经学大师郑玄所作的"人物传记"，书原名《康成传注、年谱、书目、弟子目》，今名为黄彭年刊刻郑氏遗书时所改。郑玄是两汉经学之集大成者，然自《后汉书·郑玄》本传以降，关于郑玄的生平资料大多失之简略，且相较于汉代司马迁、董仲舒、王充、张衡等人物，历史文献所述于郑玄为最少，且颇多遗漏。郑珍一生服膺许、郑之学，更是视郑玄之学为"家康成公之学"，因此积二十多年之功，专为郑玄的生平、著述钩稽文献资料，以最大程度还原郑玄的人生与学术。

《郑学录》的版本，据王锁先生考证："《中国丛书综录》著录二种：一为同治四年成山唐氏刊《郑子尹遗书》本，一为《巢经巢全集》本。这两种版本，实际是出自一版、先后刷印的两种印本。另《综录》尚列有《郑学书目》一卷，在清人姚慰祖所刊《晋石厂丛书》中，为光绪九年粤东藩署刻本。这其实只是《郑学录》一书的卷三部分。"① 现行有王锳等点校《郑珍集·经学》（贵州人民出版社，1991）本，以《巢经巢全集》本为底本，参校《郑学书目》等资料，可以参看。

体例上，《郑学录》分四卷，分别为传注、年谱、书目、弟子目，以此线索贯穿稽考郑玄生平及学术，编排上每一卷根据内容性质各有体例，如卷一传注，先是罗列文献资料条目，然后加按语考证，以"珍按"为标识；卷二年谱则以时间为线索，梳理郑玄生平大事，细分纪年、时事、出处和著述；卷三书目则以"书目提要"方式介绍郑玄著述及其版本流传；卷四弟子目则以人物及其生平、学术活动等为线索，稽考郑玄门人弟子及其著述等，以此观早期郑学之发展承传。例如卷一传注：

> 案之礼典，便合传家，今我告尔以老，归尔以事……咨尔茕茕一夫，曾无同生相依。其勖求君子之道，研钻勿替，敬慎威仪，以近有德……末所愤愤者，徒以亡亲坟垄未成，所好群书率皆腐弊，不得于礼堂写定，传与其人。
>
> 珍按，"研钻"本作"研赞"，刘敿云："赞当作钻。"史承节撰碑正作"钻"，所见本未误，今从之。"末"义当如《左

---

① 王锳《郑珍经学著作二种校点前言》，《贵州民族学院学报（社科版）》1989 年第 2 期，第 29 页。

传》"不为末减"之"末"，训薄也，言不为后人羞薄也。史碑
作"凡某所愤愤者"，当缘不得句解，疑"末"为"某"字之
误，更加"凡"字配之。(289—290)

可知，在内容上，郑珍不仅稽考史实，同时对文献所载字词细
节亦一一考辨清晰，以求郑学之真正原委。

《郑学录》虽为记述郑玄之"人物传记"，但郑珍在考述过程
中，广稽文献史实，所考内容已经大大超出原有的范围，而在文史、
文献、文字方面均具有学术价值。例如卷三辑录《论语注》，依据
《经典释文》等文献所载郑注，考究古论、鲁论原貌，并对比何晏
本与今本之异同，以此观《论语》历代注疏、笺释之情况，可以说
已经是对《论语》的版本、异文、文本综合考辨的专论。《郑学录》
一书的学术价值仍有待于进一步深入研究。

## 十三、《郘亭知见传本书目》

莫友芝《郘亭知见传本书目》十六卷，是晚清以来学界颇为看
重的版本目录学专著①，对古籍整理、四库学、版本、目录等领域
影响尤巨。这本书就是著录莫氏所见古籍书目之版本。中国近代著
名藏书家董康在该书序中说："同治初，军事甫平，曾文正督两江，
独山莫征君友芝领书局，承檄搜访文宗、文汇、文澜三阁遗籍，往

---

① 梁光华、欧阳大霖《莫友芝〈郘亭知见传本书目〉重校研究》，《贵州大学学报（社会
科学版）》2016 年第 6 期，第 154 页。

来江浙间。收藏家恒出旧本相质证，又尽见上海郁氏、丰顺丁氏之书，考证详核。公子绳孙既写刊《宋元旧本书经眼录》书衣笔识，又缀辑笺记诸条，凡十六卷，是为《郘亭知见传本书目》。"道出了此书的成书过程。

《郘亭知见传本书目》成书后，并未在莫友芝生前刊行，而是由其子莫绳孙依莫氏手迹过录，历时两年抄录完成，计四册十六卷，此本即莫绳孙原抄本，今藏国家图书馆。莫绳孙原抄本一直藏于家中，未付梓，其堂弟莫棠要求过录一本，莫棠曾对原稿"增益补记"，并为之写《跋》。随后，是书各种抄本、再抄本、重印本颇多，甚至流传海外。后世刊行本皆出莫棠增益本，其中较好的印本是民国三年（1914）江安藏园先生傅增湘天津官报局刊印莫子偲《郘亭知见传本书目》，此本后又经傅增湘、傅熹年增订为《藏园订补郘亭知见传本书目》本（中华书局，2009）[1]。今有梁光华、欧阳大霖点校《郘亭知见传本书目》（贵州大学出版社，2017），系首次据莫绳孙原稿抄本影印，并参加诸多传印本；该书对莫氏原书《序》《跋》等资料录之完备，并对其版本流传考述详审，值得关注。

《郘亭知见传本书目》的体例内容，莫棠在《跋》中说："伯父郘亭征君生平于所见四部书籍传本，辄随时笺记于《四库简明目录》之栏外上下端，间及存目。又采取仁和邵位西先生《经籍笔记》入焉。"全书按照《四库全书》"经史子集"分类编排，辑录

---

① 欧阳大霖《莫友芝研究述略》，《华南师范大学学报（社会科学版）》2011年第5期，第59页。

书目四千二百三十六种，经部八百二十三种，史部七百六十三种，子部一千二百三十二种，集部一千四百一十八种①。莫氏所记书目，一是基于《四库全书简明目录》，增补邵位西《四库简明目录标注》和汪铁樵记注书目；二是记录莫氏经眼所见南北古籍异本。这种辑录传本书目的方式不仅较前代典籍更为广博，同时在体例上是一种创新。关于莫书的体例内容及其特点，梁光华、欧阳大霖点校《邵亭知见传本书目》（贵州大学出版社，2017）于"重校前言"中论之甚详，可以参看。

较之《四库简明目录》等其他版本目录学著述，莫氏《邵亭知见传本书目》在版本考异、传本校录、匡正传误方面尤见功力。例如其《经部十·小学类》所记：

> 方言十三卷
>
> 汉扬雄撰。汉魏丛书本。格致丛书本。古今逸史本。胡文焕百名家书本。聚珍板本。闽覆本。戴震疏证微波榭本。抱经堂校本。宋有庆元庚申刊本。明陈与郊编方言聚类四卷，万历甲辰刊，依尔雅例分十六门，颇易寻检，四库入存目中。辁轩使者绝代语释别国方言十三卷，昭文张金吾藏影宋写本，云即戴氏疏证所称曹毅之本也。末有"正德乙巳夏五，得曹毅之宋刊本手影"一行，又有"丙辰九月载之补抄"一行。卷十"膊凡也"，注"此音义所未详"，各本此误，皆卷十一"南楚之外

---

① 参看梁光华、欧阳大霖点校《邵亭知见传本书目》，贵州大学出版社，2017 年，第 12 页。

谓之蟏蟏"，注"亦呼蚝蚝"，各本"蚝蚝"俱误"吒咟"，是二处似胜，而戴校未及。①

莫友芝《郘亭知见传本书目》的纂成，得益于他多年的游历，以及他对古籍传本的独到眼光和勤加留意，加之莫氏在版本目录学方面的深厚功底，终成此著。此书在晚清以来的学界，尤其是版本目录学领域引起了极大反响，以致于"世竞传钞，通儒博识""访书者视此目为津梁，售书者挟此目为轩轾"。陈海花认为："《郘亭知见传本书目》是对《四库简明目录》所作的版本标注，是莫友芝在版本目录学方面最高成就的代表，也是清代重要的版本目录学代表作，至今价值重大，影响深远，有裨实学，治传统学问者，可谓人手一本。"②

## 十四、《唐写本说文解字木部笺异》

莫友芝《唐写本说文解字木部笺异》（以下简称《笺异》）一卷，是莫氏利用所得"唐写本"《说文》残卷与"今本"《说文》进行互勘、笺释、考异的专著，是莫氏《说文》学方面的代表著述。同治初年，莫友芝在安庆曾国藩幕府作客卿，得知黟县宰张廉臣有唐人写《说文解字·木部》残简，让弟祥芝前往摹录，张氏见抄录太慢，慨然赠与莫氏。莫氏本善考鉴古籍，他

① 梁光华、欧阳大霖点校《郘亭知见传本书目》，贵州大学出版社，2017年，第88页。
② 陈海花《莫友芝与〈郘亭知见传本书目〉》，山东大学硕士学位论文，2006年，第1页。

根据残本中避讳、题跋、篆风、行款、纸张等几个方面，鉴定该残本为中唐穆宗之后"唐写本"，莫氏自叙云"黟侯赠我唐人写本书，乃是许君《说文》之断帙"。于是取大小徐本校雠异同，著《唐写本说文解字木部笺异》一卷。

《笺异》一书的版本，主要为同治三年（1864）南京曾国藩署刻本，原书题名最前有一个"仿"字，落款"同治二年十二月曾国藩署检"，其后为曾国藩为残卷所写"题辞"，该本今贵州省图书馆、贵州省博物馆有藏。此本流传颇广，《丛书集成新编》第三十七册、《续修四库全书》第二百二十七册皆收录。今梁光华先生有《唐写本说文解字木部笺异注评》本（上海古籍出版社，2016），述之甚详，可资参看。

该书的体例内容，先列"仿唐写本说文解字木部"残卷在前，卷末有残"右唐人书篆法说文六卷，臣米友仁鉴定恭跋"字样；然后为莫氏《笺异》自序、正文。正文据残卷原序，逐字校订，取大小徐本、《玉篇》等为之对比异同，比勘涉及注文、音切、衍文、佚文、收字、排序、异文等各个方面。例如"析"字条：

> "从木斤，一曰折"，大徐作"一曰折也，从木从斤"，小徐作"从木斤声，一曰折也"。[1]

今本《说文·木部》："析，破木也。一曰折也，从木从斤。"

---

[1] 莫友芝《唐写本说文解字木部笺异》，《续修四库全书》第227册，上海古籍出版社，1995年，第249页。

则所取为"大徐本",而据《笺异》比较,唐写本、小徐本皆有微异。桂馥《说文义证》云:"字从木,从斤,谓以斤分木为析也。"是说"析"字乃从木、斤会意,小徐谓"从木斤声"是以形声释之,显不可取。

又如"梏"字:

> "械"下二徐有"也","所以告天"大徐无,小徐"天"下多"也"字。《周礼音义》《御览》引皆有。①

今本《说文·木部》:"梏,手械也。从木告声。"是取"大徐本",但据唐写本、小徐本,原本注解中尚有"所以告天"。

在《说文》版本流传过程中,"唐本""宋本"是非常关键的时期,莫氏所得"唐写本"残卷出"宋本"之前,对于考证许慎《说文》原本或早期版本价值颇大,"木部"残卷经莫氏笺异后,许慎原书逐渐显现。莫氏此书受到当时和后世学者的高度认可,例如晚清学者方宗诚在书后"跋"中说:"许君书仅二徐传本,不免阙误……此《写本》既在二徐前,又资补正数十事,故虽断简,剧可宝贵。"现代学者如周祖谟、姚孝遂、周复刚等对"木部"残卷和莫友芝《笺异》一书也有很高评价。总之,莫氏《笺异》一书对于考察更多《说文》版本来源和演变细节,具有重要的参考价值。

---

① 莫友芝《唐写本说文解字木部笺异》,《续修四库全书》第227册,上海古籍出版社,1995年,第249页。

## 十五、《韵学源流》

莫友芝《韵学源流》一卷，是莫氏阐释古代韵学源流的专著①，主要从音韵之古韵、今韵和反切入手，对声、音、均、韵的源流及其相互关系进行详尽论述。莫氏认为："音韵之道有三：曰古韵，曰今韵，曰反切。古韵者，皆造字之本音也。"他首先考证了汉字"韵"的形音义及其与"音""均"之间的关系，并指出："古者小学教六书，六书之谐声即韵也。"依其论述，可知早期汉字的声符反映了古韵的一些面貌。莫氏此书"博稽载籍，撷取精要""首尾赅贯，一目了然"，不仅对古韵、今韵、反切辨之甚明，并且还对西域梵音发表了自己的真知灼见。

《韵学源流》写成后，曾由赵怡、刘申叔校定，未刊行。晚清学者康宝忠（1884—1919）得抄本后，于民国七年（1918）刊印，随后出现多种校钞本、刻印本。民国十年（1921）杨恩元赴京采访贵州通志局所需书籍，在姚一蕚处得《韵学源流》钞本一种，又在姚大荣处得印本一种，互为参校，于民国十二年（1923）付印，并撰《韵学源流跋》，此即贵阳文通书局铅印本。此书还有莫氏手稿本一种，梁光华、饶文谊《莫友芝〈韵学源流〉手稿点校》（高等教育出版社，2015）即以此本为底本，既有点校，又附莫氏手稿影印件，颇可参借。

---

① 关于《韵学源流》的作者是否莫友芝，学界曾有过质疑和争论，白雪华、湛庐《〈韵学源流〉作者考实》（载《文献》，2007 年第 3 期）一文有详细考论，结论可从。

《韵学源流》的体例内容，分别论述古韵、今韵和反切，先是考证它们得名之由及其具体所指，例如"今韵"一节云："今韵者，隋唐以来历代诗家承用之谱也。盖原始于李登《声类》。"莫氏所谓"今韵"即隋唐以后诗人所用韵，这其实是"中古韵"的一部分，与代表上古音的造字之音"古韵"有着本质区别。他还论及"反切"的原理："反切者，始于徐言疾言；疾言则为一音，徐言则为二字，悉本乎人声之自然也。汉魏之间，孙炎创为反语；齐梁之际，王融乃赋双声。"而在论说中，我们还可以看到莫氏对汉魏以来与音韵相关的如历代音韵著述和文献、古音学家的观点、各种音韵现象等都非常熟悉，例如在梳理"反切"流变时，从《隋志》所载《婆罗门书》，到孙愐《唐韵》，到宋司马光《切韵指掌图》、元刘鉴《经史正音切韵指南》，到明兰廷秀《韵略易通》、清戴震《声韵考》等，举例论述都信手拈来，足见钻研之功。

莫氏《韵学源流》，是我国最早论述声韵之源流端委的专著之一，在莫氏之前，还有万斯同《声韵源流考》、潘咸《音韵源流》等同类著作，但皆不及莫氏书简明博瞻。尽管在一些概念、类型和术语方面还有牵合之处，但莫友芝《韵学源流》一书是贵州学者，继清儒古音学研究之后，在这一领域所做的拓展和补白，其成就和价值是不容低估的。

## 十六、《古音类表》

傅寿彤《古音类表》九卷，主要阐述傅氏关于古韵分部的观点，以《五声三统十五部二百六韵总表》为核心，论证了傅氏

"古音十五部"观点；并对《说文》所收九千三百三十三字进行谐声归类，按音划分，并考证谐声字的孳乳关系。因此，该书是音韵、文字兼通的一部专著，尤其是音韵学的一大建树，至今仍有学术价值。

《古音类表》成书于道光二十七年（1847），其版本有三种：一是同治二年（1863）原刻本①；二是同治三年（1864）宛南郡署刻本，北京大学图书馆有藏，《续修四库全书》第 248 册所收傅寿彤《古音类表》九卷即据此本；三是光绪二年（1876）重刻本；四是民国贵阳文通书局铅印本（《黔南丛书》别集第八、九、十册）。今行有戴文年等主编《西南稀见丛书文献》（兰州大学出版社，2003）亦著录宛南郡署刻本。

《古音类表》的体例内容，傅氏在《自叙》中介绍甚详，首先是以"五声三统十五部"的方法，将《广韵》二百六韵划分到傅氏所定的古韵十五部中；然后又将许慎《说文解字》中九千三百三十三个字按古韵十五部分类，并入《古音十五部谐声表》中，各韵部字都按谐声字排列，谐声字后据《说文》释义，最后在整组谐声字后，总结该组谐声字的数量及相互关系等。该书正文总分九卷，前两卷主要阐述"古韵十五部"，卷一主要为《五声三统十五部二百六韵总表》《韵分五声说》《宫徵有附声说》《五声应三统说》等六部分②；卷二则包括《平入分配说》等八部分。后七卷则为《古音

---

① 郦亭山《〈古音类表〉述评》，《贵州教育学院学报（社会科学版）》1993 年第 2 期，第 44 页。
② 郦亭山《〈古音类表〉述评》，《贵州教育学院学报（社会科学版）》1993 年第 2 期，第 44 页。

十五部谐声表》，收字主要以《说文》为依据，按谐声字排序，并进行考释。例如卷五"悉"条：

> 悉，详尽也。按：从采分别之意。𢝔，尽也。穊，𥻦也。悉声，韵三。①

这一组即以谐声字"悉"为条目，"韵三"表示本组辖悉、𢝔、穊三字，其中𢝔、穊均以"悉"为谐声偏旁。"𥻦"字《说文·米部》作："穊，𥻦也。"可能傅氏所见版本中此字讹作"𥻦"。

傅氏《古音类表》是继承清儒古音学研究，在体例和古韵分部上的进一步发明创新，其用"三统五声"来分出古韵十五部的方法虽然不尽可取，但对于我们更为深入地探索古韵分部、古韵演变史等都具有重要的价值。

## 十七、《宋本广韵校札》

黎庶昌《宋本广韵校札》一卷，是黎氏出使日本时所辑，为黎氏据异本校勘今本《广韵》的著作，该书叙云："此札峕以张士俊泽存堂本互勘异同，不别引他书，凡仍宋旧者注曰张改，某依张改者讹文则曰原误，某存疑则曰原作某。从张本十之八，从原本十之

---

① 傅寿彤《古音类表》，《续修四库全书》第 248 册，上海古籍出版社，1995 年，第 511 页。

二云。"① 校札内容包含对音义和文字的校释，以及文字的讹脱倒衍等。

该书黎氏最早收入其所纂辑《古逸丛书》中，即光绪十年（1884）遵义黎氏日本东京使署影刻本一册，贵州师范大学图书馆有藏。后又见收 1985 年台北新文丰出版公司《丛书集成新编》第 39 册。

《宋本广韵校札》的体例内容，黎氏按札记的方式，对张士俊泽存堂宋本《广韵》加以校对互勘，全书按上平声、下平声、上声、去声、入声分为五卷，每一条以"注某"的方式给出校订，札记中大多是针对因形近而导致的讹文的校勘。例如"上平声卷第一"中的一些例子：

> 注七友：原误土支。
>
> 注思之：思原误恩。
>
> 注善也：善原误菩。
>
> 注逮同：逮原误达。
>
> 注捕鸟：捕原误摘。
>
> 注季札：札原误扎。
>
> 注五两：两原误雨。②

皆因字形近似导致的讹文，这类情况占比最大，每一卷都有很

---

① 黎庶昌著，黎铎、龙先绪点校《黎庶昌全集·宋本广韵校札》，上海古籍出版社，2015 年，第 3243 页。
② 《黎庶昌全集》，第 3243—3244 页。

多。也有少数因读音近同而产生的异文校勘，例如"上平声卷第一"中："注木立：立原误其。"① 还有少数释文字序颠倒的校勘，例如"上平声卷第一"中："注作塗，原误塗作。"②

黎氏《宋本广韵校札》虽然篇幅不长，但所校札者上千条，是少有的校勘宋本《广韵》的著作，对于厘清《广韵》版本流传，笺正宋本《广韵》的文本、文字都具有重要的参考价值。

## 十八、《六书略平议》

宦懋庸《六书略平议》八卷。宋代郑樵所著《六书略》是许慎之后第一个专用"六书"研究汉字的著作，但受汉字材料的影响，其杂乱、臆断不少，对后世治《说文》学、六书者影响不小。宦氏《平议》一书则是对郑樵《六书略》的率先质疑，该书按照逐字例说的方式，摘取《六书略》之未当，并加以论辩、申述和考证，既不贬斥郑说，又给予客观评价；而该书中，宦氏通过其广博的文字功底，以严谨扎实的考证方法阐述了自己对"六书"的见解，于言简意赅之中匡误正谬，是清儒研究"六书"创见尤多的学者。

该书著录于民国《贵州通志》，今存稿本十卷，名《钞郑樵通志六书略平议》，见藏国家图书馆，未刊。另宦懋庸子宦应清有《六书略平议》抄稿八卷，存懋庸孙宦泽民处，惜皆未刊传。

该书体例内容，宦氏在其"自序"中云："而开其先者，夹漈

① 《黎庶昌全集》，第 3244 页。
② 《黎庶昌全集》，第 3244 页。

郑氏之《六书略》也。夫郑书以《通志》为名，小学乃其一体……而源别流分，要为祸始。爰取其书，依字例说，证以《说文》；《说文》所无，别征群籍，极所据之《唐韵》《集韵》而止。是是非非，每参鄙见，与许、郑两合者，不复议焉，大例取足达意而已。"① 他认为郑樵是第一个讨论"六书"的人，但其中错乱不少，于是利用《说文》《唐韵》《集韵》以及群书加以校订，逐字加以论说，并发表自己的看法。例如对"指事之义"，宦氏认为："古人制字，象形必居于先，而以指事继其后，补象形之不足。如本、末、朱、才字皆从木。一在木下则为本，一在木上则为末，一在木中则为朱……凡曰指事，例类如此。"② 这一看法，与我们今天对"六书"中指事的认识是基本一致的。宦氏还利用自己的学说，匡正了郑樵对指事的判断失误，例如"外"字，郑氏《六书略》据《说文》"远也，卜尚平旦，今夕卜乎是外矣"认为其是指事字，而宦氏《平议》则指出："外从夕从卜为义，则应属会意字，不当入指事内。"③ 这一判定显然是正确的。宦氏书中对其他诸书都有大量考订辩论，颇可参详。

在晚清贵州朴学家中，宦懋庸是郑珍、郑知同外，少有的以《说文》为学术核心的学者，《六书略平议》是他毕生研治《说文》的结晶之一，而相较于郑氏父子，宦氏对"六书"的研究则更具系统性、理论性。宦氏《六书略平议》是晚清贵州朴学非常珍贵的学术著作之一。

---

① 此据易健贤《宦懋庸〈六书略平议〉》转引，参看《贵州文史丛刊》1994 年第 2 期，第 90 页。
② 《宦懋庸〈六书略平议〉》，第 90 页。
③ 《宦懋庸〈六书略平议〉》，第 90—91 页。

## 十九、《楚辞通释解诂》

郑知同《楚辞通释解诂》八卷，又名《楚辞考辨》《楚辞通义》，是郑氏研究《楚辞》的一部专著，但它不属于文学范畴，而是从训诂角度对《楚辞》进行的全书性的题解、集注和通释，其中亦不乏文献学考证勘定，是一部朴学著作。在《九歌》《九章》等篇目中，郑氏所作题解、通释多则千余字，少则百余字，大多融解、注、考、评为一体，颇具学术价值。

《楚辞通释解诂》是郑知同未定稿，未刊行，其原迹手稿现藏贵州省博物馆。王红光、朱良津编《贵州省博物馆藏珍稀古籍汇刊》（广西师范大学出版社，2015）第六、七册著录郑知同《楚辞解诂通义》八卷稿本，有黎庶昌为之《跋》。此外，霍松林主编的《辞赋大辞典》（江苏古籍出版社，1988）、周鼎主编《贵州古旧文献提要目录》（贵州历史文献研究会，1996）等均著录此稿。校注本则有蒋南华、黄万机、罗书勤《郑知同楚辞考辨手稿校注》（贵州人民出版社，2003）①。

此书体例内容，校注本"前言"介之甚详，可以参看。值得注意的是郑氏在集解中对字词的考释，例如《九歌·大司命》：

> 高飞兮安翔，乘清气兮御阴阳。吾与君兮齐速，道帝之兮九阬。

---

① 吴慧鋆《近代楚辞学研究》，苏州大学博士学位论文，2018年，第199页。

高飞安翔，亦以鸟喻。乘、御，如控车马然。清气，天地
绸缊之气。阴阳，天地生杀之气也。司命所宜总持其纲维者在
是。齐，亦速也，见《尔雅·释言》。《史记·五帝纪》、《说
文》作"齋"，炊馎疾也。道，宣通也。帝，天帝也。之，往
也。阮，与晥同。《说文》："晥，境也。"九阮，九州之境界
也。王氏以来皆注为冈，指九州山镇，于义远矣。言吾与君通
达帝命，往适九州之地，顺而施之，总明其无私也。①

其中既有字词音义的考辨说解，亦有字际关系的梳理沟通，例
如通过"阮，与晥同"，而"晥"训"境"，从而帮助厘清"九阮"
义为九州之境界。

《楚辞通释解诂》是郑知同研治文字、训诂的代表成果，不仅对
于古书古注研究大有裨益，对于《楚辞》的文献、文本及其文学评
析、鉴赏等亦颇具参考价值，因此学界对是书评价颇高。黄灵庚《楚
辞文献丛考》著录郑知同《楚辞通释解诂》，并认为："郑氏所论，知
其于屈子所作真伪及《楚词》先后编次，颇见用心，其于取舍之间，
非仓促苟且、漫无经纪者所同日语，必经其深思而熟虑之。"②

## 二十、《说文浅说》

郑知同《说文浅说》，是晚清学者郑知同探讨"六书"的专书，

---

① 蒋南华、黄万机、罗书勤《郑知同楚辞考辨手稿校注》，贵州人民出版社，2003 年，
第 86 页。
② 黄灵庚《楚辞文献丛考（下）》，国家图书馆出版社，2017 年，第 1699 页。

虽为"浅说",但却反映了郑氏关于《说文》及其"六书"的学术观点。

该书版本主要有三种:一是民国二十九年(1940)贵州省政府据清刻版汇印《巢经巢全集》本;二是清光绪四年(1878)宏达堂刻《宏达堂丛书》本;三是清光绪七年(1881)艺林山房刻《文选楼丛书》本,《续修四库全书》第227册收录此本。

该书体例内容,篇幅不长,主要是结合字例,详细论证郑氏对"六书"分类的看法和学说。首先全书按象形、指事、会意、形声、转注、假借六书排序论述,然后依据造字特点、汉字形体等,又对每一书进行细别分类,例如"象形"下又分象形独体第一、合体象形第二、象形兼声第三、象形字加偏旁第四、象形字有重形第五、象形字有最初本形第六等六类字形;"会意"下又分会意正体第一、会意重形第二、会意中有象形第三、会意字有反形第四、会意字中有声旁第五、会意字中有省旁第六等六类字形。例如"会意正体第一"云:

> 凡字独体为象形、指事,合体为会意、形声,会意者,象形、指事之字两文三文以见意也。亦有多至五六文者,盖自中古以来,事类名物渐广,不能尽有形可象,尽有事可指,乃变立此法。①

郑氏指出了"会意"造字的基本方法是"象形、指事之字两文

---

① 郑知同《说文浅说》,《续修四库全书》第227册,上海古籍出版社,1995年,第584—585页。

三文以见意"，这种造字法产生的缘由是"事类名物渐广，不能尽有形可象，尽有事可指"，即"会意"造字法的产生是为了弥补象形、指事造字的不足。这里虽专门讨论"会意"造字法，其角度却是立足于对象形、指事、会意、形声四种造字法的差异的辨析，从而真正揭示会意造字法的理据，以及会意字的形体特点。

《说文浅说》蕴含了郑氏丰富的"六书"思想，反映了其研究方法和治学理念，是最能反映郑氏"六书"理论的著作。该书中对各书中字形及其特点的细分，对于比较"六书"内涵、例字之异同，汉字字形与"六书"的归属，特殊字形的"六书"分析等都有参考价值。该书是研究清代"六书"学体系和郑知同学术成就的重要材料，具有重要的文献价值和学术史价值。

## 二十一、《等音归韵》

李兰台《等音归韵》十卷，是李氏研究古代音韵和等韵之学的专著。

该书版本，主要有道光十年（1830）贵州熊氏文光堂刻本，贵州师范大学图书馆有藏①。

该书体例内容，李氏在"自序"中云："余维'声'成文谓之'音'，音不一而统之以宫、商、角、徵、羽，辨及于喉、舌、唇、齿；开、合、齐、撮；清、浊、轻、重之间，音备而韵无弗该矣！

① 谭德兴《明清时期贵州经学家与经学著述的地域分布及成因》，《贵州大学学报（社会科学版）》2015 年第 3 期，第 156 页。

自有韵书，而音又隶于韵。尝考汉、魏以上，言音不言韵……讲音学者，用以定音，讲韵学者操以拈韵，不其便欤？匪直此也，平声每韵三十二位，仄声每韵二十一位，各韵之字同音者，悉同一位，不便混焉。俾览者因此识彼，于字学亦不无少助云。"① 李氏细数历代音韵学者及其著作，对历代韵书之优劣也颇有见地。是书为阐明声、韵异同关系，对古韵群分类聚而作，主要以三十六字母之反切，归诸一百六部之韵，平声每韵三十二位，仄声每韵二十一位，各韵之字，同音者悉同一位，可以音韵探字义。

李氏《等音归韵》是晚清贵州朴学家少有的古韵学专著，在晚清音韵学界亦颇具影响。晚清学者张辖在该书"序"中评价认为："归途披阅终编，大旨以华严字母为主，凡四声之字，悉类聚而群分之……予实不得于心，恨不获与畹侯从容而商榷之也。若夫南北异音，古今殊韵，将欲信今而传后，则反切部分，几希差互，畹侯犹当更切之。"② 是对该书优点和不足之处的客观评价。

## 二十二、《说文通例》

程械林《说文通例》十卷，乃程氏校辑《说文》体例之专著，在写成该书之前，程氏还撰有《说文次第》《说文类考》等，皆为研究《说文》体例之作，是书即据《说文类考》更名，可见程氏在这方面的精专。

---

① 参看谭德兴《贵州历代著述考：经部》，贵州大学出版社，2015 年，第 183—184 页。
② 同上，第 184 页。

　　该书现存稿本完帙一函九册十卷，贵州省博物馆收藏，为海内外孤本。袁艳秋、孙家愉《程械林〈说文通例〉稿本考》（《贵州文史丛刊》2022 年第 3 期）一文，对程氏该书有详细考述。

　　《说文通例》一书力在荟萃众家之说而发凡《说文》体例，并加以评述，全书分为通论及分部、列文、语例、字例、引经、一曰、读若、同意、阙、上讳十类，一一论列《说文》体例，其中"通论"是对《说文》体例的总述。贵州近代学者李独清曾评价程氏《说文通例》："是书摘录各家著述，略为折中，大概以二徐本为据，宗段氏注，旁采桂未谷、严铁桥、王箓友诸家之说，清代经师通小学者，其有精语，一并摘入。全书九卷，分为十类，最便初学。"① 可见程氏此书简明通晓，对于初涉《说文》者颇有裨益。例如其"读若第七"：

　　　　首通说、次论本字为音；次读若直指；次读若本义；次读同；次读若引谚；次声读同字；次读若取转声。②

　　列论了"读若"的各种现象，于每一种现象又汇集诸家之说，一一比较评说，能使人更容易把握"读若"的各类情况。

　　程氏《说文通例》汇集各家著述，以条例呈现之，复又补充己说，并评析诸家研治《说文》体例之得失，所参考以段玉裁、桂

----

① 原文见李独清《李独清文史论文选》，贵州大学出版社，2014 年，第 26 页。此据袁艳秋、孙家愉《程械林〈说文通例〉稿本考》转引，《贵州文史丛刊》2022 年第 3 期，第 125 页。
② 此据袁艳秋、孙家愉《程械林〈说文通例〉稿本考》转引，《贵州文史丛刊》2022 年第 3 期，第 124 页。

馥、严可均、王筠诸家为主，故为晚清研究《说文》体例的又一力作，在晚清学界颇具影响力。

## 二十三、《小学答问》

姚华《小学答问》，以问答形式阐述姚氏关于研治传统小学的观点和思想，是姚氏针对"西学东渐"过程中，年轻学子对传统小学"率无头绪"，且认为"中文繁难"的时俗流弊，溯本清源，解答传统小学之精要。晚清贵阳学者熊继先在"跋"中说："是书于中文之源流、用法与夫近世中文何以趋于烦难之故，莫不详述。"

《小学答问》约成书于光绪二十六年（1900），民国《贵州通志》著录此书。今行有姚华著、邓见宽点注《书适》（贵州人民出版社，1988）中收《小学答问》，可资参看。

该书体例内容，全书分二十八章，每一章都是一个关于传统小学的专题，先设欲论辩的主题，如"第一章论门径"；然后以问答的形式，回答这一主题的相关问题，答语中姚氏多说辨证，深刻阐述自己对传统小学的见解。二十八章所包含的具体内容很多，主要涉及传统小学的门径、目录源流、形声义、字母、形声、或体、六书、语言文字、谐声、读若、籀篆、学派等，非常广泛。例如第四章"论声音之分"：

> 问　《释名》不是声书，是小学中又有音学乎？
>
> 答　声学、音学虽不同，然是一贯的道理，有声自然成音，故声学内有音韵学，不可不知其分，亦不可不知其合也。

问　音学既在声学内，是声学更为要紧，其最精之书何在？

答　龙翰臣《古韵通说》严审通慎，最为善本。是书以声为经，以韵为纬，盖众声所汇，即音之薮也。此声音一贯之旨也。①

姚氏《小学答问》既深入浅出地设立传统小学之基本问题，又通过自问自答来对重要问题展开深刻的论证，既适用于初窥门径者，亦可用于小学专题的深入研讨。这是姚氏立足于自身对传统小学的坚守，为匡扶传统朴学而发声。

## 二十四、《且同亭黔语释》

任可澄《且同亭黔语释》，是任氏留心贵州方言，专门辑录贵州汉语方言词汇的著作，书中所记大多为清末民初时期贵州汉语方言词汇，具有"断域"为书性质。同时，任氏于书中广征典籍、民俗资料，既有方言本字考订，又有方言词汇溯源，大大提高了该书对于汉语方言史、贵州汉语方言研究、汉语词汇演变研究的价值。

该书无刊行本，今所见为任氏民国手稿原本一册，现藏贵州师范大学图书馆。《贵州古旧文献提要目录》《贵州省古籍联合目录》皆著录此稿本。贵州省文史研究馆、贵州省博物馆《近代贵州稿本影印丛书（第一辑）·任可澄卷》（贵州人民出版社，2016）推出

①　姚华《小学答问》，见姚华著、邓见宽点注《书适》，贵州人民出版社，1988年，第73页。

此稿影印本。刘瑶《〈且同亭黔语释〉研究》（贵州大学硕士学位论文，2019）对该书作了系统研究。

《且同亭黔语释》体例内容，作者以词典式体例，按地理、人事、形体、语辞、饮食、器物、虫鱼、鸟兽等八个"义类"辑录贵州方言词汇，每一类下所收词少则十余条，多则数十条，例如"形体"类收48词：

> 耳朵、焦心、胴、箱箕、吐、打詥、齁鼻子、沙、马起脸、抹下脸、马下脸、骨人、奋、佗背、齆鼻儿、插嘴、话欂、衣胞、疙秃、眨、眼睞毛、靷毛、尻子、连二踝、下巴、盖膝头、耳光、臂髆、胳肢窝、撙、兴、疒痛、鸡眼、茧、起曝、崚崚、抡、歪嘴、聑聑、善波波、襤褛、刺阆、懵懂、绞脸、转背、撇脱。①

词条下分别有注音、释义，并有大量文献考证。注音有读若（如"踝，读如拐"）、直音（如"炎，音魅"）、反切（如"崚，遵绥切"）、四声（如"撞，庄去声"）等多种方法，也有综合几种方式的注音，如"溅，则肝切，音赞"。可以看到，任氏所注音皆为当时贵州方言的方俗音，具有重要的语音史价值。释义则从形、音、义角度考释词条在方言中的意义，并援引古籍文献，考述词语音义源流。例如：

---

① 据刘瑶《〈且同亭黔语释〉研究》，贵州大学硕士学位论文，2019 年，第 10 页转引。

没水曰炎水。《岭外代答》："土人谓汆为甬①，言人在水上也。炎音魅，言没入水下也。"②

任氏指出贵州方言"炎水"即"没水"，其语义来源于"炎"字从"人在水下"会意。而"炎音魅"以直音方式注"炎"方音，音"魅"当即"没"方言音变，盖方音中古没、脂二韵音近相混。今贵州方言"没水"之"没"仍读与"魅"音近。此外，任氏对方言词汇的分析还涉及词汇结构、异体分析、本字考订等诸多方面，内容相当丰富。

在任氏《且同亭黔语释》之前，姚华曾著《黔语》一书，专门集释贵阳方言词汇二百条，颇多方言土语，任氏《且同亭黔语释》继其后，进一步丰富了近代以来贵州汉语方言词汇的整理与考释。清末民初，各地对方言的关注和著述风靡一时，姚华、任可澄等人对贵州方言的辑录增补了贵州学界在这方面的不足，同时也为后代开展贵州汉语方言调查研究提供了参考。

## 二十五、其他

晚清贵州朴学的著述文献还有很多，不能一一缀举者，现据周鼎主编《贵州古旧文献提要目录》（贵州历史文献研究会，1996）、谭德兴《贵州历代著述考：经部》（贵州大学出版社，2015）、朱良

---

① 此字形音义不明，俟考。
② 据刘瑶《〈且同亭黔语释〉研究》，贵州大学硕士学位论文，2019年，第29页转引。

津主编《贵州省博物馆藏珍稀古籍汇刊》（广西师范大学出版社，2015）等所著录，简要列举如下，简介诸书时，尽可能包括书名、作者、版本、主要内容、简评等信息。

**《说文转注本义》**，郑珍著。此书阐述郑氏"转注"学说，重点在于对许慎《说文》对"转注"的定义、示例的进一步深入解读，认为"转注"即"传注"。此书民国《续遵义府志》等著录，无刊本，已佚。

**《声韵考略》四卷**，莫友芝著。是莫友芝音韵学方面的专著。民国《续遵义府志》《独山县志》《贵州通志》均著录此书，但已亡佚。世人对莫氏《声韵考略》和《韵学源流》两书混淆不清，以为同书异名。聂树楷在为傅寿彤《古音类表》所作"跋"中说："吾黔著述家有莫郘亭《声韵考略》《韵学源流》。"则知为莫氏两种著述。

**《文字述闻》六卷**，赵怡著。从形、音、义方面阐述许慎"六书"，并证以碑隶等文字材料，最后附有杂俎；该书目的是保存赵氏外祖郑珍、伯舅郑知同学术精华，阐述郑氏六书、文字学之见解与思想。该书版本有清赵恺节抄本，残存五页。

**《转注新考》（又名《转注新考三篇》《郑征君转注考》）**，赵怡著。书中赵氏所论"转注"为"传注"者，与郑氏所论转注基本相同，是对郑氏转注学说的进一步阐述。民国《贵州通志》著录，已佚。

**《辑犍为文学尔雅注》一卷**，赵旭著。是赵氏搜集文献、佚文，为犍为文学《尔雅注》辑佚、钩沉之作，郑知同为是书作《序》。该书有清姚之恢抄本一册，名为《犍为舍人尔雅注稽存》，贵州省博物馆藏。

《**尔雅集韵**》，黄彭年著①。该书为黄氏移录诸家所校曹刻《集韵》，汇辑古韵、增加校订而成。此书民国《贵州通志》著录，郑珍、莫友芝为之"题辞"，郑知同为之"校勘记"，原书已佚。

《**说文本经答问**》**二卷**（又名《**说文正问**》），郑知同著。以问答形式，厘正关于《说文》的诸多重要问题，尤其是对于段玉裁注《说文》中存在疑难、争议的问题，"伯更一一疏纠其误，每立一义，坚卓宏通，匪惟善读许书，实段氏之净臣也已"。该书有光绪十六年（1890）广雅书局刻本，贵州省图书馆、贵州师范大学图书馆有藏。另有《丛书集成续编》第 18 册、民国二十九年（1940）省政府《巢经巢全集》印刷本。

《**古籀答问**》**附"象形注例解"二卷**，郑知同著。经谭德兴考证："是书实为《说文本经答问》之内容。"② 该书有清稿本一册，后藏杭州大学（现浙江大学）图书馆。

《**说文逸字补遗**》**一卷**，郑知同著。此书为郑知同《郑伯更杂著》其一，是知同继父亲郑珍《说文逸字》之后，所作的"补遗"，也是考证《说文》逸字的专著。今存稿本，藏中国国家图书馆。

《**说文考异补**》**二十卷**，郑知同商义。该书原稿为姚文田《说文考异》，后经郑知同校订增补，知同增订草稿经张之洞交王仁俊编订后名《说文解字考异三编》，最终张之洞定名《说文考异补》。今北京大学图书馆藏《说文考异补》八册，题郑知同商义、姚文田

---

① 史达宁《民国〈贵州通志·艺文志〉"〈尔雅集韵〉"条辩证》（载《贵州文史丛刊》2016 年第 4 期）一文认为黄氏并未著《尔雅集韵》一书。
② 谭德兴《贵州历代著述考：经部》，贵州大学出版社，2015 年，第 166 页。

辑、王仁俊补，正是郑知同增订手稿本。该书可用以校勘姚文田《说文考异》等传世文献。

《说文正异》二卷，郑知同著。该书即郑知同校订姚文田《说文考异》时所作，郑氏校书，凡遇到姚氏"其不与己合者"则"别为《正异》二卷"。书未刊行，民国《续遵义府志》著录。

《集韵正误合钞》十卷，郑知同著。郑氏在"自序"中说："余家无《集韵》，爰以五日力，抽字草就一本。先标曹本大字注文，其下分注宋本及诸家校语，而宋本得失，段氏分两例出之，兹则概云'某字宋作某'，然后定其是非，目为《集韵正误》。合钞衍篋，已七年矣！"该书本虽为郑氏钞以自用，但于《集韵》版本考述，韵例、韵字辨误正讹皆有裨益。该书存同治稿本一册，现藏浙江大学图书馆。

《段氏说文假借释例》二卷，黄国瑾著。是黄氏专门为阐释段玉裁《说文解字注》中假借字例所作的专著。民国《贵州通志》著录，已佚。

《说文引绪》二卷，黎景煊著。为黎氏光绪年间任贵州国学讲学所小学科主讲时所撰讲义，时人谓此书："此书提纲挈要，条分缕析，皆小学之端绪，而可引申以至于其极者，是即引申之权舆也，曷以引绪名乎？"故名《说文引绪》。该书有民国十二年（1923）播文印书局铅印本。

《六书要义》二卷，吴文昭著。是吴氏讨论"六书"和自己学说的专著。民国《大定县志》著录，已佚。

《六书要义》一卷，杨寿篯著。是阐述汉字"六书"造字法的专著，作者认为指事、象形、形声、会意为"造字之法"；转注为训解字意，补助四书造字之不足；假借与造字无关。该书仅存稿本一册，贵州省博物馆藏，未刊行。

《说文三例表》，姚华著。版本、内容未详。见民国《贵州通志》著录，未刊行。

《文字旁通卷末》，雷廷珍著。是书对《说文解字·叙》进行补笺，旨在解读《说文》叙例和许慎原意。今存清末抄本一册，藏于贵州省图书馆，《贵州古旧文献提要目录》著录。

《音韵旁通》一卷，雷廷珍著。是雷氏文字、音韵、训诂系列著述之音韵部分，论及音韵学治学门径。民国《绥阳县志》著录此书，但未见刊行。

《说文解字部首》三卷，梅镇涵著。是梅氏任燕京大学教授时缩编的《说文》初级讲义，该书参考贵州学者焱之饶所著《说文部首》，对《说文》的体例、内容多有阐发。该书有两种版本：一种为民国饷豫石印馆石印本一册，贵州省图书馆有藏；二种是民国十一年（1922）常州新群书社石印本三册，贵州大学图书馆有藏。

《说文解字部首增释》，梅镇涵著。此书即梅氏《说文解字部首》的重刻增订本。有民国十二年（1923）北京公记印书局石印本一册，贵州省图书馆有藏。

《摘韵辨讹》，严宗六著。是严氏摘录古籍尤其是韵书中韵例，加以考辨正讹的著作。该书见《续遵义府志》著录，已佚。

《华严字母浅说》一卷，彭应珠著。是彭氏研究"华严字母"及古音声母的心得和学说。光绪《黎平府志》著录此书，惜已亡佚。

晚清贵州朴学的著述文献还有不少，笔者见识有限，难以尽述。

　　从上文列举的代表文献来看，贵州朴学家的治学、著述范围是非常广泛的，反映贵州学者的学养、眼界都非常宏阔。总的来说，晚清贵州朴学著述文献有三大特点：一是与乾嘉学术一脉相承，后出转精，多所创新。贵州朴学的著述内容，大多与主流学术关注的领域相同，但其中不乏开创或填补空白的成果，如《说文》逸字、新附字领域、《集韵》版本领域、韵学源流领域等；二是有共同的领域和旨趣，相关领域的著述成集群式发展，例如在《说文》、文字、古音方面，反映贵州学者在学术信仰和追求上的一致性；三是具有前后传承性，这些著述的领域和内容，不但有源自师承的进一步深耕，也有围绕家族学术的发扬，从而使贵州地域学术文化形成内在凝聚力，使其历史和文化呈现出清晰的脉络。

　　总之，如此丰富的朴学著述，是晚清贵州朴学繁荣发展的一大标志，综合对比同时期贵州的史学、经学、理学、文学等相关领域，在晚清贵州学术史中，朴学占有非常重要的地位，推动着其他几个方面的发展，使贵州学术文化在晚清走向了顶峰，成为中国学术文化史上璀璨耀眼的篇章。

# 第五章　晚清贵州朴学的内容

梁启超曾在《中国近三百年学术史》中总结"乾嘉诸老"所做的工作，举其重要者有："一经书的笺释，二史料之搜补鉴别，三辨伪书，四辑佚书，五校勘，六文字训诂，七音韵，八算学，九地理，十金石，十一方志之编纂，十二类书之编纂，十三丛书之校刻。"①举凡十三大类。对比而观晚清贵州朴学研究，从前章所梳理的朴学文献来看，与朴学相关的内容，除"算学"之外，其他方面或深或浅几乎都有涉猎。这一章，我们尝试分别概述晚清贵州朴学涉及的具体内容，由于晚清贵州朴学所涉学术领域是相当广阔的，为避免挂一漏万、分类不准，我们以代表学者的治学领域、代表著述的学术范畴为主要线索，简要论述以下九个方面的内容，在评述每一类研究内容时，尽可能结合相关文献对贵州学者的朴学成果进行再考证、再研究。

## 第一节　乡邦文献的纂辑

乡邦文献是一个地方历史、社会、风俗、人文、教化的集中体

---

① 梁启超《中国近三百年学术史（新校本）》，商务印书馆，2018 年，第 27—28 页。

现，是开展地域性学术文化研究的重要史料，而地域学术文化得以传承的根本动力，则在于历代学者对乡邦文献及其纂辑的持续关注。

晚清时期，贵州朴学家们几乎人人都留心留意乡邦文献，尽管用力有专暇之分，著述有多寡之别，但通过地方文献的搜集、整理与纂辑，来保护传承地方文化，则是大家的共同追求。择要而言，贵州朴学家对乡邦文献的关注，主要体现在两个方面：

## 一、参与方志编纂

明永乐十一年（1413）贵州建省之后，方志编修大兴，从弘治年间《贵州图经新志》，到嘉靖、万历年间《贵州通志》，再到康熙、乾隆年间《贵州通志》，再到民国时《贵州通志》，各类方志多达两百余部。而至晚清道光时，随着文人群体纷纷参与，方志编纂水平不断提升，涌现出《遵义府志》之类堪称"天下府志第一"这样的精品。在我们考察的朴学代表人物中，如唐炯、郑珍、莫友芝、莫庭芝、莫祥芝、傅寿彤、郑知同、黄彭年、黎庶昌、赵怡、赵恺、赵旭、陈矩、陈田、杨恩元、聂树楷、姚华、任可澄等，几乎人人都参与过当时一些方志的编纂，他们或担任主纂，或担任编修，或担任采访，或参与续修，都贡献了自己的力量。

晚清时期，有朴学家参与编纂的贵州方志主要有《桑梓述闻》（光绪二十四年刻本）、《安平县志》（道光七年刻本）、《永宁州志》（道光十七年刻本）、《遵义府志》（道光二十一年刻本）、《安顺府志》（咸丰元年刻本）、《兴义府志》（咸丰四年刻本）、《黎平府志》（光绪十八年刻本）、《增修仁怀厅志》（光绪二十八年刻本）、《平越直隶州志》（光绪三十三年刻本）、《独山县志》（民国三年稿本）、《瓮安县志》（民国四年铅印本）等。朴学家们的积极参与，大大提高了地方志编纂的学术含量和价值。如傅玉书所编《桑梓述闻》十卷，被誉为我国第一部私家志书，开创了私家修志的先河。此外，晚清旅黔朴学家也作出了重要贡献，如近代史上杰出的舆地学家邹汉勋，曾主纂贵阳、大定（今毕节地区）、安顺、兴义等地府志，所纂《大定府志》（道光刻本）受到林则徐、梁启超等人盛赞，是公认的"西南方志名家"。

　　朴学家们参与修志，晚清贵州方志编写呈现出一大特点，即志书中贵州历史、语言、文化、民族等地域特色及其学术性大大突显。例如很多方志，因为有朴学家的参与，辑录了大量语言文字资料入志。如郑珍、莫友芝所纂道光《遵义府志·风俗》中专门编写《俗语》一卷，收录当时黔北遵义一带方言词汇 352 条[1]，其中所记如"平原曰坝""磨之渐销曰鎔""目不见物曰瞀（音务）""铺垫曰㩴""村市曰场""谷穗曰䅵（音吊）""以盐渍物曰滥（音览）""搅曰槽（潮去声）"等词语，是当时地地道道的贵州方言词汇，把它们博采入志，体现出朴学家对方言、乡音的重视。又如邹汉勋参与编纂的咸丰《安顺府志》专记《方言》一卷，所记如"日晚曰黑了""留宿曰歇""拾得曰检得""圆物曰团""饮食味变曰馊（音搜）"[2] 等，是对当时安顺方言

---

① 参看史光辉《从词汇比较看明清以来黔北方言的变迁》，《语言研究》2020 年第 3 期，第 1 页。

② 华学诚、曹小云、曹嫄《历代方志方言文献集成》（第 9 册），中华书局，2021 年，第 6523 页。

语词的采录汇释。文人所编方志中的这些方言词汇，至今仍保留在贵州方言之中，为每一个贵州人所熟悉，这正是朴学家参与方志编纂的文化传承价值所在。

## 二、地方文献汇辑刊刻

除了参与较为官方的方志纂修，贵州朴学家更热衷地方学术文献的搜集整理，所关注对象包括文集、史志、专著、言论、墨迹、家谱等诸多方面，从而为晚清贵州朴学留下了大量地域性资料。例如晚清学界颇为看重的《黔诗纪略》，作为明清贵州地方诗歌总集，是研究近代贵州诗歌创作和诗学发展的重要史料，其学术价值不仅是汇录诗歌，还为诗人写传，涉及大量人物生平和史实。而《黔诗纪略》的作者之一莫友芝本身就是晚清贵州最具代表的朴学家，另一位作者黎兆勋亦有朴学学养，而参与该书汇辑、编印的还有唐树义等学者。继其踵，黎汝谦、莫庭芝、陈田等学者又合纂《黔诗纪略后编》三十卷，也属于地方文献的汇辑。

对地方文献的汇辑，还主要体现在对乡贤学术著述的整理，例如对郑珍著述的汇辑最多，唐树义、唐炯父子曾出资助郑珍纂辑《播雅》，并刻印郑珍遗稿数种，包括《郑学录》《仪礼私笺》等；莫祥芝刊刻郑珍《轮舆私笺》二卷；黄彭年曾整理郑珍遗稿《康成传注、年谱、书目、弟子目》，并为之序，即后来学界看到的《郑学录》；赵怡著《文字述闻》《转注新考》等，保存郑氏学术精华，阐述郑氏六书、文字学之见解与思想；赵恺留心收藏郑氏著作的各种版本、手稿、尺牍、墨迹，辑有《郑子尹先生年谱》等，并筹划刊行郑珍、郑知同学术著作，对郑氏全集的刊行贡献尤大；凌惕安刊印《郑子尹先生年谱》等。此外，关注莫友芝著述文献整理的也很多，如莫绳孙长期独居扬州，整理和刻印莫氏祖辈、父辈著述，辑有《独山莫氏遗书》六十六卷，刊印莫友芝《邵亭知见传本书目》《宋元旧本书经眼录》等；杨恩元校刊付印莫友芝《韵学源流》钞本，并撰《韵学源流跋》等。

更重要的是，一些学者提倡并践行乡邦文献的整理与传承，对地方学术文化贡献很大。如黎庶昌非常重视乡邦文献、文化的汇辑，所著《遵义沙滩黎氏家谱》一卷、《黎氏家集》四十卷、《曾文正公年谱》十二卷、《全黔国故颂》二十四卷等皆为乡邦文献整理有功。陈矩鉴于家乡文献残缺，坚持续修《贵州通志》，兼印《黔南丛书》，以此"表彰先贤，嘉惠后学"。陈田留心乡邦文献，著有《听诗斋诗》《遗文》《周渔璜年谱》等，对清代贵州诗人的生平事迹、遗闻逸事，考证精详、持论平允。任可澄组织编印了《黔南丛书》七十册，内容包括经学、舆地、风土、诗词、杂记、小学、音韵等方面。杨恩元参编《黔南丛书》《贵州文献汇刊》等。凌惕安注重贵州地方文献、历史文化研究，编著《清代贵州名贤像传》《黎莼斋先生年谱》《黔故掇拾》等。杨兆麟编印《鹿山先生全集》等。这些均展现了晚清贵州朴学家在地方文献搜集整理方面作出的贡献。

总之，在乡邦文献的纂辑方面，贵州学者是付出了很多努力的，他们汇辑地方学术文献的方式也丰富多样，包括序、跋、评述、阐发、刊刻、丛书、集成、传证、续修等；晚清贵州朴学家对乡邦文献的关注，既共同趋向于搜集整理地域性历史文献、学术资料，又相互关注同时期不同治学领域的学者著述，及不同历史时期贵州学者的著述文献，实现了学术文化的迭代沟通与发展传承。

## 第二节　《说文》学

　　《说文》学"是我国传统语言学一个分支，属于小学范畴，与文字学、音韵学、训诂学有着依存关系……它以东汉许慎所撰《说文解字》为主要研究对象。"① 余国庆指出："《说文解字》在我国学术史上有着非常崇高的地位。自它问世以来，历代对其研究之作，不绝如缕，至清代蔚为大观，而成为专门的学科，人们称之为'许学'，或'《说文》学'。"②《说文》学是朴学的核心内容，"在某种意义上说，《说文》学几乎可以囊括了中国的传统语言文字学的全部"③。

　　乾嘉诸儒大多精读《说文》，并展开全方位研究，戴震、惠栋、王鸣盛、钱大昕、段玉裁、王念孙、王引之、王筠、桂馥、朱骏声等硕儒均对《说文》有所建树，不少《说文》学论著流传颇广、影响甚巨。有不少学者为探寻《说文》本真，精研许慎及其《说文》数十年，拓展出了很多的研究领域和研究内容，包括《说文》版本考订、"六书"原理、《说文》体例、重文、篆文、新附、部首、义声读，以及历代文献典籍"引《说文》"的辑佚、考释等，不仅发掘了很多研究命题，并且通过师承、交游和学术切磋，交流研治《说文》的心得和思想，使《说文》学研究在学术史中的地位逐渐显赫，涌现出一大批以《说文》学为学术追求的后继者。

---

① 　宋均芬《谈谈说文学》，《汉字文化》1997 年第 3 期，第 41 页。

② 　余国庆《说文学导论》，安徽教育出版社，1995 年，第 1 页。

③ 　王宁《论章太炎、黄季刚的〈说文〉学》，《汉字文化》1990 年第 4 期，第 34 页。

　　但道光中期以后，随着学风急转直下，传统学术逐渐走向衰微，《说文》学亦然。在论及乾嘉学派对《说文》学研究的特点和成就时，王宁先生指出："（一）对《说文》本书校讹夺、辨误正、疏条例、释来源，使《说文》定本更加完善；（二）以许慎在《说文叙》中提出的'六书'定义为中心，为分析汉字提供了更为详尽的条例，又在这一过程中进一步发展了汉字形义统一的理论；（三）考证文献，参以金、甲，进一步探讨九千三百五十三个汉字的本义，并提出词义引申的理论，初步显现了汉语词义发展的系统性；（四）整理《说文》提供的形声系统和读若材料，丰富了古音韵的研究手段，进一步探求了汉语的上古音系。至此为止，《说文》学的传统研究，已经达到了相当高的水平，站在旧《说文》学的终点上，似乎已难看到更高的峰巅。"①

　　但《说文》学仍然是晚清贵州朴学的核心内容之一，而且深受乾嘉《说文》学的影响。只是在这种背景下，要在这个领域有所建树，是相当困难的。整体上看，贵州朴学家对《说文》学的研究，一是对乾嘉《说文》研究的补正、匡误；二是在一些《说文》学具体问题上进一步推进，同时注重在个别领域的创新己见。因此，贵州朴学家的《说文》研究对乾嘉学术既有继承也有发展。

## 一、《说文》逸字、新附字

　　《说文》逸字、新附字是前儒未曾专力论及的《说文》学领域。

---

① 王宁《论章太炎、黄季刚的〈说文〉学》，《汉字文化》1990 年第 4 期，第 34 页。

贵州学者这方面的代表作主要有郑珍、郑知同父子的《逸字》和《新附考》。

关于《说文》逸字，郑珍认为，逸字、伪字、误字误注是必须先弄清的关于《说文》传世版本的三个具体问题。其中"伪字"和"误字误注"，前人已有大量研究成果，其中段玉裁《说文解字注》更是"十证七八，厥功甚伟"。但对于逸字，尚无人专力专为，郑珍则基于对《说文》本书偏旁、序例、注义的深入了解，结合相关文献语料，对《说文》逸字展开专门的搜罗稽考，《逸字》一书共考证《说文》所逸一百六十五字，为同类著作数量最多者。该书不仅清楚界定了《说文》逸字的概念所指及其存在范围，并且通过逸字出现的位置、成因和字形特点，进一步对《说文》体例加以阐发。郑氏考论《说文》逸字的方法，为考察考证《说文》原貌，校勘《说文》文献，提供了重要参考。

而《说文》新附字，为徐铉校订《说文》时据经典文字而附增的四百二字，之后历代学者对新附字来源、性质及其与《说文》原书的关系等多有关注，但不少文字学家对新附字不甚"措意"，如段玉裁注《说文》时悉删不录，对新附字的态度比较苛刻；钱大昭（1744—1813）《徐氏说文新补新附考证》和钮树玉（1760—1827）《说文新附考》是这方面的专门性著作，所得颇多。郑珍早年从程恩泽研治朴学时便关注《说文》新附，在检讨前人成果的基础上，写成《新附考》一书，他对新附四百二字一一详考论列，对字形的源流考辨更胜钱、钮二氏。此外，该书手稿经程恩泽手批校正，又经其子知同续作补考，其中不乏对前人新附字讨论的匡补，因而该书价值大大超越了前人同类成果，成为《说文》新附字研究水平最高的著作。

《逸字》和《新附考》二书，是郑珍深耕《说文》学领域，在新材料的搜集整理、《说文》义例的解读和汉字源流考辨上，力图弥补前人不足，超越前人成果的努力探索。同时，他在两书中对前代学者如钱大昕、段玉裁、钱大昭、钮树玉等人的成果多所引证，同则然之，异则辨之，不少条目皆有补考、匡正，反映了他在这方面的创获。例如《说文·玉部》新附"琡"字，《新附考》则认为：

> 《说文》"瑹，玉器也。读若淑。"徐锴注云："《尔雅》'璋大八寸谓之琡。'《说文》有'瑹'无'琡'。"宜同小徐认"瑹"为古"琡"字是也。钱氏大昕说亦然。(214)

郑珍赞同小徐、钱大昕认为"瑹"为"琡"古文，考《尔雅·释器》："璋大八寸谓之琡。"郝懿行义疏云："琡者，《说文》作瑹，云：'玉器也。读若淑。'"① 与小徐、郑氏、钱氏观点一致。《说文·玉部》："璹，玉器也。从玉， 𦥑 声。读若淑。"而"璹"篆体即作"瑹"形，郑氏《新附考》等谓作"瑹"即其楷定。大徐本新附作"琡"，盖"瑹（璹）"本"读若淑"，俗书更换声符所致。

又如新附"抛"字，徐铉谓："弃也。从手从尤从力。或从手，咆声。按，《左传》通用'摽'。《诗·摽有梅》'摽'，落也。义亦同。匹交切。"《新附考》考证指出：

---

① 郝懿行《尔雅郭注义疏》卷中之二，清同治五年（1866）郝氏家刻本。

《左传》无以"摽"训"弃"者……抛弃字古则作"抱"。钱氏大昕云，《史记·三代世表》"抱之山中"，"抱"音普茅切，"抛"盖"抱"之讹，从尤从力，于义无取。其说是也。今考，古亦通作"剽"。《后汉·贾复传》"复与邓禹并剽甲兵，敦儒术"可证……亦有以"摽"训"弃"者，《韩诗外传》卷二云"怠慢摽弃"是也……但大徐不能引据。若其引《诗》"摽，落"以证"摽，弃"，于义亦远。钮氏又据《公羊庄十三年传》"曹子摽剑而去之"，《孟子》"摽使者出诸大门之外"，以证"抛弃"。不思两文"摽"训"麾"，义犹隔也。(406)

郑氏考语中，指出了大徐认为《左传》"抛"通用"摽"之误，而援用并赞同钱大昕"抛"为"抱"之讹的观点；在此基础上，郑氏进一步考证指出传世古籍中"抛"亦通作"剽"，"摽"亦有训"弃"的情况，补苴了"抱""抛""剽""摽"等诸字的字际关系和字词关系，《集韵》平声肴韵披交切："抛，弃也。或作摽。"可证郑氏所考可信。同时，针对钮树玉认为《公羊庄十三年传》"曹子摽剑而去之"和《孟子》"摽使者出诸大门之外"两句中的"摽"为"抛弃"义的观点，郑氏指出这两例"摽"当训为"麾"，驳正了钮氏之谬。"麾"本义是用作指挥的旌旗，引申为指挥之义，《玉篇·麻部》："麾，指麾也。"《公羊》《孟子》两句中的"摽"即用作"指挥"义，如《孟子》"摽使者出诸大门之外"，赵岐注云："摽，麾也。"[①] 可证郑说不误。钮氏《新附考》出郑氏

---

① 赵岐注《孟子》卷十，《四部丛刊》景宋大字本。

书之前，但其书"多纰缪"，因为郑珍身前并未见钮氏书，因此郑氏《新附考》对钮书的指正均出现在郑知同所作的补考中，知同对钮说虽颇多商兑，但亦有不少援引赞同钮说支持，例如《新附考》"鞁"字认为"今审钮说为当"（254）、"翎"字认为"今审钮说可信"（259），反映了郑氏考证新附字的精审。

此外，据史光辉、姚权贵考察发现："《逸字》《新附考》二书中引段玉裁说共 82 次，其中 35 例是直引其说来印证自己的观点，有 11 例对段说作了申发，有 36 例则对段说之误作了修正，体现了郑珍对段玉裁《说文》学成果的继承发展。"①

郑珍父子的《说文》学研究，带有明显的"皖派"风格，善于在具体的考辨中抽丝剥茧，通过对前人成果的"指瑕"来陈述自己的考释论断，从而推出自己考释文字的方法与思想。比如对《说文》逸字、新附字的稽考，郑氏首先注重揭示《说文》内部义例，通过字头、叙例和释字规律等进行互勘，通过"内部求证"找出《说文》的原貌，以及在传衍中出现的讹误；其次通过对古籍用例的深入考证，以及后世典籍转引《说文》的资料，来综合评判逸字和新附字，通过"外部求证"来提高考释结果的可信度。从中可以看出郑氏对《说文》义例、版本非常熟悉，同时具有非常深厚的文献功底，对古籍文献的征引使用具有非常开阔的视野，这正是郑氏《逸字》《新附考》能够后出转精的原因。据笔者统计，《逸字》一书所征引古籍文献就有四十八种之多，远超同类著作所引，且时代

---

① 史光辉、姚权贵《郑珍对段玉裁〈说文〉学成果的继承和发展——以逸字和新附字为中心》，《人大复印资料·语言文字学》2017 年第 11 期，第 99 页。

由汉至宋，十分广博。

总之，郑氏对《说文》逸字、新附字的钻研，填补了贵州朴学在这两个《说文》学领域的空白，为推动道咸学术复兴乾嘉《说文》学，提供了可贵的学术实践和思想积累。据丁福保先生（1874—1952）《说文解字诂林》一书统计，有清一代治《说文》者有二百零三位，其中最为有名的就有五十家，今有可考的著作达四百一十二种①。而丁先生《诂林》一书所常征引的《说文》学著作中，郑氏《逸字》《新附考》皆常见者，足见郑氏其书的学术价值。因此，放眼整个清代《说文》学，郑氏对《说文》逸字、新附字的研究不仅是贵州学者在这方面的代表成果，而且具有当时和后世学界普遍认可的地位和影响。

## 二、"六书"理论

"六书"是《说文》《汉书》等提出的汉字六种造字法，即象形、指事、会意、形声、转注、假借，现代学者认为前四种为造字法，后两种为用字法。"六书"学是《说文》学、汉字学研究的重要内容，宋元以后甚至一度被看作研究《说文》的唯一路径。乾嘉时，研究《说文》者对"六书"议论颇多，而晚清贵州学者在这方面有大量补苴和创新。

据民国《贵州通志》著录，早在乾嘉时，贵州遵义学者李凤翩（1726—1807）就著有《六书启蒙》一书，惜未传世。至晚

---

① 李爱国《钱大昕小学研究》，世界图书出版公司，2014年，第33页。

清，贵州有不少学者关注"六书"，其中以郑珍、郑知同的著述为代表，他们在《新附考》《逸字》《转注本义》《说文正异》《说文述许》《说文商议》《转注考》《说文浅说》（又名《六书浅说》）等著作中均论及"六书"。例如关于"指事"，郑珍《逸字》"屮"条考云："屮，从反屮。此为屮之反形部首。𣎵字注云：'从屮屮相背。'通考本书，屮从止屮、步从止屮相背、行从彳亍、臼姓从爪爪、𢍏从邑邑、卩从𠃌卩之类，皆合反正两文会意，与門𨳌等象形不同。而屮亍等皆见各部。则𣎵从屮屮，绝不得阙'屮'字，但其意不可知矣。"① 认为"屮"从反"屮"，与"屮"从反"止"，"臼"从反"爪"，"𢍏"从反"邑"等都是最简单的指事，而非俗造；并由此考证了由正反两个字形构成的会意字，如屮、步、行、𢍏等；同时还注意到这类会意字，与門、𨳌等象形字的不同。

而郑氏父子对"六书"的研究，尤其以"转注"学说最为学界称道，在六书中，古今学者对转注的研究疑难最大、争议最多，郑氏父子所著《转注本义》《转注考》《说文浅说·转注》就是为厘清悬疑、分辨众论的转注研究专著。郑氏在转注学说中，明确指出转注的核心是"因明义类加注义符"，而形声的核心是"取义符以配声符"，二者有着根本的区别。基于这一认识，郑氏对《说文》以降的大量汉字进行了分析，并认为一些常见的汉字如昆仑（崑崙）、芙蓉、蟋蟀、螳螂等，在字形结构上看起来都是形声，但它

---

① 参看樊俊利《郑珍〈说文逸字〉研究》，河北师范大学硕士学位论文，2005年，第29页；又见邓珍《郑珍文字学之研究》，华中科技大学博士学位论文，2020年，第38页。

们的造字方法实际是"因明义类加注义符"的转注。例如"芙蓉"本作"夫容",为明花草之义类,而加注义符"艹"。郑氏的这一分析,与《说文》对转注的定义"建类一首,同意相受"是非常切合的。

郑氏转注学说给"六书"理论研究带来很多启发,首先要弄清"六书"中每种造字法的内涵、性质、功能和理据,必须要立足于这种造字法与另外几书的本质差异,并且在汉字考释过程中,能用该造字法对相应的字形结构进行合理的分析和解释,才能真正弄清该造字法的特点和造字路径。在转注研究史上,郑氏父子的转注学说至今仍有影响,晚清吴县学者蒋黼(1866—1911)曾作《郑子尹转注说附记》①,评论郑氏转注学说。今人孙雍长《转注论》一书肯定性评价了郑氏父子对转注的思考和论述;钟如雄《汉字转注系统研究》比较论证了郑氏父子与清儒转注理论的异同;史光辉等《郑珍小学研究》有专节讨论"郑氏父子的转注学说",可以参看。

郑氏对其他几书亦有考究,郑知同在所著《古籀答问》后附有《象形注例解》二卷,是专门解释象形字例的,属于研究"六书"之象形的专著,惜亡佚不存。

郑氏之后,同为晚清朴学家的郑珍外孙赵怡撰有《转注新考》,该书"自序"云:"尝思六书之名,皆两两相对,指事与象形为对,谐声与会意为对,转注与假借为对,徐楚金所谓六书三偶者也。假借系叠字为名,'假'与'借'实归一义,则知转注亦叠字为体,

---

① 见梅镇涵编次《说文解字部首增释》书前所附,民国十三年(1924)北京公记印书局石印本。

'转'与'注'同居一义也……今以义比之，转注之云犹传注也，古者'转'与'传'互相通用，盖两字皆从'专'声，音读既同，而义亦不隔，故'传'可为'转'，而'转'亦可'传'耳!"① 赵氏所论"转注"为"传注"者，与郑氏所论转注基本相同，赵氏此书民国《贵州通志·人物志》著录为《郑征君转注考》，可见其"新考"实际是对郑氏转注学说进一步阐述。

赵怡另著有《文字述闻》一书，先总论许慎《说文》所提"六书"，然后分别从形体、训义、声读、碑隶等角度加以阐发，也是以"六书"为研究内容的专著。该书系赵怡堂弟赵恺节抄，仅存残稿一册，今藏贵州省图书馆。

此外尚有宦懋庸所著《六书略平议》八卷，民国《贵州通志》著录，今存稿本十卷，名《钞郑樵通志六书略平议》，见于国家图书馆，未刊。宋代郑樵所著《六书略》是许慎之后第一个专用"六书"研究汉字的著作，但受汉字材料的影响，其杂乱、臆断不少，对后世治《说文》学、六书者影响不小。宦氏《平议》一书则是对郑樵《六书略》的率先质疑，该书按照逐字例说的方式，摘取《六书略》之未当，并加以论辩、申述和考证，既不贬斥郑说，又给予客观评价；而该书中，宦氏通过其广博的文字功底，以严谨扎实的考证方法阐述了自己对"六书"的见解，于言简意赅之中匡误正谬，是清儒研究"六书"创见尤多的学者。例如他认为："六书之有转注，假借，尽属增益而言，惟会意、谐声以通其变，指事、象形以开其先。"阐述了"六书"之间的逻辑关系。在晚清贵州学者

---

① 转引自谭德兴《贵州历代著述考：经部》，贵州大学出版社，2015年，第177—178页。

的"六书"研究中,以宦氏《平议》一书最具系统性、理论性。

此外,据民国《大定县志》载,还有大方学者吴文昭撰有《六书要义》二卷,是讨论"六书"的专著,惜已佚。今存则另有杨寿篯著《六书要义》一卷,只有稿本一册,见藏贵州省博物馆,未刊行①。该书是阐述汉字"六书"造字法的专著,作者认为指事、象形、形声、会意为"造字之法";转注为训解字意,补助四书造字之不足;假借与造字无关。贵阳学者黄国瑾著有《段氏说文假借释例》二卷,专论"六书"之假借,并对段玉裁注《说文》所涉假借之例进行了考辨,民国《贵州通志》著录该书,惜已亡佚。

## 三、发凡《说文》体例

自汉魏以降,对《说文》体例的研究代不乏人,前代清儒如有"《说文》四大家"之称的段玉裁、桂馥、王筠、朱骏声无不对《说文》义例有深入研究。《说文》体例研究包括叙例、通论、部首、分部、列文、语例、字例、引经、说解、术语等诸多方面,可供研讨的问题很多,即便乾嘉诸儒也未尽完备。晚清贵州学者对《说文》体例的研究有大量著述,对发凡《说文》体例具有重要的参考价值。

对《说文》体例的研究首推郑珍,他在《逸字》《新附考》《汗简笺正》等文字学著述中对《说文》在收字、引书、注解、避讳等方面的体例都有大量阐发,例如《新附考·人部》"偵"字条:

---

① 周鼎主编《贵州古旧文献提要目录》(贵州历史文献研究会,1996年,第7页)著录杨氏此书,可以参看。

侦，问也。从人，贞声。丑郑切。

按，"侦"有侦伺、侦问两义。侦伺字古作"覸"。《说文》"覸，私出头视也，读若郴"是也。别作"偡"。《鹖冠子·王铁篇》"偡谍足以相止"，陆佃注"偡，探遄也"是也。"偡"系周末时异文，许君不录。"遄"亦"侦"之俗。侦问字古止作"贞"。《说文》："贞，卜问也。"《周礼·天府》"贞来岁之媺恶"，注云："问事之正曰贞。"郑司农云："贞，问也。《易·师》'贞，丈人吉，问于丈人。'《国语》曰'贞于阳卜'。"是也。据《礼·坊记》引《易》曰"恒其德侦"，注："侦，问也，问正为侦。"《易》本作"贞"，知汉世加人。"覸""郴""偡""侦"四体，偏旁韵部并各异；而为一字者，古音读有正有变，有随方音造字之不同。(321)

稽考了新附字"侦"在先秦典籍中的几个异体覸、偡、遄、郴等，其中"偡"为周末时异文，《说文》按其收字体例不予收录，通过阐发《说文》收字的原则，来说明很多古文异体并非许慎未见或不收，而是按体例不收而已。郑氏父子对《说文》体例的阐述颇多，此不赘举。

其他学者的研究，如雷廷珍著有《文字旁通卷末》，今存抄本，对《说文解字·叙》作了补笺，对于解读《说文》叙例和许慎原意具有启发意义。郑知同《说文本经答问》一书较为创新，用一问一答形式解答《说文》义例之概略，对《说文》体例的一些关键问题有所论及，如：许君以古文为主，是依据何等书，有确证乎？民国初许庄叔著《黔雅》，利用《说文》体例，对部分文字进行了考释。

贵州铜仁学者梅镇涵编次有《说文解字部首》三卷，是其任燕京大学教授时的《说文》初级讲义，是书参考贵州学者焱之饶《说文部首》一书，对《说文》的体例、内容多有阐发。梅氏还编次有《说文解字部首增释》，系《说文解字部首》重刻增订本。此外，宦懋庸著有《说文疑证篇》二卷，赵恺著有《读说文解字》等，都涉及对《说文》体例的阐发、证疑。

而贵州朴学家中，专论《说文》体例，且成就最高的，当属程棫林《说文通例》。在写成《说文通例》前，程氏曾撰《说文次第》《说文类考》，皆为研究《说文》体例的专书，足见程氏在这方面的深耕。《说文通例》一书力在荟萃众家之说而发凡《说文》体例，并加以评述，全书分为通论、分部、列文、语例、字例、引经、一曰、读若、同意、阙、上讳共十类，一一论列《说文》体例，其中"通论"是对《说文》体例的总述。贵州近代学者李独清曾评价程氏《说文通例》："是书摘录各家著述，略为折中，大概以二徐本为据，宗段氏注，旁采桂未谷、严铁桥、王箓友诸家之说，清代经师通小学者，其有精语，一并摘入。全书九卷，分为十类，最便初学。"① 程氏于汇集各家著述，以条例呈现之，复又补充己说，并评析诸家研治《说文》体例之得失，所参考以段玉裁、桂馥、严可均、王筠诸家为主，故为晚清研究《说文》体例的又一力作，颇具影响力。

---

① 原文见李独清《李独清文史论文选》，贵州大学出版社，2014年，第26页。此据袁艳秋、孙家愉《程棫林〈说文通例〉稿本考》，《贵州文史丛刊》2022年第3期，第125页转引。

## 四、《说文》版本与文本

《说文》的版本流传演变及其文本的形成，是《说文》学研究的一大难点，但却是其他几个方面的基础前提。如段玉裁的弟子沈涛就有《说文古本考》，从版本、逸文等多个方面考索《说文》真本。贵州学者在这方面也出了一些成果，首先是郑珍对《说文》原本的追溯，他在《逸字》《新附考》等书中，通过对文字形音义及其源流的考释，发现了唐宋以来《说文》版本流传的一些踪迹，从而在较大程度上厘清了许慎《说文》旧貌。例如《说文逸字》"羋"字条考云：

> 《六书故》卷二十八"豐"下称唐本曰："从豆从山，羋声。"蜀本曰："半声，山取其高大。"此晁氏所见唐本，当是许君原文……小徐《祛妄篇》"豐"下载阳冰说，云山中之半乃豐声，此蜀本所自出。(64)

通过综合比较戴侗《六书故》和徐锴《说文系传》，以及《系传》所引李阳冰原文，分析了"唐本"《说文》及之后流传晁本、蜀本、小徐本等各版本之间的异同。

而贵州学者对《说文》版本的研究成果，成就最高、影响最大的当属莫友芝《唐写本说文解字木部笺异》。在《说文》版本流传史上，"唐本"非常关键，但今天所说的"唐本"，其实只是后世学者通过唐人著述、唐代典籍援引《说文》所看到早期《说文》的部分原貌和文本；而所谓“今本”，是由“宋本”《说文》发展演变而来，“宋本”《说文》则以徐铉、徐锴校订、新附、系传本为主。之所以分辨得如此清楚，是因为后世学者在研究《说文》版本时，发现“唐本”与宋本、今本有很多的差异。而时代更早的“唐本”在更大程度上接近于许慎原书，因此成为追溯古本《说文》的关键。今天能看到最早的“唐本”《说文》有两种，即世所谓“唐写本”：一是口部残卷，仅存十二字，藏于日本；二是木部残卷六纸，存木部一百八十八字。莫友芝在该书“引序”中说：“同治改元初夏，舍弟祥芝自祁门来安庆，言黟县宰张廉臣有唐人写《说文解字·木部》之半。”① 同治初年，莫氏正在安庆曾国藩幕府为客卿，后得张廉臣馈赠此残卷。据残卷中“栝”“櫛”“枊”“桓”等字的避讳情况，莫氏判断此本当出中唐穆宗之后；且残卷后有“右唐人书篆法说文六卷，臣米友仁鉴定恭跋”字样，则此残帙当为“唐写本”无疑。莫友芝以敏锐的眼光察觉到“唐写本”与“二徐本”、今本之间的差异，所谓“笺异”即笺释这几个版本之间的文本、文字差异。例如“櫎”字条：

> 櫎，“几”（《玉篇》作“支”），“帷也，屏风属”，帷，帷误。《文选·吴都赋》注引作：“帷，屏属。”《玉篇》“也”作“櫎”；二徐无“也”，“风”下多“之”；小徐“属”下多“是也”。按：此解二徐脱衍，当依唐本及《玉篇》参正。②

---

① 莫友芝《唐写本说文解字木部笺异》，《续修四库全书》第 227 册，上海古籍出版社，1995 年，第 237 页。

② 同上，第 241 页。

可见诸版本间的细微差异是很多的，而《笺异》其实就是诸版本之间的互勘互笺，有取"唐写本"之原貌者，也有取"二徐本"之正确者，例如"祝"条末云："'祝省'当依二徐作'祝省声'。"笺释的内容则包含音切、收字、排序、释义、引文等诸多方面。

正因为"唐写本"残卷的版本价值极高，莫氏此书多"发前人所未发"，并在学界引起很大反响，曾国藩为书《题辞》，不少当时名儒如刘毓崧、张文虎、方宗诚等为之跋。今人研究《说文》版本尤其是比较"唐本""二徐本"时，仍多以莫氏此书为重要参据。

## 第三节　金　石　篆　刻

清儒对金石篆刻的整理研究也取得了很高的成就，原因在于清人能以深厚的文字学功底解读考证各类金石、篆刻及其文字。贵州学者对金石篆刻有关注的学者不在少数，例如郑珍《汗简笺正》《说隶》等书在考证古文及其传抄演变时，就用到很多金石篆刻文献资料。但专门搜集、整理金石篆刻的学者，主要有莫友芝、郑知同、陈矩、黎尹璁、莫绳孙、凌惕安、姚华等。

贵州学者对金石篆刻的研究，成就最高的当属莫友芝，他本身专注金石版本目录之学，在游幕期间，更是访寻观摩到大量金石、墨迹、碑刻等，作了大量札考，不仅宏阔了视野，其篆隶书法也随之大进。他在金石、篆刻等文字、文献资料的搜集、整理、鉴定方面，都颇为时贤称道。莫友芝在金石篆刻方面的代表作主要有《郘亭印存》《古刻抄》《梁石记》《考订金石》等，其中《梁石记》是他晚年客居江宁时，汇辑梁代碑刻所作，可谓石碑文字之专著，惜未传世。今能见者只有莫氏篆刻《邵亭印存》传世。据《贵州省博物馆藏珍稀古籍汇刊》第3册著录，该书为吴载和所辑莫氏篆刻印，吴氏在书后"题识"中说："独山莫邵亭征君为姑丈伯恒先生王父，博学多文（闻），兼工篆隶，余事尤善治印，其所用印章皆出自自制，都二十余方。"① 《邵亭印存》有多个版本，大多谓"二十八印"，而贵博所藏本实为"三十一印"，且"正叶钤印，每叶一印，朱泥原钤"。印中文字有"莫友芝印""莫氏子偲""邵亭眲叟""紫泉莫氏图书""影山艹堂"等。

受莫氏家族金石目录学影响，莫友芝次子莫绳孙亦精金石篆刻，并辑有《金石文字集拓》，为清代金石篆刻研究中的"图录"一类，在当时学界颇有影响。另有莫祥芝第三子莫棠对金石、古钱币等亦非常关注，所著《铜井文房砖录》一书即著录其所藏古砖，都计一百二块，出自不同的时代，是研究古砖及其文字的重要资料，书中还有莫棠对这些古砖及其文字的溯源、考异，体现了莫棠在金石研究方面的成就。

此外，姚华、凌惕安对金石篆刻的研究则以收藏为主，姚氏著有《金石系》《金石题咏》等。而在金石理论方面卓有成就的是陈矩，他对金石篆刻的钻研很深，并且推崇莫氏金石之学，通过深入研究提出金石考古家，应具备五个方面的基本功：一曰通六书之变假，二曰校经籍之异同，三曰知舆地之沿革，四曰补史传之阙误，五曰识制文之体创②。这是陈氏从学术实践中总结出的研治金石的

---

① 王红光、朱良津《贵州省博物馆藏珍稀古籍汇刊》（第3册），广西师范大学出版社，2015年，第175页。
② 庞思纯《晚清贵州6 000举人》，贵州人民出版社，2006年，第150页。

方法。陈矩在游宦中，以搜罗奇石为雅好，曾将所收金石编排成《天全石谱》《天全石录》等。在担任黎庶昌的随员时，他留心搜集日本金石遗文四千余种，并汇编成《日本金石书》，具有重要的金石史料价值。他还著有《石鼓文全笺》《兔氏为钟图说补义》《商周鼎钟两种》等金石学专著，《红崖古刻石书后》等金石学论文，晚年更是主笔纂成《贵州通志·金石志稿》。

## 第四节 版本目录学

晚清贵州朴学家治版本目录者众，几乎人人都有这方面的著述传世。举其重要者，主要有以下两端：

### 一、个人藏书目录

这一类是贵州朴学家对自己所藏有或撰著书目的解题目录，一是便于治学时索取利用，二是为了后世保存传承。这方面的代表人物首推莫友芝及其家族学者。道咸间，独山莫氏家族即以藏书闻名，游历江南时，莫友芝更是广搜博征，遍访各大藏家、书斋，得各种异书、秘籍无数，加上莫氏本身具备版本目录学的深厚功底，这是他能跻身晚清著名目录学家行列的根本原因。莫氏家族在藏书界的声名，首先在于莫氏藏书楼"影山草堂"的藏书非常丰富。莫友芝曾编有一本《邵亭行箧书目》，所收为莫氏随行书箱中的珍善本，后来在此本基础上，莫友芝与其子莫绳孙编著成了《影山草堂书目》，为莫氏私家藏书之总目，但这两本书皆未刊行传世。据刘汉忠考证:"《书目》中莫氏书籍 208 种……总计现在所掌握的莫氏藏书是 302 种。"① 说明《影山草堂书目》所著录的只是莫氏藏书的一部分。受莫氏家学影响,莫友芝次子莫绳孙承继"影山草堂"藏书传统,辑录《独山莫氏遗书》六十六卷,是对莫氏家族著述的编目解题。可惜莫友芝去世后,莫氏藏书分散四处,见藏于各地图书馆和私家收藏,甚至流落海外。

此外,莫棠流寓苏州时,曾编录有《铜井文房书目后编》,"铜井文房"是莫棠在苏州寓居时的藏书斋,因莫氏住处在苏州光福镇的铜井山而得名。晚清流传古旧书籍中有钤"独山莫氏铜井文房藏书印"者,不少学者误以为"莫友芝旧藏",实为张冠李戴。不过莫棠《铜井文房书目后编》② 也是为自己私藏古籍所作的书目解题,与《影山草堂书目》性质相同,该书辑录精善版本共计三百五十七种,比"影山草堂"更多。

除莫氏家族外,个人藏书较多的是郑珍父子,郑珍撰有《巢经巢藏书目》(郑知同钞本)一书,著录郑氏所藏。据《贵州省博物馆藏珍稀古籍汇刊》第 2 册著录,郑氏《巢经巢藏书目》为其家藏书目总目,分为三部分:第一部分题"巢经巢黑漆木箱内所藏书",钤"凌惕安印",共二十四条,为郑氏所藏书画、碑帖等简目,部分条目旁有补录标注;第二部分题"先府君手迹",为郑知同收存父亲手稿简目,分为大小两个红皮箱,大箱按堆计数,如"第三堆"录《随笔杂

---

① 刘汉忠《莫友芝影山草堂藏书考证——兼与杨祖恺同志商榷》,《贵州文史丛刊》1990 年第 1 期,第 56 页。

② 据莫棠《铜井文房书目后编》书名"后编"者,则莫氏当另有《铜井文房书目》或"前编",但皆未见传,莫氏另有《铜井文房书跋》一书,可能即为"后编"之"前编"。

记》等四十五条；小箱则题"并先府君宝藏，不可示人，书以自警"，为郑珍手迹及其所藏书画简目，部分条目旁有补录标注；第三部分题"巢经巢书目"，为郑氏收藏古籍简目，按"字号"分类，如"毛字号"录《史通》等三十五条①。从全书内容看，郑氏著录书目较简，大多只有书名，连作者、卷次都没有，部分录有册、函，个别条目有小字旁注，透露该藏书流通、校勘情况。

## 二、古籍版本目录

这一类为贵州朴学家对传世古籍文献或所经眼、私藏古籍书目所作的提要、目录、校勘和考订，力在通过考源流、辨异文、去讹伪等方式保存和传承古籍，属于传统版本目录学的内容和范围。如黎庶昌《古逸丛书叙目》一卷，是他为其所纂辑《古逸丛书》所作的总目。贵州学者如郑珍、傅寿彤、黄彭年、黎庶昌、陈矩、凌惕安等在这方面都有不少成果，但成就最高、影响最大的是莫友芝及其家族的版本目录学成果和研究。

在版本目录学方面，莫友芝自己就著有《郘亭书画经眼录》《资治通鉴索隐》《持静斋藏书纪要》《宋元旧本书经眼录》《旧本未见书经眼录》《郘亭知见传本书目》等。莫绳孙辑刊莫友芝版本目录学数种，自著则有《文渊楼藏书目录》（油印本）；莫棠则著有《铜井文房书跋》、编有《文渊楼藏书目录》抄本一册，皆此类

---

① 以上参看王红光、朱良津《贵州省博物馆藏珍稀古籍汇刊》（第2册），广西师范大学出版社，2015年，第234页。

著述。

我们在第四章介绍过莫友芝的《郘亭知见传本书目》，这里我们简略谈谈他其他几部著述的内容。其中《宋元旧本书经眼录》三卷、附录二卷，是莫友芝同治年间对知见一百三十种古籍所作的书目解题，多为宋元以来刻本、钞本，书中间有莫氏考订，部分书目录有序、跋及藏印等。莫绳孙曾为该书作"题识"，记之甚详，晚清学者谭献曾评价莫友芝及此书："黔中夙学，不事虚锋，目录之学，言言征实，金石跋语，亦精密。"① 而《持静斋藏书纪要》是莫友芝应好友丁日昌（1823—1882）之请，为其整理"持静斋"藏书所作的解题目录，著录皆丁氏所藏宋元明版本精善者，丁氏亦晚清著名藏书家，曾与莫友芝同为曾国藩幕僚，交往甚笃。丁氏藏书颇丰，自编有《持静斋书目》五卷，后来丁氏藏书散落，而有赖莫氏为之作《持静斋藏书纪要》得知其藏书原貌，莫氏还撰有《持静斋藏书记》，对丁氏藏书及其往来过程记录详细，因此《纪要》一书一直为藏书界、版本目录学界所看重。

而更为重要的是，莫氏通过访搜古籍、收藏善本、著录版本等学术活动，结交了当时学界很多知名学者和藏书家，不仅扩大了交游，也开阔了眼界，更使以莫氏为代表的晚清贵州版本目录学研究为学界所瞩目，可以说版本目录学是晚清贵州朴学中最具学界声名和影响的成果和成就之一。莫氏版本目录学著述历来受到文献、校勘、文史、版本、目录学者的关注，代有研究，对莫氏著作之成书过程、版本流传、体例内容、学界评述等论之甚详，这里就不再一

————————
① 谭献《复堂日记》，河北教育出版社，2001 年，第 122 页。

一赘述了。

此外，还有黎庶昌《古逸丛书叙目》一卷，是他为其所纂辑《古逸丛书》二百卷所作的总目，可用于索引《古逸丛书》。

## 第五节　文献校勘刊刻

古籍文献的校勘、刊刻也是朴学的内容之一，晚清贵州学者也做过大量校刻古籍的工作，代表学者有莫友芝、莫祥芝、黎庶昌、郑知同、陈矩、宦懋庸、胡长新、严寅亮、杨恩元、凌惕安等，而校刻的范围包含四书五经、史志经籍，非常广泛，其中以校刻《诗》《易》《春秋》《孟子》《中庸》等传世古籍及其注疏文献为主。

晚清贵州朴学家在古籍校刻方面成就最高的是莫友芝。同治年间，莫友芝校定了《毛诗要义》二十卷，此本后由莫祥芝整理，光绪八年（1882）刊刻。宋魏了翁的《毛诗要义》为北宋理宗时《九经要义》之一，世间不多见，仅少数藏书家、目录学家在古籍编目时有所记录，《四库全书》虽有收录，然不完善。莫友芝游历上海时，寻见宋本《毛诗》、《仪礼》、《礼记》三要义，遂欲逐一勘定，但最终只完成《毛诗要义》一书的初校，后来友芝弟莫祥芝得宋本《毛诗》，遂与友芝所藏旧抄本相较，并揆诸相关古籍文献，始得《毛诗要义》全貌。随后，莫友芝客居金陵，专门从事古籍整理校刻数年之久，曾在金陵数据校勘《续资治通鉴》二百二十卷，后又应丁日昌聘请任苏州书局总校，主持了《资治通鉴》二百九十四卷的刻印。同治十年（1871），莫友芝校勘完《隋书》，欲赴扬州交维扬书局刊刻，途中又前往下河一带访《四库全书》残本，即使感染风寒，仍于病中校对《隋书》，直至病卒舟中，足见莫氏对古籍整理、校刻事业之热爱。

此外，莫友芝校刻古籍尤其对宋儒著述特别重视，例如他还重刊了《中庸集解》，书中除对宋以来《中庸》文献的辑佚外，还作了大量考订辨正，最终刊刻出一个精善本。受莫友芝影响，莫氏家族如莫祥芝、莫棠、莫绳孙等皆有古籍刊刻作品传世。

另一位在古籍校刻方面成果较多的是陈矩，他访日时在古寺中获得郑玄注疏《毛诗郑笺残本》三卷（卷四—卷六），此本为郑氏原书北宋钞本之残帙，但却极少流传，非常珍贵。陈矩遂用传世阮元本校之，其间对逸字、异字皆加以圈点，该书于民国二年（1913）四川成都存古书局影刻。陈矩另有《孟子外书补注》四卷，亦校勘之作，《孟子》原书十一篇，世传有四篇外逸，故称"外书"，陈矩采宋注本校之，对外四篇加以校释，中间不乏自己对版本、文本源流的按断，校勘精审，得补《孟子》传世之缺。光绪十七年（1891），陈矩赴云南上任，刊刻该书，即今所见云南刻本。此外，陈氏勘定《孟子外书补注》时，又偶见朱彝尊所著《孟子弟子考》，阅之以为过于简略，遂搜揆古籍文献，加以校订补正，其间以按语详加考辨，终得《孟子弟子考补正》，该书有光绪二十四年（1898）灵峰草堂丛书本。

此外，同治光绪间，郑知同曾节抄校录清洪震煊的《夏小正疏义》，因为"此书各家行本，文之多少，字之异同，不一而足"，郑知同则"总为校勘记附后"，所记之文"不具抄录，取其要者，随文标上方"，节抄本虽非精善，但其校勘体例值得参考。黎庶昌留意古籍整理刊刻，曾汇辑《黎氏家集》四十卷、《续古文辞类纂》二十八卷，其中不乏校勘评点。黎氏另有校勘方面的专著《宋本广韵校札》和《春秋左传杜注校勘记》一卷等。还有胡长新校刊《三忠合编》等，亦为古籍校释、刊刻方面的成果。

晚清贵州学者的古籍校勘、刊刻活动及其优良传统，对后来贵州的古籍整理工作影响深远，民国时随着贵阳文通书局等古籍出版机构的兴起，由贵州学者校理刊刻或在贵州刊印的古籍文献越来越多，不少朴学方面的珍本古籍得以重刊问世，并成精善本。例如民国时贵阳文通书局油印了历史学家萧一山（1902—1978）编印"经世社丛书"，内收高亨《周易古经今注》二卷，历史学家贺昌群（1903—1973）为之"序"云："《周易古经今注》废十翼之旧说，去汉儒之象数，删魏晋之玄言，摈宋人之图说，呈乾嘉之朴学，以谨严之态度，缜密之方法，由声音训诂，而直探《周易》之本源，可谓古今《周易》学之大革命矣。"① 类似的古籍，在当时的贵州学界和出版界，校刻、刊印了不少，反映了贵州在重要古籍刊刻方面所作的贡献。

## 第六节　文　字　学

文学学是晚清贵州朴学研究的核心内容之一，而且成果丰富，不少成果颇具影响力。文字学，是中国传统语言文字学的重要分支，它以汉字的形音义、性质、使用、源流、演变、字际关系、规范与

---

① 参看周鼎《贵州古旧文献提要目录》，贵州历史文献研究会，1996年，第1页。

改革等为具体研究内容。我国文字学史源远流长，近代著名文字学家胡朴安（1878—1947）在《中国文字学史》中将文字学史分为四个时期①："第一时期为文字书时期，自秦汉至于隋止；第二时期为文字学前期，自唐至于明止；第三时期为文字学后期，有清一代；第四时期为古文字学时期，自清末至现在。"② 这种划分主要还是偏重古文字研究而言的，黄德宽先生《古文字学》在回顾古文字的研究时，将古文字学史分为滥觞期（两汉）、延续期（魏晋到元明）、发展期（清代）、振兴期（甲骨文发现以来）③，与《中国文字学史》的划分大体一致。而随着对汉字发展演变的认识越来越清晰，以及近代汉字字料的大量开掘，新兴的"近代汉字研究"被提出，并逐渐受到重视和关注，张涌泉先生在谈到建立完整的汉语文字学体系时指出："如果更概括一些，汉语文字学大体可以分为两个大的方面：1. 古文字学，研究小篆及其以前的古文字；2. 近代文字学，研究隶篆以下的近代文字。"④ 指出了近代汉字学与古文字学的区别与联系。

在汉字发展史上，可以说历代都有杰出的文字学家和文字学著述问世，而且不同的时期和个人，其关注对象和内容都有不同的特色。贵州学者对文字学的研究一是涉及领域比较广泛，二是代表学者、代表著述比较多。我们简要介绍以下四个方面。

---

① 陈蒲清《论〈说文解字〉的文字学成就——兼评对〈说文解字〉文字学成就的否定》，《船山学刊》2000年第4期，第61页。
② 胡朴安《中国文字学史》（上册），王云五、傅纬平主编"中国文化史丛书"第一辑，上海商务印书馆，1936年，第14页。
③ 黄德宽《古文字学》，上海古籍出版社，2015年，第6—17页。
④ 张涌泉《汉语俗字研究（增订本）》，商务印书馆，2016年，第192—193页。

## 一、古文字研究

古文字研究是乾嘉学术的重要内容之一，尤其是在"金文材料的著录整理和文字考释两个方面"①，不仅涌现出大批古文字学家，并且推出了大量影响巨大的著作，由此而在清代学术史中形成了以古文字研究为中心的分支领域。李爱国将清代金石之学分为三个阶段：雍正以前为前期；乾隆、嘉庆、道光为中期；道光以后为后期②。前期代表学者主要有顾炎武、黄宗羲、朱彝尊等，他们侧重于金石文字研究；中期代表学者主要有钱大昕、毕沅、阮元等，他们进一步加强对金石文字资料的搜集整理，同时拓展古文字的研究内容与范围；后期代表学者主要有潘祖荫、莫友芝、吴大澂、孙诒让等，他们则精专于古文字的深入考辨，不仅形成了系统的考释古文字的方法，并且建立起古文字研究的学术话语体系，将古文字研究推向新的学术进程。

晚清贵州朴学家恰好处于清代古文字学的中、后期，其中如莫友芝等学者本身在金石文字方面就颇有声名，其他研治古文字且有代表著述的还有郑珍、郑知同、宦懋庸、赵怡、赵恺、雷廷珍、程械林、黎景煊、梅镇涵、杨寿篯等，他们不但整理了大量古文字资料、文献，对古文字的考校既包含《说文》《汗简》等专书，在考字过程中又旁及十三经、《方言》《释名》《尔雅》，以

① 黄德宽《古文字学》，上海古籍出版社，2015 年，第 12 页。
② 李爱国《钱大昕小学研究》，世界图书出版公司，2014 年，第 35 页。

及历史典籍中所见古文，研究范围可以说非常广泛；与前期、中期的古文字学者仅仅列举古文纲目、简单探究古文义例不同，贵州学者有不少人利用自己所拥有的古文材料，考释古文形音义之源流，厘析古文传抄演变之原因和规律，因此古文字研究的思想和方法更为精深。

晚清贵州朴学家古文字方面成就最高、影响最大的当数郑珍、郑知同父子。郑氏父子对古文字的研究，首先是对《说文》《汗简》及其古文作了很多的疏证考辨工作。这里我们重点谈谈郑珍的古文字学专著《汗简笺正》。

《汗简》一书，在中国文字学史上具有特殊的地位和价值。首先，《汗简》所收古文的来源，学界就一直存在争论。《汗简》搜录古文范围不限于《说文》所载古文、篆籀，还包括《说文》中的别体，以及部分晚出的古文俗体。李零先生认为："《汗简》和《古文四声韵》就是以《说文解字》和《魏正始石经》作基础，进一步扩大搜集当时存世的其他一些字书、写本和石刻，汇辑其中的古文字体编写而成。"① 但李学勤先生则认为："过去王国维先生指出《说文》'古文'系六国文字，现在我们不妨说《汗简》'古文'确以六国文字为其本源。"② 也就是说汉代人古文眼里的"古文"指的就是战国时期六国文字，是小篆以前的文字，而《汗简》所说的"古文"也是源出六国文字的，这与出土古文字材料反映的实际情况是大致相符的。李学勤先生还认为："《汗简》一书，结集众说，

---

① 李零《古代字书辑刊·出版后记》，见《汗简·古文四声韵》合刊本，中华书局，2010年，第159页。
② 李学勤《失落的文明》，上海文艺出版社，1997年，第73页。

可以说是'古文'之学的总结……到清代，《说文》之学风行，金文研究日益深入，以《汗简》为代表的'古文'，被认为上不合于商周，下有悖于《说文》，受到不应有的蔑视。"① 因此，弄清以《汗简》为代表的"古文"及其源流演变，是古文字研究的一个重要命题。

其次，《汗简》中辑有大量古文字资料，但揆诸《说文》及郭氏所引传世古籍，并校之宋元以降出土文献所见铜器铭文，都与《汗简》古文不能尽合，都不能确证《汗简》古文之可靠。而清代古文字学家一向认为金文、《说文》之外没有真正古文，《汗简》与之不合者则颇多怀疑。正如钱大昕所言："郭忠恕《汗简》，谈古文者奉为金科玉律。以予观之，其灼然可信者，多出于《说文》，或取《说文》通用字，而郭氏不推其本，反引他书以实之。其他偏旁诡异不合《说文》者，愚固未敢深信也……至如岣嵝文、滕公石室文、崔彦裕《纂古》之类，似古实俗，当置不道。而好怪之夫依仿点画，入之楷书，目为古文，徒供有识者捧腹尔。"② 这代表了清儒研治《汗简》古文的一个普遍态度，从而阻滞了学界对《汗简》及其古文的研究，以至于直到晚清，才出现郑珍《汗简笺正》一本研究专著。

郑珍《笺正》一书对《汗简》研究具有开拓和填补空白之功。他对《汗简》的文字资料及字形来源都作了深入考辨，笺正内容涉

---

① 李学勤《汗简注释·序》，见黄锡全《汗简注释》，武汉大学出版社，1990年，第8页。

② 钱大昕《汗简·跋》，转引自罗君惕《汉文字学要籍概述》，中华书局，1984年，第5页。

及《汗简》引文、释文、字形和音义等各个方面，其目的是通过朴实的古文字研究来肃清学界对《汗简》的错误认识。从古文字学的角度看，《笺正》一书的主要内容，就是鉴别考证《汗简》及其相关古文的正误、真伪、来源和音义变化。

为甄别古文，《笺正》对《汗简》全书的字形、释文、出处、注音进行了考释和补证。例如"⊗"字，《汗简》以为"枏"，并云"见《说文》"，《笺正》则认为："《说文》口部'囷'从口从又；木部'枏'之古文，铉作 ⅏，锴作 ⅏，二字迥异。郭据误本，夏沿之。"（698）《说文》"囷"正篆为"⊗"形，郭忠恕《汗简》和夏竦《古文四声韵》以为"枏"字古文，皆误识此形。郑珍指出"枏"字古文作"⅏"和"⅏"，与"⊗"形体近似，郭、夏则辨识失误。又如"⻊"，《汗简》以为"下"字，并云"见石经"，《笺正》则考云：

> 《尚书》石经古作"⻊"，盖依小篆"下"作。此误不可说。凡郭氏所采石经古篆，十八九《隶续》皆在，今并取以互考。凡石经古文，往往立异，皆卫恒所谓"失邯郸淳法"者。而此篇所出，又不免郭氏臆改，与传抄舛错。今并正之。（503）

指出《汗简》所收石经文字大多与《隶续》相合，但石经文字本身来源复杂，郭氏收录石经文字时又颇多臆改，加上传抄多有舛误，因此这些古文难以辨说。又如"⻊"字，《汗简》以为"邑"，《笺正》则认为：

　　石经《春秋》古"邢"作⿰䇂，其《尚书》古"邦"作
⿰䇂，右旁⿱为古"卩"。《说文》"叕"古文⿱、"肃"古文
作⿱"卩"如此。上⿱乃以"口"横书配之。郭氏此体从二
"卩"，盖所见本误，上多一笔，遂成"𨺗"字。郭氏不知其
误，取⿱形为部首。当以《隶续》正之。(702)①

　　郑珍指出"⿱"其实是"邑"字古文转录之误，"邑"本从口
从⿻（卩），上部"口"古文或作"⿰""⿰"等形，俗写字形横
放则作"⿰"形，"⿰"与下部"⿻"形近，《汗简》认为上下皆为
"⿻"，因此误作"⿱"。

　　郑珍在笺语中还常使用篆、籀、古、篆或、更篆、移篆等专门
术语，来揭示《汗简》古文的来源，并以《说文》篆籀加以比勘，
从而甄别古文的正误和真伪。例如"闰"字，《汗简》所录古文作
"⿵门玉"，《笺正》则云："'闰'从王在門中。浅人见篆体'王'、
'玉'同形，不知'王'中画近上，因从古文'玉'作之，谬。"
(510) 又如"高"字，《汗简》古文作"⿱高"，《笺正》认为：
"《说文》高、同、亭、京、亯、㫄、富诸文皆从'口'，此例改为
'口舌'之'口'，不自觉其谬也。"（667—668）这两例揭示了汉
字因形体相近而产生讹混的规律，于古文亦然，其中"闰"作
"⿵门玉"，是因为俗书王、玉二旁恒混不别；"高"作"⿱高"则是因
为囗、口二旁形近而误。

　　郭氏《汗简》有很多"古文"字头与释文不相符合，郑珍《笺

_____

① 　袁本良《郑珍〈汗简笺正〉论略》，《贵州文史丛刊》2001 年第 3 期，第 37 页。

正》皆逐字审订厘清，从而弄清了郭氏字头、释文不合的原因。例如"彩"字，《汗简》释作"满"，而《笺正》指出"囗"中所从为古文"马"字，《玉篇》囗部有"圝"，为易之隶变；"賛"字条《汗简》释作"虏"，《笺正》认为"賛"上部所从实为"毌"析破之形，故当为"贯"字；"凸"字条《汗简》释作"合"，《笺正》认为从亼卩，是"令"字移篆；"庑"字《汗简》释为"磔"，《笺正》认为是"喦"字偏旁易位，上部"山"横书所致；"鼠"字《汗简》释作"宾"，《笺正》则认为字从二分，为古文"贫"字等，这些例子都是郑氏所考《汗简》"因不明字形而误认例"。

今复考之，首先《说文》有"馬"字，正篆作"易"形，古文或体作"鞪"，《玉篇》误认"圝"为"馬"，"圝"从囗馬声，与"馬"不同。"彩"字隶变当为"圝"，而非"馬（易）"。又《说文》贯、虏二字均在"毌"部，且前后相次，"虏"篆体作"虏"形，"贯"篆体作"貫"形，显然为不同的两个字形。郑珍认为"贯"字上"毌"四面离析即成"賛"，甚是，而郭氏误以为"虏"字，盖未识也。又"令"字《说文》正篆作"令"，将下部"卪（卩）"位移至左右，即作"凸"或"凸"形，左右为"卩"很明显，即郑珍所谓"移篆"也，而郭氏误释作"合"，以为左右为"口"，错误更甚。与此类似，"庑"字郭氏误以为"磔"字，盖未识此字，郑珍以为本"喦"字移"卩"于下，"山"横书于，即误作"庑"形，这是郑氏书中常言之"移篆"也。最后，郭氏认为"鼠"为"宾"古文，亦辨识失误，《说文》"宾"字古文作"賓"形，"贫"字古文作"分"形，比较字形可见"🐭"显为"⺌"形之变。考"賓"字甲金文作"分"
"向"等形，与"🐭"上下之形皆相去较远，而《说文·贝部》：
"貧，财分少也。从贝从分，分亦声。穷，古文从宀、分。"而"穷
（⺌）"俗书从二"分"即成"🐭"形，郑珍考论可信。

　　此外，夏𫕛《古文四声韵》对于校订《汗简》有很高的价值，
学界常将二书合刊，以研究时参互比较。例如"彡"字条《汗简》
释为"奇字三"，而《笺正》认为"奇字三"无所出，原注所出书
脱；"宙"字条《汗简》释作"审"，《笺正》认为《碧落》无此
二形，原注书名脱。这些都属于《汗简》有释文而无出处的例子，
但郑珍也没有指明出处，而据夏𫕛《古文四声韵》平声谈韵"三"
字引《云台碑》作"㣥"，引《汗简》作"彡"，今考甲金文
"三"多作"彡""彡"形，皆斜书，与《说文·彡部》训"毛饰
画文"之"彡"形音皆同，此盖《汗简》《古文四声韵》所录
"彡"形所本，二书互勘遂明。郑珍《笺正》也非常注重利用夏𫕛
《古文四声韵》与《汗简》进行互勘，以明晰传抄古文的来源及其
讹变原因，凡引夏书，郑珍大多会标明"夏注""夏载""夏作"
"夏以为"等，例如"𥷚（筍）""𥮾（筥）"（636）、"宧
（家）"（737）等字条，《笺正》皆云："夏注'石经'。"其他如
"巽（巽）"（639）、"盍（盍）"（653）、"𡭊（卯）"
（654）、"鄂（郫）"（663）、"亶（亶）"（672）、"端
（端）"（686）、"圆（圜）"（699）、"羁（羁）"（750）、
"初（初）"（777）等字条，《笺正》皆参引夏氏《古文四声
韵》。具体如"𤊾"字条，《笺正》引夏书云："夏作𤊾。"
（651）又"飘"字条，《笺正》引夏书云："夏载：'《周才字录》

為古文饔。'當即此字。"（661）又"〔闕〕"字條，《笺正》曰："夏以为朱育《集字》'蠻'。"（673）皆此类例证。

值得一提的是，郑珍利用夏竦《古文四声韵》与《汗简》对勘获得的成果，有不少得到了后世学者的印证。例如"誥"字《汗简》古文录作"〔字〕"，但没有释文和文献出处，而《笺正》据《古文四声韵》所载，补注"出《古尚书》"，并指出"薛本例作㚻"。那么，"誥"为何会变作"〔字〕"呢？唐兰先生考证指出："《尚书·大诰》释文：'誥'本亦作'㚻'……许慎所见的壁中古文是从言从丮作㚻，传写《说文》的人把丮旁误为攴了。《玉篇》攴部有㚻字，'公到切，古文告'。日本僧空海所著《篆隶万象名义》是根据原本《玉篇》节录的，在下㚻注'公到反，语也，谨也。'上一义用的是《广雅·释诂》'告，语也'。下一义是用《尔雅·释言》'誥，谨也'。可见㚻不但是古文告，也还是古文誥。这是因为言本作〔字〕和告作〔字〕相近，就把从言从丮的㚻，改为从丮告声的㚻字了。"① 刘莉《论〈包山楚简〉133 号简文"诰"字的改释》一文进一步考释认为："'诰'字形在甲骨文、金文中未见，据《战国古文字编》，战国出土文献中'诰'字也仅此一见，而'诰'字通常表示的'上对下的告诫'义在战国简文中均写作'㚻'。'诰'与'㚻'的字形差别，可能是由于造字方式的不同而形成的，两字可看作是异体字的关系。"②

郑珍之所以在上述各方面工作上用功甚勤，其目的非常明显，

---

① 唐兰《史䢔簋铭考释》，《考古》1972 年第 5 期，第 47 页。
② 刘莉《论〈包山楚简〉133 号简文"诰"字的改释》，《安庆师范学院学报（社科版）》2012 年第 2 期，第 38 页。

就是要回答"《汗简》古文的来源与性质"这个古文字学史上非常
重要的问题。而从我们所寻绎的一些字例来看，郑氏归纳出的《汗
简》古文主要有以下七大来源：一是源于古文假借字，例如"㑉"
字《笺正》谓"古借傸作寶"（701）。二是源于《说文》籀文变
体，例如"䢍"字《笺正》认为"从籀文'迹'省，上误多
'人'"（725）。三是源于篆文之隶变或楷变，例如"楚"字
《笺正》认为"石经《左传》'楚'古文，与篆无异，如此是楷
隶体"（688）。四是源于书写变异，例如"才"字《笺正》以为
"篆反书"（689）；"舟"字《笺正》认为"反篆形复横书，取象舟
在水中"（777）。五是源于古文仿体，例如"王"字《笺正》指出
"此与'士'字并仿古文'玉'加，谬"（510）；"㓝"字《笺正》
指出"此仿古文'利'作。云'同敗'误。夏载'石经敗作㓝'，
亦非"①（700）；"㩌（招）"字《笺正》指出"仿古文'紹'
从'邵'作，下字亦然"（703）；"景"字《笺正》认为"'京'
仿就籀文，从重'京'更篆"（709）；"韩"字《笺正》指出"左
当作㐀，仿籀文'乾'也"（703）。六是源于后世俗别字，例如
"㯌"字《笺正》认为"汉后俗名，非古文"（520）。七是源于后
世伪造古文，例如"㐀（會）"字《笺正》指出"此形郭氏所为"
（662）；"㝵（天）"字《笺正》认为"盖用'忝'字草书为篆"
（522—523）。通过郑珍的笺释校正，对《汗简》古文的基本情况就
非常清楚了，郑珍对《汗简》古文及其相关传抄古文的研究，较之
前代学者更为系统完整，因此他的成果具有开拓性、填补空白的价

---

① 花友娟《郑珍〈汗简笺正〉研究》，贵州师范大学硕士学位论文，2016年，第26页。

值，也是晚清贵州朴学在古文字学方面最重要的成果之一。

除郑珍外，贵州学者有古文学专门著作的主要还有廖袭华、赵怡、郑知同、赵恺、傅寿彤、黎庶昌、雷廷珍、杨寿篯等。其中廖袭华曾师从古文字学家龚炳琳、俞荫甫，古文字功底深厚，他著有《古本大学集释》，是贵州朴学家中少有的研治"四书"之《大学》的著作，该书通过古文字及其异文考辨，阐释《大学》经义，力在恢复《大学》古貌，是集古文字、经、文、史于一体的朴学著作，后来贵州朴学家严寅亮对廖氏此书作了校勘。廖氏还著有《尚书统古七辩》专研《尚书》，于今、古文《尚书》多所分辨，其中有不少古文字考释，其研究路数与《古本大学集释》相近。

赵怡所著《文字述闻》是赵氏古文字研究的专书，所谓"述闻"是指该书主要为论述赵怡外祖郑珍、伯舅郑知同的文字学著述和思想，其中亦多发表赵氏自身对文字的见解，有仿高邮王氏《经义述闻》之意。书中赵氏着重从文字的形、音、义角度研究《说文》及其"六书"，并且利用大量碑隶材料，对一批古文字作了梳理与考证，最后还附有"杂俎篇"，留存赵氏古文字考释成果，该书是赵氏的代表作之一，对保留郑氏父子文字学思想精华颇具贡献。

另一位在古文字学上比较精专的是郑知同，他所著《说文本经答问》《古籀答问》等都是水平颇高的古文字专著，这两本书内容上有所交叉，其中不仅以问答口吻澄清了关于《说文》、六书、古文的一些重要问题，还纠正了前人关于《说文》的一些谬误，对《说文》的论述涉其叙例、徐铉校订、《说文》古文来源等。例如《说文本经答问》卷上自问："古籀之篆文为小篆者，何以见其为古文？则合为秦篆则不合？"郑知同自答曰："如以为小篆，若一与弋、三与弍、冃与𣍘、𣲱与𤃫、工与𢀖、亚与𤕝、丷与冈、𨽍与𨽥、𢘏与𩃵、尢与𢓜、户与戻、二与弍、丙与𩍅，明是一、三等而后有弍、弎等，从之加偏旁，未有先造弍、弎等已加偏旁之字，而后小篆从而改之为一、三等。"① 指出了古文产生的路径和一般规律。郑知同对古文字的研究，拓展了贵州学者古文字学研究的深度和广度，将问题引入到更为复杂的古文字历史层次、"六书"与古文字形分析、《说文》古文溯源等重要领域。后来姚华所著《小学答问》也是以问、答形式，提出传统小学中的重要问题，然后以"答"的方式来阐述自己的学术思想，其中亦有涉及古文字及其资料整理的探讨。郑氏、姚氏两代学者的"答问"式著作，有异曲同工之妙，反映了晚清贵州朴学的代际传承。

## 二、近代汉字研究

唐兰先生在《中国文字学》中指出："近代文字的研究，也是很重要的。隶书、草书、楷书，都有人做过搜集工作。楷书问题最多，别字问题，唐人所厘定的字样，唐以后的简体字，刻板流行以后的印刷体，都属于近代文字学的范围。西陲所出木简残牍，敦煌石室所出古写本经籍文书，也都是极重要的材料。"② 几十年过去了，经过几代学人的共同倡导和实践，篆隶以下的近代汉字研究在各个方面都已经取得了长足的发展。但相较于古文字学，对近代汉

① 郑知同《说文本经答问》，《丛书集成续编》第 18 册，上海书店出版社，1994 年，第 56 页。
② 唐兰《中国文字学》，上海古籍出版社，1979 年，第 8 页。

字的研究还是相对落后，历代学者对近代汉字的研究，包括文字资料搜集整理、字形考释与整理、字书编纂、俗字资料与字形整理、汉字简化规律等诸多方面。受乾嘉诸儒影响，晚清贵州学者对汉字的研究，仍然以《说文》、金石文献所载古文、传抄古文为重心，近代汉字方面的成果相对较少。但在郑珍、郑知同、黎庶昌、宦懋庸、雷廷珍、程域林等学者的著述中，已经有大量对近代汉字及其嬗变的考论，在这方面，成就最高的当属郑珍、郑知同父子所著《说文新附考》，该书主要内容与近代汉字研究相关主要体现在以下两个方面：

一是考清文字源流，疏通音义变化及关系。郑氏考释文字具有形、音、义系统思想，除稽考字形源流外，往往注重汉字音义变化；同时善于通过近代汉字的音义变化，来厘析字际关系和字词关系。例如《说文》新附"鞾"字，钮树玉《说文新附考》以为"鞾"为"韗"之俗字，且"鞾"从韦声非华声，而郑氏《新附考》则指出"鞾"乃"韗"之一名，义同音异，"鞾"本从华声，若作韦声，则是《诗》"鄂不韡韡"之"韡"，《说文》在芔部，作"韡"，注云"盛也"，钮氏杜撰"鞾"字当"韗"，径忘《说文》有"韡"，今《诗》作"韡"。

钮氏、郑氏所考孰是孰非？今考《说文》无"鞾"有"韗"，汉字俗写韦（韋）、革二旁形近相乱，又《玉篇·韦部》载："韗，于问切，靴也。"这是钮氏以"鞾"为"韗"之俗字的原因。而郑氏考证认为"鞾"与"韗"既然义同音异，则并非一字，据《玉篇·韦部》："韎，靴也。"可知"鞾"与"韗"都是"靴"的一种，而"鞾"从华声，而"韗"从军声，"韎"从韦声，三字声符不同，字亦互别，不能混为一字，郑氏是从音义角度辨析汉字之字际关系，其说优于钮氏。

类似根据音、义变化而澄清字际关系的考释，在《新附考》中还有不少精彩的论断。例如"罐"字，《新附考》认为"是此器以灌注为名，从缶俗改"，今考《说文》有"灌"无"罐"，"灌"是水名，后引申作"灌注"之义，如《庄子·秋水》："秋水时至，百川灌河。"而"罐"为"灌注""汲水"之器，因是器名，故俗改从"缶"作"罐"。只是因为灌注、罐器均与水相关，故典籍灌、罐常通用不别，二字关系乃因其意义而发生变化。又如"蔬"字，徐铉收作从艸疏声，《新附考》则指出古止作"疏"，是汉魏间字。依郑氏父子所言，常用的"蔬菜"之"蔬"，最早本只作"疏"，至汉魏以后俗写乃增"艹"头作"蔬"，以为菜蔬之名。但文献典籍中，表示"疏食"的"疏"亦俗作"蔬"；表示草名"虀蘵（蘧蔬）"亦俗作"蔬"，故考证新附字的学者常常误读文献用字情况，其实"疏食""蘧蔬""菜蔬"古皆止作"疏"，后又皆从俗作"蔬"，是一组同形字，它们因字义而别。又如"醮"字，徐铉谓"以物投水也，此盖俗语，从艸，未详"；钮树玉则谓"醮"乃是"醮"，后人妄加艸，音仄陷切者，盖方音之转；则对于"醮"的形音义，徐铉是比较审慎的，而钮氏则颇妄断，《新附考》则指出"醮"盖别从蕉声，非加艸、音仄陷切则为以物投水，音义并与"醮"异，本六朝俗语，借俗"醮"字作之，大徐不知也。可知郑氏对"醮"字的形体分析是从酉蕉声，而非从艹醮声，"醮"义"以物投水"是六朝以来俗语，作"醮"为俗借。查《说文·酉部》："醮，冠娶礼祭。从酉，焦声。"《广韵》注去声笑韵子肖切，今音"jiào";而"蘸"字即俗语所谓"以物投水",《广韵》在去声陷韵庄陷切,今音"zhàn",则"蘸"与"醮"音义皆别。钮氏据《尔雅》"水醮曰屠"异文作"蘸",即认为"蘸"为"醮"俗增艹旁,实际"屠"谓水干涸,"水醮"即"水尽",《尔雅》"水醮曰屠",邢昺疏:"醮,尽也,凡水之尽皆曰屠。"陆德明《经典释文》亦云:"醮,尽也。字或作'潐'。"又文献中"宋(寂)"谓"水蘸之貌",义即"水醮"。故在"水尽"之义上,醮、蘸、潐为一字之变,这个"蘸"与"醮"同音"子肖切"。但在俗语"以物投水"之义上,醮、蘸一字,当皆音"庄陷切"。据此,则醮、蘸音义疏通且关系辨明。

二是阐明古籍用字通例及特点。在文字考释过程中,对古籍文字书写、使用的特点与通例的熟悉程度,是衡量文字考释水平的一大标准。郑氏《新附考》一书就非常善于利用古籍文字通例和用字习惯来阐释汉字的演变及其相互关系,从而为近代汉字研究提供了大量的文字通例,有利于把握汉字的演变类型和规律。这种例子很多,此举两例:

【隹-鸟】

鸭,鹜也,俗谓之鸭。从鸟,甲声。乌狎切。

知同谨按,古止曰"凫"、曰"鹜"、曰"匹"。《本草拾遗》引《尸子》云"野鸭为凫,家鸭为鹜",此见"鸭"字之最早者……疑汉时尚无"鸭"字,然其名固早……家大人《汗简笺正》云:"雁即古鸭字。《说文》'雁'在隹部,'鸟也',此鸿雁字;'鹰'在鸟部,'鹅也',此鹅鸭字。鸭大于野凫而

196

小于鹅，故鹜名舒凫，鹅名舒雁。舒者，展大之意。某氏解
《尔雅》为'在野翼舒飞远，是鹅鹜不为家畜'，显与经背矣。
许君以鹅雁是大类，故以'鹅'训'雁'。自汉已来，'雁'、
'雁'不别，皆作鸟名。俗求鹅鸭字不得，因有从邑、从奄、
从甲之字。"（260）

郑氏在考语中指出汉魏以来，俗书"雁""雁"不别，皆为鸟
名。《说文·隹部》："隹，鸟之短尾总名也。象形。"又《说文·鸟
部》："鸟，长尾禽总名也。象形，鸟之足似匕，从匕。"故汉字从
"隹""鸟"之字皆与鸟类、鸟名相关，俗书因混隹、鸟二旁不别。
段玉裁《说文解字注》"雁"条亦谓："今字雁、雁不分久矣。"典
籍文字隹、鸟换旁俗书的情况很多，如《说文·隹部》："隹，鸟肥
大隹隹也。从隹，工声。鴻，隹或从鸟。"即其例。又如《集韵》
萧韵丁聊切："鴂、鴉、雅，鸟名。《尔雅》：'鴂鸲，剖苇。'谓好
剖苇皮，食其中虫。或从隹。"《字汇·隹部》："雅，同鴂。"又
《集韵》平声尤韵居尤切："鸠、雔，鸟名。"《篇海类编·鸟兽类·
隹部》："雔，同鸠。"亦皆其例。

【日－火】
暈，日月气也。从日，軍声。王问切。
按，《说文》："暉，光也。"即古"暈"字。段氏谓篆原当
日在上；注原作"日光气也"，与大郑《周礼·眡祲》注同，
后改作"暉"，训"光"，与火部"光輝"字不别。此说是也。
然古日在上在旁亦无大别。

知同谨按，古亦作“煇”、作“運”。《眡祲》“掌十煇之法”、《淮南·览冥训》“画随灰而月运阙”，皆通用字。(294)

郑珍指出“晕”古本作“暉”，并援引段氏注文认为“暉”与“煇”不别，而郑知同据《眡祲》“掌十煇之法”，进一步指出“晕”古亦作“煇”，盖俗书日、火二旁因意义相类而常换用。古籍文字如常见“暖”异体作“煖”，就是日、火二旁互用不别的例子。又如《集韵》上声梗韵补永切：“炳、昞，《说文》‘明也’。或从日。”《集韵》有韵於九切：“燠、呦，燠烑，欲干。或从日。”《字汇·火部》：“烑，亦作昢。”亦皆日、火换旁的例证。

类似利用古籍相混、相通书写通例，来考证文字形音义及其相互关系的例子，在郑书中还有很多，《新附考》书中所考如“遑”字条亻、彳、辶三旁互混（231），“呀”字条谓齿、口、谷三旁混用不别（229），“莋”字条指出艹与竹、作与乍可换用（217），“梵”字条指出俗书艹、林二旁相乱（282）等，都是这方面的例证。在郑氏对近代汉字的源流考辨中，我们不仅可以搜集整理更多古籍文字和传世汉字相通、相混的书写通例，并且可以为深入考察近代汉字形音义的源流演变及其字际关系、字词关系等找到更多的线索，从而更为清楚地认识近代汉字发展演变的规律和特点。

贵州学者对近代汉字的研究，主要集中在郑氏父子对《说文》新附的考辨上，因为新附字大多是汉魏以降载籍所见汉语俗字，它们的产生既受汉字俗写各种因素的影响，如形近混讹、书写变易、增减偏旁等，又受近代汉字形体发展演变的一般规律的影响。更为重要的是，《说文》新附字及其相关字形，在历代字书中有很多是作为常用、常见字收录的，它们看似形音义信息完整，但其实源流演变、字际关系与字词关系却存在难以澄清的纠葛。郑氏《新附考》一书的价值正在于对新附字及其相关字形作了稽考条辨，郑氏父子不仅精通《说文》及传抄古文，并且对待近代汉字具有客观清晰的认识，因此既能辨伪文字，又能厘清关系，这为后世进一步利用新附字及相关字料，开展近代汉字研究提供了颇具参考价值的资料和方法。

## 三、汉语俗字研究

汉字发展史上，无论是在不同类型的文字资料中，还是在不同时期的汉字形态变化中，在规范字体之外，都有大量的汉语俗字产生，汉语俗字的研究是汉字学、汉字发展史研究的重要组成部分。裘锡圭先生指出："所谓正体就是在比较郑重的场合使用的正规字体，所谓俗体就是日常使用的比较简便的字体。"[1] 张涌泉先生指出："所谓俗字，是指汉字史上各个时期与正字相对而言的主要流行于民间的通行字体。"[2] 晚清贵州学者的文字学著述中，有大量关于俗字字形的整理和俗字现象的考论，他们一方面非常重视俗字的考辨，另一方面处理的方式并不相同。例如莫友芝、黎庶昌、宦懋庸、程械林、廖袭华等人的著述中，都有不少对俗字的辨析，但他

[1]　裘锡圭《文字学概要》，商务印书馆，2009 年，第 43 页。
[2]　张涌泉《俗字里的学问》，语文出版社，2000 年，第 1 页。

们都没有展开系统的考释和研究。对汉语俗字有系统研究的，主要是郑珍、郑知同父子。关于郑书中的"正俗字"，杨瑞芳《郑珍〈说文新附考〉研究》作了初步讨论，可以参看①。在郑氏父子的文字学代表作《逸字》《新附考》《笺正》三书中，大量使用了正作、正字、正体、俗写、俗字、俗作、俗书等术语，来考辨分析正、俗字，从而对与《说文》逸字、新附字和《汗简》古文相涉的俗字进行梳理。

首先是《逸字》一书的俗字研究。郑珍在《逸字》中多次指出，要准确指出和判定逸字，就必须准确判断正俗字，意思是弄清逸字、正字和俗字之间的关系，能够提高所考逸字的可信度。大致有以下四种情况：

一是据文献典籍中俗字，判别其正字属于逸字。例如"蛤"字，《逸字》据《广韵·十六咍》引《说文》认为"蛤"为逸字，原因是《尔雅》作"蛤"，而在"黑贝"义上，这个"蛤"是"蛤"假借俗字，故认为《说文》原有其正字"蛤"字。今查《尔雅·释鱼》"玄贝、蛤贝"条，陆德明释文曰："蛤，《字林》作'蛤'，云'黑贝也'。"《字林》是据古本《说文》编成，可知"黑贝"字本作"蛤"，而《说文》未收"蛤"，徐铉《新附》收于"贝"部，则此字实出汉魏以后，郑珍考论可信。又如"刜"字，因《广雅·释诂》有"刜，断也"，而《逸字》指出"刜"即"刜"俗，则《说文》应收有正字"刜"，《玉篇》"刜"入奴部亦

---

① 杨瑞芳《郑珍〈说文新附考〉研究》，首都师范大学硕士学位论文，2003 年，第 9—10 页。

可证，同时郑珍还指出了"叔"俗作"刷"的原因是"又"旁俗多作"刂"，如"叔"作"刷"之类是也。"茮"俗作"蒯""荊"，"删""刻"亦"叔"之俗，"又"并讹"刂"。

二是根据俗字的变化路径，找出逸字产生的方式和原因。例如"欨"字，今本《说文》只有"歗"，而"欨"收在《说文》新附中，而《逸字》则认为"欨"字为原本《说文》所有，《后汉书·王霸传》"市人皆大笑，举手邪揄之"，《注》引《说文》"歗欨"，知"歗欨"为联绵字，俗写还有异体作"挪揄""摅揄""撖撖"等，作"欨"盖受"歗"此从"欠"类化，《说文》既然有"歗"，则当有"欨"字。又如"禶"字，徐铉认为"獹"作"貙"，且所列重文中有"袾"无"禶"。而《逸字》指出知《说文》原本有"貙"作"獹"，右旁所从是"繭"，不是"璽"，并且下有两个重文"袾"和"禶"，"禶"从示从繭。徐铉之所以脱漏重文"禶"，且误认"獹"为"貙"，是因为汉魏以来，俗写"繭"多作"璽"，因此"貙"写成"獹"，"禶"写成"禶"形。今本《说文》常随俗隶作篆，又因为《说文》无"璽"，而"璽"隶形与之相近，于是将"獹"改为"貙"，将"禶"改为"禶"，而俗写讹改之后，表示"秋田"义的"禶"，便与表示"亲庙"义的"禶"重复了，俗写传刻又因为示部"禶"下有重文"禶"，以为是归部存在问题，于是就将重文"禶"也删除，徐铉就是根据流俗所传版本校订《说文》的，而郑珍正是从文献中发现了"禶"等诸字的变化轨迹，才厘清这些字的关系。

三是通过辨别正俗字之间的关系，来钩稽《说文》原有但却被认作俗字的逸字。例如"樱"字，《逸字》据玄应《音义》和《文

选·子虚赋》注引《说文》，指出《说文》原有"㮡"字，次
"樗"后。段玉裁注《说文》也怀疑本有"㮡"篆，但他以"㮡"
为俗字，只是在今本《说文·木部》所收"樗"字之末补"而小"
二字，并增"一曰㮡"。而郑氏指出"㮡"原收于"樗"字之后，
只是传写脱并，屡经删改，今仅存"似柂"二字于上"樗"注末，
故"㮡"不是俗字，而是《说文》所逸正篆。

四是通过对新附字的来源考证，判定其实为逸字。例如"㿗"
字，《逸字》据《音义》引《说文》"蠡"作"㿗"，指出《说文》
本有"㿗"，因为据《说文》释义规则，若有二字训一事者，按例
注语当列上字之下，例如既有"㿉"又有"㿗"，则释义语"㿉㿗，
皮肥"当原在"㿉"字下。而流传过程中，注语已误植"㿗"字
下，这说明《说文》其实本未收"㿉"，所谓"㿉㿗"本当作
"族"[1]，"㿗"实为《说文》原有而逸者。

其次是《新附考》一书的俗字研究。此书对汉语俗字的考
究就更多，因为徐铉所谓"经典相承传写及时俗要用而《说文》
不载"的新附字，郑珍考证发现实际大部分都是汉魏以来的俗
字、新字，《新附考》书中为溯清"新附字"的字形来源和产生
时代，辨析了大量俗字现象，归纳了很多俗字类型。主要有以
下十类：

一是古籍文字假借而别制新字。例如"祧"字徐铉注"迁庙"，
《新附考》认为古无"祧庙"正字，古止借"濯"字，汉人加作
"祧"，知"祧"为新造"祧庙"字。又如"麼"字徐铉注"细

---

① 参看邓珍《郑珍文字学之研究》，华中科技大学博士学位论文，2020 年，第 114 页。

也"，《新附考》则指出"麿"字古有数文，其初止作"麻"，而"麻"本有细小义，但典籍中通作"靡"，且又借作"𪎭"，《汉书·班超传》"幺𪎭不及数子"，颜师古注云："细小曰𪎭。"即其例证。知"麿"是汉魏以来俗造字。

二是俗写增加偏旁而产生新字。增旁俗字是汉语俗字的常见类型，所增偏旁既有义符，也有声符，增旁后产生的字形基本都是形声字。例如"瑄"字新附曰"从玉宣声"，而《新附考》认为"宣璧"正字古止作"宣"，作"瑄"俗本也，秦《诅楚文》"吉玉瑄璧"，以"亘"重书，知"玉"旁为后世俗增。又如"逼"字新附谓"从辵畐声"，《新附考》则指出字又作"偪"，偪、逼皆"畐"之俗，《玉篇》还有"餔，饱也"和"稫，稷满貌"等字，皆"畐"后出加偏旁字，为一字之俗写孳乳，各主一义。又如"椿"字新附训"橓杙也，从木春声"，《新附考》则谓"春"盖即古"椿"字，俗加木以与"春揄"字别。今考古"春"字本有动词（春揄）和名词（橓杙）两义两用，《释名》"春㹩，春橦也"是其名词义，至《玉篇·木部》收"椿，橦也"，知汉魏以来名词（橓杙）义已经俗增"木"旁作"椿"。

三是俗用改本字偏旁而制新字。例如"迢"字《新附》谓"迢递也，从辵召声"，《新附考》则指出古籍"迢递""迢遥"皆超远之意，古本作"超"，颜延之《秋胡诗》："超遥行人远。"即唐以来所言"迢遥""迢远"。《广雅》亦有："超遥，远也。"是汉魏时典籍仍作"超"而不作"迢"，俗书改从辵作"迢"当在魏晋之后。又如"𪒠"字新附云"楚人谓虎为乌𪒠，从虎兔声"，《新附考》指出《左传》有"於菟"，《玉篇·艸部》有："菟，同兔。"

且《汉书·贾谊传》"搏畜菟"、《严延年传》"韩卢取菟"等皆用
"菟"。而《说文》不收"菟",盖"於菟"本只作"兔",《左传》
《玉篇》《汉书》所用皆俗增偏旁字,而汉魏时《广雅》《方言》等
又改从虎,故有"𧇡"字,其来源应该是:兔→菟(俗写增旁)→
𧇡(俗写换旁)。

　　四是经典所见古文因俗改作今形。例如"唤"字徐铉谓古通用
"奂",认为是俗写增加"口"旁所致,但《新附考》指出《玉篇》
"㘓"字注云:"与'唤'同。"《广韵》"唤"重文作"㘓",今本
《说文》有"㘓,呼也",正是"呼唤"本字。《类篇》《集韵》还
收有一个"㘓"字,音义与"唤"皆同,也是俗写更改古文"㘓"
产生的俗字,可以比勘。又如"闹"字徐铉训"从市门",《新附
考》则据今本《说文·㗊部》有:"㗊,众口也。读若戢,又读若
呶。"这个"呶"音义即与古"闹"字相同,则知"不静"字古文
本作"㗊",从众口会意,而俗写有改作"呶",从口奴声作形声
字;有改作"闹",从市门会意。"鬧",仿"鬩"字作之。

　　五是因求其义而改变形体者。例如"琲"字,徐铉新附谓:
"珠五百枚也。从玉,非声。普乃切。"而《新附考》则指出大徐给
《说文》注反切,以及给新附字注音释义,多援引《唐韵》,针对其
所说"琲"为"珠五百枚",郑氏据《文选·吴都赋》"珠琲阑干"
刘逵注:"琲,贯也。珠十贯为一琲。"认为"琲"并没有固定的枚
数,"一贯"可以是十枚,也可以是五十枚,而魏晋以前未见用
"琲"字者。今考新附谓"珠五百枚",盖据《玉篇·玉部》"琲,
珠五百枚也"等汉魏以来文献,而郑珍指出典籍中有"珠百枚曰
琲""琲,珠五百枚""珠十贯为一琲",可见"琲"之为字,盖取

其"贯"义，即成串的珠，而并不是特指"珠五百枚"。

六是因事物名谓改变而记录新义。例如"珂"字，徐铉新附谓："玉也。从玉，可声。苦何切。"《新附考》则认为"珂"既指以蜃蛤类作为"马勒饰"之名，又指以美玉与石配饰马鞍，《广雅》《玉篇》皆云"珂"为"石次玉"，"珂"字义的演变有两种可能，一种是先有马勒饰之名，然后引申指美石之名；一种是先有美石名为"珂"，然后引申指用美石装饰马鞍，或用贝装饰马勒。从时代上看，"珂"表示美石见于汉代以后典籍，后又用作佩玉义，已不是"珂"字古义。今谓徐铉释"珂"为"玉"，但据郑氏所考，"珂"典籍所用有三义：一为马勒饰之名，二为以美玉饰马鞍之名，三为佩玉。而孰为本义，孰为后起义呢？郑氏认为应该是先有作为美石的"珂"，因为马鞍、勒等常以名石配饰，而常用的名石就是"珂"，故转以"珂"名移以名马勒饰、石饰马鞍之名。而后来常用的"佩玉"之义，其实汉代以后"珂"字晚起义。

七是古字别写、误写者。例如：

【咍】

蚩，笑也。从口从台，呼来切。

知同谨按，"咍"古当是"欸"字。……又《说文》："欨，戏笑貌。许其切。"徐锴注云："今讹作'咍'字。"《集韵》《类篇》本之。"咍"别有"欨"音，亦误。至钮氏疑"咍"为"咳詒"字之俗，更不足辩。(227)

今本《说文·欠部》有："欨，欨欨，戏笑貌。"段注云："此今之嗤笑字也。"这个字据《广韵》许其切，今音"hāi"。新附"哈"训"蚩笑"注"呼来切"，与"欬"音义相同。郑氏指出"哈"古以"欤"为正，而"欤"读"hāi"音时，正是"欬"的异体。《集韵》咍韵已谓"欬"或作"欤"，王念孙疏证《广雅》"欤"条谓："欤与哈同。"要之，新附"哈"字是因《说文》古字异写而成。类似的例子还有：

【謏】

小也，诱也。从言，夋声。《礼记》曰："足以謏闻。"先鸟切。

知同谨按……《释名》："夋，缩也。"人及物老皆缩小，于旧或本止作"夋"。其训"诱"者，即"诱"之别字。《广雅》"訹，謏也"，即《说文》"诱"训"相訹呼"之义……依《说文》，"羑"为正篆，"诱""誘"皆别体，"謏"则俗字。而可证"謏"即"诱"。(248)

徐铉训"謏"字小也、诱也两义，郑氏指出其"小义"当源自《广雅》"夋，缩也"，盖古"夋"泛指凡缩小之义。而训"诱"则即为"诱"之别体。今本《说文·羊部》有："羑，相訹呼……从厶，从羑。诱，或从言、秀。誘，或如此。羑，古文。"其篆文正体是"羑"，或作"羑"，而诱、誘又皆其别体。《广雅》有"訹，謏也"，以"訹"训"謏"，与"诱"等字训"相訹呼"同，以音、义考之，可知训"诱也"的"謏"当为"诱"等之俗。

八是形近义同而讹变者。例如：

【蔽】

《左氏传》"以蔽陈事"杜预注云:"蔽,敕也。"从茻,未详。丑善切。

按,杜注本《方言》。《正义》引服、贾注同字。从茂从贝,无义可说,不知何字之讹变。

知同谨按,钮氏云:"《晋语》'厚箴戒图以待之',韦注:'箴,犹敕也。'是'箴'义与'蔽'同。《方言》:'蔽,敕戒备也。'又'备、该,咸也。''箴'从咸,或声兼义,更与'蔽'合,又形声亦相类,疑古作'箴'。"今据"箴"与"蔽"义同、形相似;其音则"箴"从咸声,与"蔽"读丑善切,韵部绝不相通,未可定为一字。(221)

徐铉谓"蔽"字"从茻,未详",是说未详"蔽"字下部为何,其意义未知。郑珍考云:"从茂从贝,无义可说,不知何字之讹变。"而钮树玉怀疑古作"箴",认为"蔽"为"箴"之变,而郑知同指出"箴"与"蔽"形近义同,但字音绝不相通,非一字之变。今考《方言》卷十三有:"蔽,备也。"又:"蔽,解也。"郭璞注云:"蔽训敕,复训解,错用其义。"盖敕、解皆"蔽"字义,且二义本有相同之处,只是在不同的场合相错使用。此外,《广韵》载"蔽"另有"去货"一义,亦与解、敕义通。

九是后出为词赋家用之者。

徐铉新附"唳"字释云:"鹤唳也。从口,戾声。郎计切。"而《新附考》指出:"鹤鸣曰唳,不见秦汉人书。唯晋八王故事,陆机叹曰'欲闻华亭鹤唳,不可复得'(见《文选·舞鹤赋》注及谢朓

《敬上亭诗》注），始见此字；已后词赋家多用之。是汉魏后语。"
（226）①

十是汉后文献始见而误为古字者。例如：

【瞼】

目上下瞼也。从目，佥声。居奄切。

按，"瞼"非古语。王叔和《脉经》"脾之候在瞼"始见
其文。《众经音义》凡四引《字略》云："瞼，眼外皮也。"
《字略》不知谁作，殆不出晋宋已前。是汉已后俗字。（下略）
（255）

【盋】

盋器，盂属。从皿，友声。或从金从木。北末切。

按，"钵"起释氏所用。"盋"字《玉篇》尚无，《广韵》
亦不列正文，《十三末》云："钵亦作盋。"知更晚出。大徐附
此等字，太滥厕矣。（271）

上揭"瞼""盋"二字，《说文》以下如《玉篇》《篆隶万象名
义》等皆未见载，盖出俗写或俗变。"瞼"字新附训"目上下瞼
也"，而郭忠恕《佩觿》卷中有："瞼，目也。"可能所据材料相同，
但郭氏所见有所残缺。而"盋"字徐铉篆体作"𥂛"，但郑氏指出
"盋"为释氏所用，《玉篇》《广韵》皆未正载，当是据俗而写，徐
铉误以为古文。今笔者窃谓"盋"盖即"钵"俗书之变，汉字凡器

---

① 参看邓珍《郑珍文字学之研究》，华中科技大学博士学位论文，2020年，第114页。

皿、盂属如"盂""盉""盏""盎""盌"等皆作上下结构，而义符"皿"皆在下，"盉"殆即按照这一形体特征，为"钵"所造的俗写形声字。

郑氏之所以重视俗字的研究，主要是在考察《说文》逸字、新附字过程中，发现有很多字的源流及其字际关系，是由于汉字俗写造成的，这些俗字的来源和产生方式，能够与逸字、新附字互为比勘，从而将与《说文》相关的文字问题作更为深入的探讨。《逸字》《新附考》两书对俗字的研究，主要还是围绕《说文》展开的，这对于"了解古今文字形体嬗变""掌握汉字本义和引申义的发展线索""正确认识汉字简化的规律"和"拓宽《说文》汉字学的研究"等都具有重要的意义①。这也是郑氏在汉语俗字研究方面的突出成就。

最后是《汗简笺正》一书的俗字研究。《笺正》虽以考释古文为主，但其中也涉及大量关于俗字的论述。在古代传统文字学研究中，"人们习惯于以先秦古字为正，以后世别出字为俗；以经书正文用字为正，以他类典籍用字为俗。这种观念始于许慎。许慎《说文解字》正文不录汉世字、拒收先秦方言字及怪异名物字，正是这种观念的表现。"② 但是"文字不断孳乳，是汉字发展演变的必然现象，我们不能一概指斥为俗字而不予重视。郑珍笺正《汗简》，着重对字形作了考订，期间广泛运用了正字、俗字等术语"③，从而综

① 黄宇鸿《论〈说文〉俗字研究及其意义》，《河南师范大学学报（哲社版）》2002年第6期，第78页。

② 王锳、袁本良点校《郑珍集·小学》，贵州人民出版社，2001年，第185页。

③ 花友娟《郑珍〈汗简笺正〉研究》，贵州师范大学硕士学位论文，2016年，第54页。

合判断文字的时代、正俗及其演变。例如"⬚"《汗简》以为
"郎"字，《笺正》则云："夏以为'朗'，是。改'月'为'日'，
又更从古文'良'，俗字也。"（709）查《说文·月部》："朗，明
也。"正篆作"⬚"形，从月良声，俗书"月""日"二旁常引形
近、义通而换用，故"⬚"左部变书从"日"，又"良"《说文》
古文作"⬚"，乃成"⬚（眼）"形，实为"朗"字俗讹，郑珍
所考不误。又"眼"字《集韵》上声荡韵里党切："眼，《说文》：
'明也。'"《玉篇·日部》："眼，力党切，明。"皆与"朗"字音
义相合。

又如"⬚"字《汗简》以为"扑"，郑氏考云："薛本作
'芇'。《玉篇》《集韵》《类篇》皆同。当是从竹，仆声。隶书
'竹'例作'廾'，因写成'芇'。'扑'系'攴'之俗别，从手卜
声也。此更误'仆'作二'人'。夏沿之。'笁'亦'攴'之俗别，
非古文。"又如《汗简》"⬚（昏）"字，《笺正》云："薛本同。
二，古文'下'。日下为昏，俗别造会意字。"（706）据郑氏所考，
"⬚"实为"笁"字俗讹，"笁（芇）""扑"皆"攴"字俗别，
而不是古文。因俗书"竹""艹"常可换用，故"笁"俗书作
"芇"，又下部"仆"俗讹作"从"，便成"⬚"形。又如"⬚"
字，《汗简》训"昏"，郑珍指出"⬚"从"日下"，其实是俗写
为"昏"义而造的会意字。

## 四、沟通字际关系

晚清贵州朴学家的文字学著述中，做了很多沟通字际关系的

工作，准确把握这些字际关系，有利于对近代汉字的整理与研究。这方面，郑珍、郑知同、莫友芝、黎庶昌、宦懋庸、程械林、廖袭华、傅寿彤、赵恺、雷廷珍、姚华等学者的著述中都有不少论述。其中成就最高的当属郑氏父子，尤其是《新附考》一书更是以沟通字际关系见长，例如"琛"字，郑氏指出"琛"是"琛宝"古字，其异体作"賝"，今谓"賝"字《广雅》释作"賣也"，故宫本《裴韵》平声侵韵丑林反有："賝，賝賣。"即本《广雅》。而"賣"字从贝，《集韵》去声稕韵徐刃切或作"贐"，俗书偏旁易位作左右结构。可能典籍"賝賣"常用，"琛"字受从贝的影响，加之俗书玉、贝常因意义相通而互换，"賝"即为"琛"更换义符之俗。

此外，郑珍沟通字际关系的价值，还在于为我们更深入地考辨近代汉字的字际关系提供线索，更好地总结其中的原因和规律，便于我们对一些新附字进行再考辨，例如姚权贵、史光辉《〈说文〉新附俗写源流考辨——基于郑珍的〈说文新附考〉》（《浙江师范大学学报》，2016 年第 2 期）就是这方面的成果，可以参看。

此外，郑珍对字际关系研究的贡献还在于，他使用了一批沟通字际关系的术语，用来阐释文字间的形音义关系，例如《新附考》一书中的字际关系术语有：

**通作例**："珈"通作"㪏"（209）；"麼"通作"靡"（262）；"貼"通作"帖"（287）；"昂"通作"仰"（297）；"幰"通作"轩"（313）；"厢"通作"箱"（346）；"碌"通作"錄"（350）等。

**亦作例**："柞"亦作"莋"（217）；"唤"亦作"嚾"（227）；

"遘"亦作"逅"（230）；"逍遥"亦作"消摇"（235）；"戚"亦作"麌"（239）；"当"亦作"讅"（246）；"訣"亦作"决"（249）；"筠"亦作"筒"（267）；"量"亦作"煇""運"（294）；"罹"亦作"羅"（308）等。

**或作例：**"瑀"或作"玥"（214）；"登"或作"蹬"（238）；"睢"或作"眭"（256）；"刐"或作"劢"（265）；"榻"或作"楄"（278）；"幭"或作"襮""纀""纆"（313）；"嵌"或作"嵰""嶔"（341）等。

**又作例：**"喫"或作"嚱"（227）；"逼"又作"偪"（231）；"顰戚"又作"頻顣"（239）；"零"又作"翎""翖"（259）；"矮"又作"痿"（273）；"魄"又作"粕"（301）等。

**一作例：**"詹"一作"售"（224）；"膞"一作"膊"（263）；"烙"一作"格"（362）；"挺"一作"埏"（423）等。

**俗作例：**"胙"俗作"袏"（209）；"迷"俗作"謎"（249）；"睢"俗作"眭"（256）；"疏"俗作"梳"（269）；"寸"俗作"忖"（370）；"黝"俗作"坳"（426）等。

术语的使用，不仅增强了郑氏考字、论字的严谨周密，也大大提升了他对字际关系研究的系统性，例如通过厘清字际关系和字词关系，可以更为准确地对相关汉字进行音义匹配，匡正字书、韵书收录这些汉字存在的失误。这些方面，都体现出郑氏对文字学研究的治学方法和学术思想。

其他学者如黎庶昌《宋本广韵校札》、郑知同《说文浅说》《说文伪字》《隶释订文》《楚辞通释解诂》、廖袭华《古本大学集释》等著作中，也常见有很多说解字际关系的术语使用，如黎庶昌书中的误、讹、改、原作等；郑知同书中的省改、或为、加、更、古文、篆、籀等。这些术语不仅在汉字的具体考辨上发挥了重要作用，有利于对相关文字资料加以搜集整理，揭示具体的文字现象和演变规律，而且能够帮助我们更为全面地认识近代汉字，并通过他们对术语的使用，来考察晚清贵州学者对近代汉字研究的方法、内涵和话语体系。

## 第七节  音 韵 学

从代表学者和代表著述看，音韵学也是晚清贵州学者关注的一个重要内容，从一些具有影响力的著作看，晚清贵州学者的音韵学研究曾一度走在学界前沿。

晚清贵州朴学家研治古代音韵的学者不乏其人，主要有莫友芝、傅寿彤、郑知同、李兰台、雷廷珍、杨恩元、严宗六、彭应珠、姚华、任可澄等。其中成就最高的当属莫友芝，他最具代表性的是《韵学源流》一书，是莫氏阐释古代韵学源流的专著，分别论述古韵、今韵和反切，不仅考证它们得名之由及其具体所指，例如"今韵"一节云："今韵者，隋唐以来历代诗家承用之谱也。盖原始于李登《声类》。"而莫氏所谓"今韵"，即隋唐以后诗人所用韵，在音韵学史上，这其实是"中古韵"的一部分。而莫氏指出所谓"古韵"，就是造字之音，反映的是"上古音"的特点，因此该书已经具有音韵史的方法和思想。而在对音韵现象的论说中，莫氏对汉魏以来历代音韵著述和文献、古音学家的观点、各种音韵现象等都非常熟悉，足见其音韵功底之深。在莫氏之前，类似的著作还有万斯同《声韵源流考》、潘咸《音韵源流》等，但皆不如莫书简明博瞻。

而除《韵学源流》外，莫友芝还著有《声韵考略》四卷，也是莫氏音韵学方面的专著，但该书惜已佚。聂树楷在为傅寿彤《古音类表》所作"跋"中说："吾黔著述家有莫邵亭《声韵考略》《韵学源流》。"则知为二书为莫氏研治古代音韵之"姊妹篇"。

另一位在音韵学上取得较大成就的学者是傅寿彤，所著《古音类表》阐述其关于古韵分部的观点，是书大胆提出"五声三统十五部"法，将《广韵》二百零六韵划分到傅氏所定的古韵十五部中；然后又将许慎《说文解字》中九千三百三十三个字按古韵十五部分类，并入《古音十五部谐声表》中。尽管傅氏"三统五声"不尽可取，但他能让《广韵》二百六韵、《说文》所收字尽入归韵部中，且能与其"古韵十五部"观点相融通。这种分析《广韵》和《说文》谐声的方法是具有参考价值的。

李兰台《等音归韵》亦颇有建树。李氏毕生致力音韵学研究，对古代音韵及其音韵学史的嬗变非常熟悉，细数历代音韵学者及其著作，对历代韵书之优劣也颇有见地。是书则为阐明声、韵异同关系，对古韵群分类聚而作，主要以三十六字母之反切，归诸一百六部之韵，平声每韵三十二位，仄声每韵二十一位，各韵之字，同音者悉同一位。虽然由于音韵的复杂性，李氏书中对"华严字母"的类聚和分析不尽合理，但它却是晚清贵州学界少有的古韵学专著，其价值不容忽视。

郑珍、郑知同父子对音韵也颇多考论，郑知同还著有《集韵正误合钞》等韵学专著，该书虽为郑氏钞以自用，但于《集韵》版本考述，韵例、韵字辨误正讹等无不详赡深邃。而郑珍《汗简笺正》一书中，对郭氏所注反切也有大量笺释补正，反映了他对音韵学的关注。例如“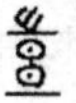（豈）”字《汗简》注“他本切”，显然字头与切语不合，《笺正》认为反切下字“本”字有误，只是他没有说明“本”是何字之误，笔者窃以为郭氏反切下字当为“本（𠦍）”字形近之误，“本”《说文》在“朩”部，上声止韵，与豈古韵同部。而更为重要的是，郑珍对音韵的分析常常与字形考辨相结合，例如前文所举“”《汗简》以为“隍”字并注音“乌华切”，字形与注音不符，而郑氏《笺正》校订字形实为“隔”字，反切下字“华（華）”则为“革”字形近之讹，郑氏所注音与《广韵》《龙龛》《字汇》等字书、韵书所注音相合。

类似的例子在《笺正》一书还有很多，例如“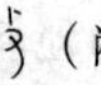（敝）”字注“曳步切”，《笺正》指出当为“必曳切”（753）；“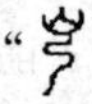（屵）”字注“丘葛切”，《笺正》指出当是“五葛切”，“丘”是“五”形近之误（815）；“（寬）”字注“音莫”，《笺正》指出“”实为“覛”字，“音莫”则是“音莫狄切”之讹脱（886)；“（誓）”字注“方经切”，《笺正》指出“经”当为“绖”形近之误（938)；“（䶱）”字注“火冬切”，《笺正》指出“火”为“大”形近之误（959)；“（黼）”字注“可丸切”，《笺正》谓“可”应该是“町”字传写之误（973)；“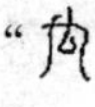（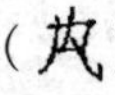）”字《汗简》注“人几切”，《笺正》指出“‘几’为‘九’之误”（997)；“（䴥）”字《汗简》注“出余切”，《笺正》指出“上字‘出’为‘山’之误”（1010)，等等，凡此

数十例，皆《汗简》反切与所释字头音不合者，这些依形订音的考辨都是颇有见地的，从郑珍所辨，可知郭氏大多因为反切用字形近而误录。

此外，黄彭年《尔雅集韵》、雷廷珍《音韵旁通》、严宗六《摘韵辨讹》、彭应珠《华严字母浅说》等，都是晚清贵州学者具有代表意义的音韵学著述。民国十年（1921）安顺学者杨恩元赴京访书，得莫友芝《韵学源流》钞本和印本，在时人皆呼"废止音韵"的时代背景中，杨氏排除众难而刊印莫书，并为之撰"跋"，都体现晚清贵州朴学家对音韵学的推崇和实践。

而在方言与音韵相结合方面，姚华《书适》中有《黔语》一种，辑录当时贵阳及周边方言词汇三百多条，任可澄《且同亭黔语释》则专为辑录贵州方言及其注释资料，二书于音韵多所考辨，同时与方言语音颇多结合，反映了晚清贵州音韵学的转变。

## 第八节　训　诂　学

训诂学是朴学的核心内容，清代训诂学的鼎盛体现在四个方面：一是校勘古籍文献、研治古书疑难范围更广更深；二是对历代训诂学文献研究更为精专，对《尔雅》《方言》《说文》《释名》等训诂要籍的研究成果丰硕，且成就最高；三是以乾嘉诸儒为代表的训诂学者水平都很高，并形成了吴派、皖派、浙东派等各具风格的训诂学流派，各个领域百花齐放；四是开始注重训诂学方法和理论的系统总结，形成新的学术方向。然而乾嘉之后，训诂学在道咸时开始衰落转型，即使因晚清孙诒让等学者出现而短暂复兴，亦难挽颓势。

晚清贵州朴学正好处于道咸跌宕时期，要在这样的学术背景和环境中，坚守这块领域并做出成绩，是相当困难的。但晚清贵州朴学家却留下了大量的训诂学著述和成果，即便放眼有清一代训诂学史，依然有其地位和价值：一是继承了乾嘉诸儒训诂方法的精髓，对文字、声音、词语、名物、典章、经义的考据都深得其要领；二是训诂领域有所拓展，涌现出了郑珍《亲属记》这类词语汇释的专门性著作，以及郑知同《楚辞通释解诂》等训诂学专著；三是"以字通经"的治学方法在"三礼"、《易》《诗》《春秋》等领域取得重要成果，郑珍所著《轮舆私笺》《仪礼私笺》等经学论著更是见称于时；四是随着训诂实践的拓展和深入，贵州学者经学、考据、文字、训诂的方法更为立体多样，从而建立起较为完整的学术话语体系。这为道咸以后训诂学的发展提供了思路和动力，在中国训诂学发展史上具有重要的影响和地位。

从相关学者及其著述的具体内容看，晚清贵州朴学家的训诂学研究，主要包含以下五个方面：

## 一、申明旧说

无论是校勘经籍，还是考证文字、训释词汇，贵州朴学家常会在著述中对前代学者相关问题的论说，加以阐述或驳斥，申明旧注、陈说，以得其确诂。这方面，首先体现在郑珍对"三礼"的考据，郑玄《三礼注》简略深奥，许多注文隐晦难明，后世研治者往往因忽略经文、注例而误解其真义。郑珍专注于"三礼"，宗郑玄之学，对待郑玄注文更是"思之数日不识所谓者，始亦讶其不合，迨熟玩得之，觉涣然冰释"，因此郑珍对"三礼"的研究一直以"善读经，尤善读注"而闻名，颇为精深①。

例如《仪礼》卷一《士昏礼》曰："主人筵于户西。西上，右几。"郑玄注云："筵，为神布席也。"贾公彦疏则曰："云'筵，为神布席也'者，下文礼宾云'彻几，改筵'，是为人设席，故以此为神席也。"其中所谓"布席""设席"即铺设坐席，例如《仪礼·士冠礼》："布席于门中、闑西阈外，西面。"即此义。为神所布之席即为"神席"。这里"为神布席"是合乎"布席"之礼仪的，但这里的"神"到底是什么神？郑玄注、贾公彦疏皆未明示。郑珍《私笺》则云："神，祖父之神也。"并引郑玄《驳五经异义》为证："卿大夫无主几筵以依神，故少牢之祭，有尸无主。布席讫，主人将以当行之事告，凡六礼皆然，使若祖父临之。"据其所考，则知郑玄所说"为神布席"之"神"，其实是祭祀时代指"祖父"以为依凭。郑珍钩沉郑玄旧注，申发其说。

又如《仪礼》卷一："妇乘以几，姆加景。乃驱，御者代。"其中的"御者代"，郑注只云："御者乃代婿。"比较简略，贾氏疏更未提及，因此"御者代"是何义令人费解。所谓"御者"，可以指驾驭车马的人，如《仪礼·既夕礼》："御者执策，立于马后。"也可以引申指侍从，如《仪礼·既夕礼》："御者四人皆坐持体。"郑玄注云："御，今时侍从之人。"郑珍《私笺》则云："此车，夫家所供御，以来迎者为夫家之人，今若御妇，殊碍，代御者，当是

---

① 张超人《郑珍〈仪礼私笺〉研究》，贵州师范大学硕士学位论文，2015年，第24页。

女家之子弟。"指出"御者代"即"代御者",而据经义所叙,指明这里的"代御者"就是"女家之子弟"。

又如同卷:"婿乘其车,先俟于门外。"郑玄注只解释了字义"俟为待""门外为大门之外",而读者很难明白"俟于门外"到底为何种礼仪,遂不明经文要义。《说文·人部》:"俟,大也。"段玉裁注云:"此俟之本义也,自经传假借为竢字,而俟之本义废矣。"据郑玄注"俟为待",可知"俟"假借为"竢"于先秦已然,《诗经·邶风·静女》:"静女其姝,俟我于城隅。"即其例。后世字书如《玉篇·人部》:"俟,候也。"《字汇·人部》:"俟,待也。"皆以"待""候"为"俟"之常用义。而郑珍《私笺》云:"婿授绥于代者,即下车出大门外,乘其车先发,诸从婿者亦随之而发。及己家大门外,其赞婿者及妇人讶者,亦当同俟。"详细描述了"婿乘其车,先俟于门外"的礼仪过程,阐明了郑玄旧注旧说之义,此郑氏《私笺》之价值所在。

郑珍《私笺》一书是"笺体"式经典著作,在体例上,与郑玄《毛诗笺》《仪礼注》一脉相承。传、笺都是较早的训诂体例,郑玄在他的《六艺论》中提到了《毛诗笺》的体例特点:"注《诗》宗毛为主,其义若隐略,则更表明;如有不同,即下己意,使可识别也。"① 由此可见"笺体"类著作的价值,就在于申明、补充、辨正旧注旧说,以更明经文要义。邓声国认为:"在现存的清代《仪礼》文献当中,只有郑珍的《仪礼私笺》属于笺体著作,该书大致依仿郑玄笺《毛

---

① 据《十三经注疏·毛诗正义》卷一所引,阮元校刻《十三经注疏》(上册),中华书局,1980年,第269页。

诗》的注释体例，择取郑玄批注《仪礼》的具体训例，对其隐晦质略者加以申明，对郑氏偶有失误例则辨而正之。"① 这是对郑氏《私笺》非常客观的评价，郑珍《私笺》就是为郑玄《仪礼注》所作的笺注，而其体例又以郑玄笺《毛诗》为源，这是郑珍训诂以郑玄为宗的最好证明。

## 二、考辨词义

训解词义及其演变，从而达到准确阐释经义或文献义例的目的，这是训诂研究的核心要义。郑珍曾在《仪礼私笺·后序》评述郑玄、贾公彦等注疏《仪礼》的优缺点，汉代学者认为郑玄注很繁琐，但于今天学者，其弊端反而是太过简略：而贾公彦虽专门疏通郑注，但于经义却颇多疑难未辨，而后来研治《仪礼》者，牵合、臆断就更加复杂了。而郑珍看清这些事实，选择以自己擅长的字词考释来求证经义，并指出了词义考释正确与否，对解读经文主旨、义例的重要性，这也是贵州学者对词义训释的共同观念。

郑珍自己非常注重词义考辨，他的经学著述中有大量词语考辨的内容，涉及疑难词义、词义引申、同义词、近义词等多个方面。

一是考释疑难词义。例如《巢经巢集经说·尔雅》中《尔雅·释言》："辟，历也。"何以用"历"训"辟"？"辟"到底是何义？历代注疏皆未言明。郑珍则考释指出"辟历"就是古"霹雳"本

---

① 邓声国《清代仪礼文献研究》，上海古籍出版社，2006 年，第 294 页。

字，二字不仅可以单用，"辟"就是"霹"，"历"就是"雳"，还可以连用作"辟历"，以往注家因无从可解，遂以通、假借笼统训之，皆未的。今考"辟"与"历"合用，指雷声。《释名·释天》："震，又曰辟历。辟，析也，所历皆破析也。"《史记》"辟历"与雷电、虾虹、夜明等并举，《汉书·扬雄传上》："辟历列缺，吐火施鞭。"颜师古注引应劭曰："辟历，雷也。"① 唐封演《封氏闻见记·长啸》："雷鼓之音，忽复震骇，声如辟历。""辟历"或作"劈历""霹雳"。《释名·释天》："震，又曰辟历。"毕沅《疏证》："辟历，字当作劈历。"《康熙字典·辛部》："辟历，雷声。别作霹雳。"朱骏声《说文通训定声·辟部》："辟历，俗字作霹雳。"皆其例。而汉魏以来典籍仍然多见用"辟历"，盖因二字本"疾雷"字，故俗增"雨"旁，且二字叠韵，意义相同，故《尔雅》以"历"训"辟"，今"霹雳"已成为正字。

二是辨明词义引申。例如《仪礼·丧服小记》"斩衰三年章"引《传》曰："苴杖，竹也；削杖，桐也。杖者何？爵也。"郑珍《私笺》按语云：

> 是杖用竹、桐，其义为扶病是一，非于竹、桐上别有取义。盖竹、桐二物，轻滑便手，古人于吉杖当亦常用之，故居丧扶病，即用为凶杖。吉杖用竹，肤节间当有修治，凶则不修治，其杖粗沽，故得"苴"名；吉杖用桐，当不止削其科卮，凶则削科卮而已，故得"削"名。(114)

---

① 班固《汉书》卷八十七上，清乾隆武英殿刻本。

所谓"扶病"，意思是支撑病体而行动，《礼记·问丧》："身病体羸，以杖扶病也。""扶病"的工具就是"杖"，《说文·木部》："杖，持也。"段注云："凡可持及人持之皆曰杖。"《集韵》去声漾韵直亮切："杖，所以扶行也。"用作名词时，"杖"就是扶病时所用的手杖、拐棍。据郑珍所考，古人制作"杖"一般用竹、桐，因此有杖竹、杖桐，据古礼，人们所用"杖"有吉杖、凶杖之分，这由"杖"所用材质来判断，杖竹、杖桐都可以用为吉杖，但杖竹如果不修理表面和枝节，就是凶杖。而杖竹之所以名"苴"者，是因为"苴"与"粗"字通，有粗劣、粗恶之义。《墨子·兼爱下》："昔者晋文公好苴服。"孙诒让《间诂》："苴、粗字通，犹中篇云恶衣。""苴杖"这是一种粗沽未修的杖竹，于礼仪中，则指父丧期中，孝子守孝用以扶病的恶色竹杖。《荀子·礼论》："齐衰苴杖，居庐食粥，席薪枕块，所以为至痛饰也。"杨倞注："苴杖，谓以苴恶色竹为之杖。"① 殆可为证。而"杖桐"之所以名"削"者，是因为其杖"削科厄而已"，是亦凶杖也。"削"意思是用刀斜着去掉物体的表层。《诗经·大雅·绵》："筑之登登，削屡冯冯。"毛传："削墙锻屡之声冯冯然。"②《广韵》入声药韵息约切："削，刻削。"削桐以为杖即"削杖"，于礼仪中，一般指母丧期中，孝子守孝用以扶病的桐木削厄的木杖。班固《白虎通德论·丧服》载云："'父以竹，母以桐'何？竹者，阳也；桐

---

① 荀况撰、杨倞注《荀子》卷十三，清乾隆抱经堂丛书本。
② 毛亨传、郑玄笺、孔颖达疏《毛诗注疏》卷十六，清嘉庆二十年（1815）南昌府学重刊宋本十三经注疏本。

者，阴也。"① 这可能就是典籍以"苴杖"用于父丧，"削杖"用于母丧的原因。

三是辨析多义词与同义词。例如《孟子·万章上》："知好色，则慕少艾。"郑珍《巢经巢集经说·孟子》考云：

> 狐突言艾指嬖臣，魏牟言幼艾指建信君，固皆男色。若"艾猳"之"艾"训老，与"五十曰艾"义同。艾猳，老牡豬也，岂色之谓？《楚辞·少司命》"擁幼艾"亦谓女色，又岂有人知好色专慕男色之理？则男色为艾，非确义也。今按《尔雅》："艾、历、觊、胥，相也。""相"有相视、相与、形相三义，此则三义并列，与"台、朕、赍、畀、卜、阳，予也"为赐予、予我二义并列同。(37)

《说文·艸部》："艾，冰台也。"《尔雅·释草》亦云："艾，冰台。"本义就是指今天的艾蒿。但这个本为草名的"艾"字，在古籍中有很多用义。常见的一是美好义，《孟子·万章上》："知好色，则慕少艾。"即其例，赵岐注云："少，年少也；艾，美好也。"② 二是形容女子美丽或美丽的女子。《楚辞·九歌·少司命》："竦长剑兮拥幼艾。"洪兴祖《补注》："美女谓之艾。"③ 清孔尚任《桃花扇·逃难》："积得些金帛，娶了些娇艾。"④ 三是用指老年

---

① 班固《白虎通德论》卷十，《四部丛刊》景元大德覆宋监本。
② 赵岐注《孟子》卷九，《四部丛刊》景宋大字本。
③ 王逸章句、洪兴祖补注《楚辞》卷二，《四部丛刊》景明翻宋本。
④ 孔尚任《桃花扇》下本，清康熙刻本。

人。《方言》卷六："艾，老也。东齐鲁卫之间，凡尊老谓之俊，或谓之艾。"《礼记·曲礼上》："五十曰艾。"陆德明《释文》："艾，老也，谓苍艾色也。"梅尧臣《田家语》："搜索稚与艾，惟存跛无目。"① 四是用作辅佐，记录这个意义时，"艾"是"乂（治理、辅相）"之假借。《尔雅·释诂下》："艾，相也。"王引之述闻："艾与乂同，乂为辅相之相。"② 据郑珍所考，当"艾"训"相"时，于《尔雅》中，又与历、觍、胥等诸字同义。由此可见，"艾"本多义，非专指男色，反而用以形容女子居多，"少艾"一词古籍中常见，一是用指年轻美丽之女子，用作名词，《孟子·万章上》："知好色，则慕少艾。"即其例。二是用指女子年轻美丽，用作形容词，如《二刻拍案惊奇》卷二十："有一富户，姓陈名定，有一妻一妾……妻已中年，妾尚少艾。"③ 即其例证。可见郑珍于经典中每考一词，都会系统考察这个词的字际关系和字词关系，以得其确诂。

四是辨析词义之微别。例如：《仪礼·丧服》"齐衰不杖期章"引《传》曰："何以期也？从服也。"郑珍《私笺》按云：

　　《小记》"从服者，所从亡则已；属从者，所从虽没也服。"……"徒从"义自以《小记》四徒为正。"为夫之君"即从夫服夫党之一，自是属从，盖"属"字不宜解为"血属"，止当作"连属"解，母党、夫党、妻党，皆于母于夫于妻相连

---

① 梅尧臣《宛陵先生集》卷七，《四部丛刊》景明万历梅氏祠堂本。
② 王引之《经义述闻》卷二十六，清道光刻本。
③ 凌濛初《二刻拍案惊奇》卷二十，明崇祯尚友堂刻本。

属者也。(133)

　　所谓"从服"，意思是为姻亲或君上的亲属服丧。于礼仪中履行"从服"之礼称为"属从"。而"属从"这个词中的语素"属"具体是什么意思呢？郑氏认为这个"属"不宜解释为"血属"，而应该解释为"连属"，丧礼中所谓母党、夫党、妻党都是与母、夫、妻相连而属从者。"属"解释为"血属"或"连属"，于经义是存在差异的，必须辨明这种差异才能确诂经义。"血属"就是指有血缘关系之亲属，"属"本有亲属义，《孟子·离娄下》："夫章子岂不欲有夫妻子母之属哉？"古籍中常见"五属"，指的就是五服内亲，都是血属。而"连属"之"连"表示连接、连续，依郑珍所考，礼仪中"连属"即连续以为亲属之义，"属从"之"属"应取"连属"义。《礼记·丧服小记》曰："属从者，所从虽没也服。"孔颖达疏云："属从者，所从虽没也服，此明属从也。属者，骨血连续以为亲也，亦有三：一是子从母服母之党；二是妻从夫服夫之党；三是夫从妻服妻之党。此三从虽没，犹从之服其亲也。"① 与郑氏所考大致相符。

　　另一位在训诂词义方面成就较大的是郑知同，他的《楚辞通释解诂》是一本通释通诂的专书，类似于今天的"今注今释"，可以说该书汇通字词训诂、经文疏通、文献考异的各个方面，是一部高水平的训诂学论著。例如《九歌·大司命》："广开兮天门，纷吾乘

---

① 郑玄注、孔颖达疏《礼记疏》卷三十二，清嘉庆二十年（1815）南昌府学重刊宋本十三经注疏本。

兮玄云。令飘风兮先驱，使涑雨兮洒尘。"郑氏解诂云：

> 天门，上帝所居紫微宫门也。吾，大司命自谓。乘，如乘
> 车。玄云，黑云也。鬼神之行，常有黑云护之。汉乐歌云"灵之
> 车，结玄云"是也。玄云，庆云也。汉乐歌"灵之车，结玄云"，
> 《淮南子》："玄云素朝。"崔寔《大赦赋》："批玄云，照景星。"
> 回风为飘风。暴雨为涑雨。先驱，为解除也。洒尘，为清路也。①

可谓逐字、逐词为之注解，于有疑难者如"玄云"等，则详引
古籍解诂，依据郑氏对词义的训释，则于楚辞章句皆文通字顺。

## 三、考订名物典制

除了关注字词考释、章句疏通和文义阐释，晚清贵州朴学家的
训诂学实践还包括对名物和典制的考订。例如莫棠《铜井文房砖
录》、姚华《金石系》、萧光远《周易属辞》中都有大量这方面的内
容。郑珍代表著作《仪礼私笺》《轮舆私笺》中对名物、典制的考
辨尤多。例如《周礼·辀人》："辀欲弧而无折，经而无绝。"郑珍
《轮舆私笺》考证云：

> 辀端横木，言其横曰衡，言其形曰軏、曰轭，实言之曰两

---

① 蒋南华、黄万机、罗书勤《郑知同楚辞考辨手稿校注》，贵州人民出版社，2003 年，
第 85 页。

鞘、两軛……衡所以名厄者，《尔雅》"蚅，乌蠋。"郭注："大
虫，如指，似蚕。"韩子曰："蚕似蠋。"按，此虫，吾乡俗呼
"看田狗"，青色，旁两足，有尾，纹两边斜披，略似狗，巨者
輥然如大指，喜在豆蔓上，不常见其行，食一篱之豆，亦罕见
双。《诗·东山》笺，谓蠋特行。良信。山东人呼"豆虫"，軛
形似之，故谓之厄，亦谓之乌蠋。(282)

　　所谓"辀人"，就是造辀的工匠，《周礼·考工记·辀人》："辀
人为辀。"《说文·车部》："辀，辕也。"朱骏声《通训定声》云：
"小车居中一木曲而上者谓之辀，故亦曰轩辕，谓其穹隆而高也。"
"辀"即车前曲木，关于"辀"的形制和名实，郑珍考论颇详，比
如提到"辀"的形制时，郑氏指出"言其形曰鞘、曰軛，实言之曰
两鞘、两軛"，其中"鞘"《说文·车部》："鞘，軶下曲者。"而
"軛"《说文·车部》："軶，辕前也。"朱骏声《通训定声》云：
"辀耑之衡、辕耑之楅皆名軶，以其下缺处为鞘，所以扼制牛马领
而称也。"可见言"辀"之鞘、軛都是就其弯曲的形制而言，同时
可以知道"辀"是车前横木之泛称，于车制具体则有鞘、軛之别。
此外，郑氏还指出"辀"之所以名"軛"，是因为"軛"的形状与
《尔雅》所载一种叫"蚅"的虫相似，故谓之"厄"，又因为与车
有关，故作"軛"。这是郑珍《轮舆私笺》一书中常见的名物考订
的内容与方法。

　　除了名物考辨，郑氏对礼仪、典章、制度的考述也不少。例如
《仪礼·士昏礼》："宾升北面奠雁，再拜稽首，降出，妇从降自西
阶，主人不降送。"郑珍《仪礼私笺》按语云：

《聘礼》注:"宾车不入门,广敬也。"是非客车则入大门
矣。又《谷梁传》桓三年传:"礼,送女,'母不出祭门,诸母
兄弟不出阙门'。"祭门即庙门,则阙门即大门,惟妇车在大门
之内,庙门之外,其兄弟送至此,视登车讫,加景已驱,故可
不出大门。若女至大门外始登车,而兄弟送止于门内,古今有
此情理乎?(64—65)①

"宾礼"指接待宾客的礼节,为古代"五礼"之一,涉及很多细
节。这一条是关于宾客降出,若"妇从降自西阶",主人是否降送的
问题。所谓"降送",意思是下堂相送,是送宾客之礼。在郑珍考语
中,可知送妇车之礼,要视其车所在位置而定,若妇车在阙门(大
门)之内、祭门(庙门)之外,兄弟则只需送其登车即可,不用出大
门;若妇车在大门之外,则兄弟就需要送出大门,这是古今都认为合
乎情理的礼仪。而之所以妇车在祭门之外时,兄弟不用出大门相送,
是因为据《谷梁传·桓公三年》:"礼,送女,父不下堂,母不出祭
门,诸母兄弟不出阙门。"可见郑珍对古礼中所涉的典制和细节、轮
舆中所涉的形制和名物都有非常精深的考辨,他熟悉古代礼仪、典章
制度,并善于利用典籍所载及前人注疏,来做出自己的准确判断。

## 四、辨订人物史实

对历史人物相关史实的考据,也是训诂学研究的重要内容之

---

① 参看魏立帅《晚清汉学派礼学研究》,山东师范大学硕士学位论文,2007 年,第 59 页。

一。在古籍流传过程中，人物的姓名、行述等能为校勘文献版本、疏通经典文义提供重要线索。晚清贵州朴学家的朴学著述中，关于人物史实的考订虽然不是专力专为，能看到的内容也不多，但却充分体现了贵州学者训诂研究的一些特色。例如贾公彦《序周礼废兴》云："林孝存以为武帝知《周官》末世渎乱不验之书，故作十论七难以排弃之，何休亦以为六国阴谋之书。唯有郑玄遍览群经，知《周礼》者乃周公致太平之迹，故能答林硕之论难，使《周礼》义得条通。"郑珍《巢经巢集经说·康成弟子临硕》考云：

> 林硕、林孝存一人也，名硕，字孝存，康成弟子。《后汉书·孔融传》："为北海相，郡人甄子然、临孝存知名早卒，融命配食县社。"其姓作临，与《郑玄传》同。而《魏志》注引《续汉书》："融为北海相，郡人甄子然孝行知名，融令配食县社。"盖传本写脱"临"姓，浅人不知别一人，以"存"字为"行"之误，因改作"孝行知名"为句也。《汉纪》云"使甄子然临配食县社"，"临"下脱"孝存"，皆当据《汉书》补正，其姓皆作"临"也。（33—34）

《序周礼废兴》中涉及两个人名林孝存和林硕，贾氏以为是两人，而郑氏则指出林硕、林孝存实为一人，此人名硕，字孝存，是郑玄的弟子。通过稽考文献，进一步发现此人本姓"临"，"临"为古姓，《通志·氏族略四》："临氏，八凯大临之后也……秦州刺史临深，东海人。隋日者仪同临孝恭，知天文，京兆人。"① 文献把"临孝存"记作"林孝存",盖因同音而误记。郑珍在文献中考证出"临孝存"这个人物后,进一步发现《魏志》注引《续汉书》"郡人甄子然孝行知名",《汉纪》"使甄子然临配食县社"等文献均存在讹脱,从而加以校正。

又如《公羊》《穀梁》两传《襄公二十一年》皆有:"庚子,孔子生。"在《经》"十月庚辰"至"会于商任"之下。郑珍《巢经巢集经说·孔子生卒》则考云:

> 据《经》"十月庚辰朔"推之,则庚子为十月二十一日。周之十月,夏之八月,是今八月二十一日孔子生日也。《左氏续春秋经》于哀公十六年书"夏四月己丑孔丘卒"。据前十四年《经》"夏五月庚申朔"推之,则己丑为四月十二日。周之四月,夏之二月,是今二月十二日孔子卒日也。自襄公二十一年数至哀公十六年,孔子寿实七十四岁。(29—30)

关于孔子的生卒年,历来颇多争议,今天一般认为孔子的生年是公元前551年,卒年是公元前479年,孔子寿72岁。公元前551年,对应的是历史上的鲁襄公二十二年,这与司马迁《史记·孔子世家》所言"鲁襄公二十二年,孔子生"和杜预注《左传》所言"孔子鲁襄公二十二年生"相合②。但郑珍根据《公羊传》《穀梁传》所记,并结合周历、夏历记月的差异比较,认为孔子生年应为

---

① 郑樵《通志》卷二十八,《文渊阁四库全书》第373册,台湾商务印书馆,1986年。
② 金友博《积重难返的杜撰"诞辰"纪孔》,《文史杂志》2018年第5期,第111页。

襄公二十一年（前552年），卒年为哀公十六年（前479年），孔子寿七十四岁，从具体月份的差异看，七十四岁是虚岁，实为七十三岁。据吴晋生、吴红红考证发现："孔子生于前552年10月9日，卒于前479年3月9日，享年73岁。"① 与郑珍所考大致相同。

除了上述几个方面的训诂学研究，清代贵州朴学家在疏解经典字词、文义的过程中还非常重视章句的疏通和分析，这也是他们训诂实践中的一项值得关注的内容。因为章句厘通是开展其他训诂工作的基础，清代贵州朴学家的著述中章句厘通的内容虽然不多，但不少学者具有章句意识，并且经常使用"当移""当连""上属""上承""改读"等专门术语，具有一定文献校勘和章句考据特色。例如《仪礼·丧服》"大功九月章"："为夫之昆弟之妇人子适人者：大夫之妾为君之庶子；女子子嫁者未嫁者，为世父母、叔父母、姑姊妹。"郑珍《私笺》认为"女子子"等八字应上属读。（153）又如《仪礼·丧服》"小功五月章"："从父姊妹，孙适人者。"郑珍《私笺》认为"适人者"三字上承从父姊妹女孙三人，应作一句读。（170—171）这些都是通过厘通章句来校勘古籍。除郑珍外，如莫友芝、莫庭芝、莫祥芝、宦懋庸、陈矩、莫绳孙、廖袭华等学者都精于点校，善于校勘，在训诂、考据上多有创获。

总之，晚清贵州朴学家在传统训诂基础上，对古籍中名物、典制、人物史实、年代的考证方面做了很多努力，这些训诂工作具有很高的难度，既要爬梳文献，又要结合古籍、历史和文化等各方面因素展开综合性训诂，这正是晚清贵州朴学家训诂学研究

---

① 吴晋生、吴红红《孔子生卒年月日新考》，《贵州文史丛刊》1997年第4期，第50页。

的宝贵品质。赵恺在《巢经巢詩钞·卷首》中说："郑先生生于穷乡，不逐众趣，守前贤之说，范围不过尊诸高密而不敢有他睥睨，然后以求合于宋，不敢高视而俍步。取诸经以协人事，故莫重于礼；人伦之大切诸心性，莫大婚丧。故首述之，以作《仪礼私笺》。制作之始，不出舟车，是以作《轮舆私笺》。文字之归，切严泛论，莫重于许君小学；而训诂、形声之说，有段懋堂、王箓友辈为之考覈，而批郤导窾以正二徐之未至，又鍥六书之奥而得转注之真，未必不辚轹夫休宁、金坛而登斯文之坛坫也。"① 这虽然只是对其外祖父郑珍训诂学成就的总结，其实呈现的也是晚清贵州朴学家们发奋研习经籍旧说，继踵前人成果，探索新的训诂学领域和出路的精神内涵。

## 第九节　亲属称谓词语汇编考释

乾嘉之后，传统学术大多归于沉寂，但随着朴学家对语言文字的认识和研究的更加深入，道咸学者开始从传统字词考辨向更为宏观的词汇语义学转变，这是晚清贵州朴学研究内容中值得关注的一个重要方面。

这方面的成果，以郑珍《亲属记》为代表，一是该书是郑珍对历代亲属称谓词的集中汇释，是贵州朴学家训诂学研究的一项重要内容；二是该书作为对《尔雅·释亲》以来最为完备的研究古代亲属称谓词的专著，其在字词考辨、词汇语义、辞书编纂、

---

① 《郑珍全集》，第52页。

232

语言文化等各方面的价值都不容忽视；三是《亲属记》的早源是我国第一部训诂学专书《尔雅》，它的研究既包含着传统训诂的内容，同时也反映了传统朴学在词汇语义方面的转变。性质上，《亲属记》应该放在"训诂学"中去讨论，但鉴于该书在晚清贵州朴学中的特殊地位，我们把它专门提出来，试从词汇语义角度对郑珍《亲属记》一书展开讨论，以此考察晚清贵州朴学更多方面的内容与特色。

《尔雅·释亲》是最早对汉语亲属称谓词语所作的系统性整理与辑录，之后历代学者对亲属称谓都非常关注，但很多研究都是对个别称谓词语的考释，或对某些称谓文化现象的解释，缺乏系统性整理与研究。直到晚清贵州学者郑珍汇编考释历代亲属称谓词语并写成《亲属记》，才有了对汉语亲属称谓词汇的专门性研究。该书较为详尽地搜集整理历代亲属称谓词，以词典的方式加以纂辑；然后逐条考证亲属称谓词语，论证亲属称谓之间的联系，勾勒古今亲属称谓词系及其发展演变；并且在词语考辨中，郑珍还发挥其在"考礼征俗"方面的专长，对亲属称谓文化作了大量阐释，大大提高了这本专书的语言文化价值。贵州后学陈田、陈矩、郑知同、赵恺、任可澄等，对郑珍《亲属记》都非常推崇。

一、亲属称谓的词典式纂辑

在古代社会的礼教文明中，"称谓"发挥着别亲疏、明贵贱、正名分的文化功能，因此"称谓"集中反映了一个民族或地域的语言文化形态与特点，自古受到社会各个阶层的重视。早在汉代，儒家学者就在推广雅言的《尔雅》中汇辑了《释亲》，专门阐释古代亲属称谓。但后来历代对亲属称谓的研究，要么"大端略具，语焉未详"，要么"皆所亡佚，不得而详"，迟至近代这一领域仍留有空白。于是郑珍在考字解经之暇，专门著《亲属记》一书，全面搜罗传世古籍所载亲属称谓六百余词，逐条汇释，并按血缘、亲属、亲戚、婚姻、主仆、师徒等社会关系，析分为一百零六大类。

《亲属记》收词、考词，按时代先后参引文献，从先秦、唐宋到明清，爬梳整理，通过汇辑大量亲属称谓语料，力图反映每一个称谓词的最早书证及其发展演变。尤喜稽考先秦典籍。如"侧室"条引《韩非子·八奸篇》云："侧室公子，人主之所亲爱也。"又引《仁征篇》云："君不肖而侧室贤，太子轻而庶子伉。"（1107）又如"养"字条引《易·说卦传》云："兑为妾为羊。"（1108）"同宗"条引《左传·襄公十二年》云："同宗于祖庙。"（1138）以上都是据先秦典籍稽考亲属称谓的例子。

与历代辑录亲属称谓词的著作相比，《亲属记》尤以对词语的深入考证见长，每个词条兼及形音义，源流并重，训诂结论颇多可取。首先，词条中多有对词义的训释和音韵的考辨，例如词条"妳"，《亲属记》据《广韵》考云"妳，奴礼切，楚人呼母"，又谓"今读奴蟹切"。（1088）则中古以来"妳"有两音，一音"奴礼切"，今音读"nǐ"；一音"奴蟹切"，今音读"nǎi"。其中"奴蟹切"与《玉篇》《集韵》"女蟹切"同。但从音义匹配来看，读"nǐ"音时"妳"应该是"你"的异体，用指女性；读"nǎi"音时则是"嬭"的异体，《广雅·释亲》："嬭，母也。"《广韵》上声荠韵奴蟹切："嬭，楚人呼母。"即源于此。而书作"妳"形者，当是据"嬭"类推简化而成的简俗字。

又如词条"妈"，据《亲属记》所考，《广雅·释亲》本收有"妈"，为汉代以来俗称母，《集韵》《类篇》皆谓："妈，母也。"即本《广雅》；而"母"古音莫补切，今音"mǔ"，"妈"则俗读马平声，今音"mā"。但在《龙龛手镜》《玉篇》《广韵》《类篇》《集韵》等字书、韵书中"妈"音"莫补切"和"满补切"，与"母"同音。窃以为母、妈古音相近，因方俗读"母"近马平声，故俗书作"妈"来记录这个音义。

其次，很多亲属称谓的字形或用字都不经见，难以稽考，《亲属记》训释词汇音义时常常兼顾字形，通过厘清字际关系和字词关系，来澄清亲属称谓词汇的源流演变。例如词条"毑/媎"，《亲属记》据《广雅》"媎、毑，母也"和《玉篇·女部》"毑"下重文"她"注"古文亦作媎"，指出"媎""毑"本为一字，今本《广雅》"媎"记作"肥"，乃形近讹误（1088）。《集韵》上声哿韵子我切："媎、毑，《博雅》：'媎，婢母也。'或作毑。"可证郑说不误。又如词条"挐"，《诗经》《礼记》中"乐尔妻帑"，古代注者如郑玄、陆德明、朱骏声等多以指出"帑"亦作"挐"，表"子"义。《亲属记》考证指出《诗·小雅·常棣》"乐尔妻帑"之"帑"即"挐"古字，《诗》《书》中"帑"皆只表示子义，而《左传》用以兼表妻，郑珍认为当以"子"义为其正（1110）。又如词条"息"，《亲属记》考曰："俗字作'媳'，今世通称。"（1116）今天通用的表"子之妇"义的"媳"，古形只作"息"，俗作"媳"乃因其义而增"女"旁。但查历代字书、韵书，皆未见收"息"之"媳妇"义。

关于亲属称谓词汇的系统性，《亲属记》中还表现在各大类下，每一小类亲属称谓词汇数量的多寡之别，例如书中所收"母称"类亲属称谓比"父称"类亲属称谓词汇数量多。而词汇数量的多少，往往与具体的亲属关系、亲疏远近或社会地位存在关联。

此外，郑珍训释亲属称谓词汇，对词条的来源和文献出处亦颇为看重，从其所引文献资料看，汉语亲属称谓词语大多出自传世字书、韵书和历代典章、制度类文献，这些文献大多具有典范性、通行性特征，由此可见亲属称谓词语的性质和特征。《亲属记》不仅重视提供较早的词条疏证，并且对词语在文献典籍中的使用情况也有大量阐述。例如词条"高祖父/高祖母"，《亲属记》据《礼记·丧服小记》"有五世而迁之宗，其继高祖者也"，指出"高祖"之称始见于《礼记》，而称高祖父、高祖母为后来所增（1100），今考高祖父、高祖母多见于汉魏以来典籍。又如词条"孺人"，《亲属记》据《礼记·曲礼下》"大夫曰孺人"，指出"孺人"本指"大夫之妻"，与"后夫人"相类，指的是诸侯或大夫之妻，例如《礼记·曲礼下》："公侯有夫人，有世妇，有妻，有妾。"但"孺人"这个称谓词表指诸侯、大夫之妻的用法，在传世典籍难以找到更多的用例，汉魏以后，"孺人"已经变为"妻"之通称。

## 二、亲属称谓的词汇史考查

郑珍系统性地搜集整理了历代亲属称谓词汇资料，并结合文献典籍，对这些词汇作了大量考证训释，由于他掌握的资料较多，并且对亲属称谓词汇的来源和性质非常熟悉，于是他对亲属称谓这类专有词汇的研究逐渐跳出经学的框架，开始走向对亲属称谓的词汇史、词汇学探索。这一点，在《亲属记》一书中主要表现为注重对亲属称谓词汇系统性的考察、从词汇史角度对亲属称谓及相关历史词汇进行分门别类、对亲属称谓作了大量词汇史角度的个案研究三个方面。

汉语亲属称谓词汇具有系统性。自《尔雅·释亲》《礼记》以降，《小尔雅》《方言》《释名》《广雅》等通语、方言文献中，"亲属称谓"都是作为专有的门类，是反映特定语言文化的一类词。一些亡佚的古籍如《白虎通义》等亦提到孔壁中藏有《亲属记》一种，说明古人汇辑考释亲属称谓的时代是很早的。至《隋书·经籍志》载有"《称谓》五卷"，于史志中为亲属称谓开辟了专章。清人著述，如顾炎武《日知录》、翟灏《通俗编》、赵翼《陔余丛考》等书中，都有对亲属称谓词的专门考释。晚清学者最早关注亲属称谓的是梁章钜所著《称谓录》，该书汇录历代称谓语，包括社会称谓和亲属称谓。与梁氏相比，郑珍《亲属记》在收录亲属称谓方面更为全面，更具系统性，且词条考辨更为详赡。从历代文献辑录亲属称谓词语的具体情况看，《尔雅·释亲》仅收亲属称谓九十余条，而郑珍《亲属记》通过从不同时期文献中搜集词条，不仅所辑亲属称谓已多达六百零六词，所分类别亦多达一百零六类，而且反映出从古至今，汉语亲属称谓词汇系统持续不断的历时演变。

例如梁章钜《称谓录》"妻称夫"下收有词条"卿"，但其仅举唐代张泌《妆楼记》为书证，时代偏晚、例证偏少。《亲属记》未收词条"卿"，但在"侧室""内子"等词条中，提供了有关于"卿"的重要语料，如"内子"条引《国语》："卿之内子为大带。"又引《丧大记注》："卿之妻为内子。"又引《释名》："卿之妃曰内子。子，女子也，在闺门之内治家也。"（1104）又如"侧室"条引《左传·桓公二年》："师服曰：'卿置侧室。'"又《襄公十四年》："师旷曰：'卿置侧室。'"又引应劭曰："礼，卿大夫之庶子为侧室。"（1112）由"卿之内子""卿之妻""卿之妃""卿置侧室"之谓，可知"卿"乃"妻称夫"。从郑氏的引证可以看出早期文献中"卿"作为称谓语，主要用于"卿大夫"等官职的专称，至汉代君王对臣的爱称亦用"卿"，此义当由"卿大夫"之义引申而来；同时又广泛用于对第二人称表示尊称、敬称，这一用法可能源于"卿"字的本义，"卿"字甲骨文作"𝕬""𝕭"等形，金文作"𝕮"等形，《说文·卯部》"卿"篆体作"𝕯"形，容庚《金文编》："卿，象两人相向就食之形。"[1] 由此引申而指相互尊敬、尊称，而于夫妻之间，这一意义随着汉语史的发展，就进一步产生了"妻称夫""夫妻相称"[2] 的称谓用法。据《亲属记》所引《国语》《丧大记注》《释名》等文献，把"妻"称为"内子"，也是"卿大夫"对其妻的专称，而卿大夫之妻称其丈夫即为"卿"，加之"卿"本来用作第二人称，卿大夫"夫妻相称"就会常常使用"卿"作为称谓语。可见《亲属记》所考，不仅找到了"卿"的更早书证，而且梳理了"妻称夫曰卿"的源流。

汉语亲属称谓词汇的系统性还表现在旧的亲属称谓词的消亡方面。例如汉语亲属称谓有不少是取源于古代少数民族的称谓词，因为在长期的民族交往过程中，汉语与少数民族语言形成了接触交流，

---

[1] 容庚《金文编》（影印本），中华书局，1985 年，第 645 页。
[2] 窦属东《郑珍〈亲属记〉研究》，贵州师范大学硕士学位论文，2014 年，第 27 页。

反映在亲属称谓上，就是汉语中有不少亲属称谓来自少数民族，但这类亲属称谓词有很多很早就消亡了。例如《亲属记》所记词条"莫贺"，用作父称，源自鲜卑语，但汉语及其古籍文献已经不再使用。汉语自身的亲属称谓词汇，历代也有增有减，反映出系统性的演变，《亲属记》类似的词条如"伯氏""伯兄""长嫂""仲氏""仲公""伯父""仲父""叔父""季父"等皆已不用；又如"兄嫂"视其排行，使用"大哥/大嫂、二哥/二嫂、三哥/三嫂"等，则是旧词通过改变词汇结构继续保留使用。

词汇分类方面，《亲属记》对亲属称谓词的分类以血缘、亲疏关系为主线，然后按照意义范畴对词条进行具体编排，不仅能分出上位词、下位词，并且能看到亲属称谓词汇的来源有通语类、方言类、民族语类、专书类等。例如《亲属记》中"祖父/祖母"（1098）、"王父/王母"（1098）、"大父/大母"（1098）、"曾祖父/曾祖母"（1099）、"曾祖王父/曾祖王母"（1099）、"曾大父/曾大母"（1099）等词，皆出自通语类文献，大多沿用至今。又如梁氏《称谓录》就专门列有"方言称父""方言称母""方言称……"等类目，表示这类称谓语是采源于方言的。郑珍《亲属记》所收来自方言的亲属称谓更多，并且不少词条还考证了其方言来源。例如词条"郎罢"引《青箱杂记》："闽人谓父为郎罢，谓子为崽。"（1084）查现代方言闽语如福州、福鼎、宁德、寿宁、永泰、永春等地仍用郎爸、郎罢等词称谓父亲①，正是古方言称谓词的保留。

---

① 许宝华、宫田一郎主编《汉语方言大词典（五卷本）》，中华书局，1999 年，第 3729—3730 页。

又如词条"媓"引《方言》："南楚瀑洭之间母谓之媓。"（1088）
词条"媞"引《说文》："媞，一曰江淮之间谓母曰媞。"（1088）
词条"姐/毑"引《说文》："蜀人谓母曰姐，淮南谓之社。"
（1088）词条"社"引《淮南子·说山训》高诱注："江淮间谓母
为社。社，读'雒家谓公为阿社'之社。"（1088）词条"父姼"
引《方言》："南楚瀑洭之间称父考曰父姼。"（1144）词条"筑里"
引《方言》注："今关西兄弟妇相呼为筑里。"（1159）这些都是从
方言文献中搜集整理的亲属称谓。这些词有的一直保留在方言中，
有的则随着通语、方言的演变而发生了改变。

　　源自民族语的亲属称谓，在传世古籍中亦多有见载，《亲属记》
对这类亲属称谓也有不少辑录考释。例如词条"莫贺"，《亲属记》据
《宋书·鲜卑吐谷浑传》考曰："遂立子视连为世子，委之事，号曰莫
贺郎。莫贺，宋言父也。"（1084）该词可能源自鲜卑族语。又如词条
"媸"云："同姐，羌人呼母曰媸。"（1087）源自羌族语。又如词条
"半子"据《唐书·回纥传》所收，该词可能源出回鹘语（1150）。这
些出自民族语言的亲属称谓，大都只是见载于汉籍，并没能进入汉语
词汇系统，只有极少数民族语称谓词具有很强的生命力和很广的通行
度，最终进入汉语系统成为常用的亲属称谓。例如词条"爹"，郑珍
据《唐书·回纥传》："儿愚幼，惟仰食于阿多。"考证认为："此声由
晋宋间夷语传入，中国本只作多，后因加父。多古亦读支，所由转为
今呼丁邪切也。陟斜切似今呼。"（1083）① 清赵翼《陔馀丛考》

---

① 参看刘玉红、曾昭聪《〈称谓录〉〈亲属记〉收词与释义比较研究》，《图书馆理论与实践》2012 年第 10 期，第 54 页。

"爹"条亦指出阿多、多表父称源出古回纥语①，所考与郑珍基本一致，这说明汉语中常用表示"父亲"称谓的"爹"，其语源是晋宋间回纥语。

此外，历代亲属称谓词语的来源与类型，还与它们出现和使用的时代密切相关。现代学者对汉语亲属称谓做过很多断代和专书研究，例如王小莘《从〈颜氏家训〉看魏晋南北朝的亲属称谓》一文，论述了"从秦汉至今一脉相承的称谓""南北朝沿承秦汉使用，而后世逐渐消泯的称谓""词义和用法在南北朝发生演变的称谓""魏晋南北朝新生的称谓"等一系列称谓词语的发展演变②。而《亲属记》所收魏晋南北朝时期的亲属称谓，主要依据《颜氏家训》等文献考录，例如"公婆"（1098）、"先亡大人"（1099）、"伯父/叔父"（1125）、"兄子/弟子"（1128）、"家公"（1140）、"舅母"（1142）、"姨夫"（1143）、"亲表"（1143）、"大人公（妇呼舅）"（1152）等。

个案研究方面，正因为《亲属记》建立起了汉语亲属称谓词汇的系统，每一个亲属称谓词语的性质、来源及其发展演变，就变得更加清晰可见。《亲属记》对每一个亲属称谓词都作了非常详细的考释。例如词条"皇考/显考"，《亲属记》考释过程中引用了诸多文献：《曲礼》："祭父曰皇考，母曰皇妣。"《离骚》："朕皇考曰伯庸。"《元典章》："大德四年，江西省咨：萍乡县侯震翁，告朱惠孙墓庵内供伊母魂牌，刊写'皇妣'字样。儒学提

---

① 赵翼《陔馀丛考》卷三十七，清乾隆五十五年（1790）年湛贻堂刻本。
② 王小莘《从〈颜氏家训〉看魏晋南北朝的亲属称谓》，《古汉语研究》1998 年第 2 期，第 59—62 页。

举司于《礼记》内披究得'皇妣'二字，经典该载，不曾奉到上司明文，合与不合回避，咨请回示。部议：得省儒学考究，虽出经典，理宜回避。已追牌座，当官烧毁，令后遍行禁止。"叶石林云："汉议宣帝父称魏相，以为宜尊称曰皇考，自是皇考遂为尊号之称，非后世所得通用。"（1084）等等。类似考释其文献证据非常充分。

又如词条"兄曰哥"，《亲属记》引《广韵》："哥古作歌字，今呼为兄也。"《旧唐书·王琚传》："玄宗泣曰：'四哥仁孝。'"玄宗子《棣王琰传》："惟三哥辨其无罪。"韩魏公《君臣相遇传》："英宗即位，光献太后心不悦，曰：'昨梦大哥乘龙上天去。'"（1123）等等。这些文献详细疏解了"哥"用作兄称的源流演变。在《亲属记》考证的基础上，我们发现汉魏以前"哥"在文献中的意义和使用是清楚的，《说文·可部》："哥，声也。古文以为謌字。"段玉裁注："《汉书》多用哥为歌。"则"哥"与"歌"通，这在中古时期的一些文献中仍有用例，如蒋礼鸿先生《敦煌变文字义通释》"歌歌/哥哥"条指出："变文这两个字通用。"① 也是从中古开始，"哥"的字际关系、字词关系变得更为复杂，其中比较重要的变化就是"哥"用作称"兄"，《广韵》平声歌韵古俄切："哥古作歌字，今呼为兄也。"这就是"哥"用作兄称的早见例证。清翟灏《通俗编》卷十八《称谓》："哥本古歌字，无训兄者。《广韵》始云今呼兄为哥，则此称自唐始也。"② 而同样是在中古时期，

---

① 蒋礼鸿《敦煌变文字义通释》，上海古籍出版社，1988年，第15页。
② 翟灏《通俗编》，《续修四库全书》第194册，上海古籍出版社，1996年，第452页。

表示兄称的称谓词"哥"与"兄"开始竞争主导地位，在口语中"哥"取得优势并逐渐取代"兄"①。王力先生《汉语史稿》："从唐代起，'哥'字开始在口语里代替了'兄'字。"② 另外，中古以来"哥"还可以用作"父称"，顾炎武《日知录》、王力先生《汉语史稿》都提到唐代"称父为哥"，汉语方言如晋语（山西文水）直到晚清时期仍称父为"哥"，称母为"姐"③。这种用法主要分布在方言中，而"哥"的主要功能是记录口语中"兄"这个称谓，《亲属记》"哥"条云："今举世止称兄为哥。"（1123）正是这一词汇现象的证明。

《亲属记》对亲属称谓的个案研究，还有一个非常重要的价值，就是对亲属称谓的词汇结构及其常用语素，进行了考释与界定，从而真正弄清亲属称谓词语的名实。例如亲属称谓语素"从"，在《尔雅·释亲》中就有从母、从舅、从祖姑等一系列词，但对"从"的含义却未作解释。后世典籍对"从"的解释可谓众说纷纭，《集韵》去声用韵似用切："从，同宗也。"梁章钜《称谓录》"从父"条则谓："从，从也，言与父类从也。"④ 至现代语文辞书，如《现代汉语词典》《汉语大词典》都释作"堂房亲属"，其实是较为模糊的；而《辞源》则曰："同一宗族次于至亲者叫从……又次者，叫

---

① 为什么会用表"歌"义的"哥"来表示"兄称"呢？翟灏《通俗编》认为"阿哥"是"阿干"之转，王力先生认为这"哥"字可能是外来语。"阿干"称兄，是鲜卑语，二说似乎已经解决了这个问题。
② 王力《汉语史稿》，中华书局，2008 年，第 576 页。
③ 许宝华、宫田一郎主编《汉语方言大词典（五卷本）》，中华书局，1999 年，第 4635 页。
④ 梁章钜、郑珍《称谓录·亲属记》，中华书局，1996 年，第 33 页。

再从、三从。"① 这是从宗族中血缘亲疏的角度对"从"的定义，触及"从"的内涵的一些方面。而《亲属记》对冠"从"亲属称谓的收录，以及对一些冠"从"称谓的解释，可以为我们解读"从"提供更多的参考。

从词汇角度看，一是冠"从"亲属称谓的词汇结构一般是"从＋X"，而语素"从"是修饰成分，构词时它是固定语素，而中心语"X"则是自由的，《亲属记》所载如祖、父、母、姑、舅、兄、弟、兄弟、姊妹等称谓前，都可以加上语素"从"，例如"从舅""从兄弟"等。这时，充当中心语的语素"X"就决定了"从＋X"的辈分，从而限定了其含义。二是在称谓体系中，中心语"X"不但能反映"从＋X"的辈分，同时反映亲属关系的亲疏远近，例如从父兄弟、从父姊妹与从祖父、从父，前者是同辈，关系更近，后者是父辈，关系变远。这种关系的亲疏差异，在称谓上亦要相应调整，如"从＋X"之后，有"再从＋X""三从＋X"，例如与己同辈的称谓中，以"三从兄弟""三从姊妹"的关系最远；而长辈称谓中，"三从"可以表示曾祖辈。同时，无论是关系远近还是辈分高低，冠"从"亲属称谓最多达到"三从"，超过了"三从"的范围，就会使用"族""宗"等语素，这就限定了语素"从"及其"从＋X"结构的使用范围和功能，这样就能确定"从"的基本含义了。从冠"从"亲属称谓中的一些基本词汇看，同辈称呼如从兄、从兄弟、从姊妹，表示父之兄弟、姊妹之子女；父辈称呼如从父表示父之兄弟，从母表示母之姊妹等：可以看出冠"从"亲属称谓，用的就是它的本义"跟

---

① 《辞源（修订本）》，商务印书馆，1988年，第1081页。

随"，"从＋X"就是"跟随某而称谓X"；同时，由于"族"等语素的存在，"从＋X"的范围只能限定在四代旁系亲属内。此外，我们知道，后来冠"堂"称谓在一定范围内取代了冠"从"称谓，因为有些冠"从"称谓就是今天的"堂"系亲属，如从兄弟、从姊妹，就是堂兄弟、堂姊妹。总之，上述因素不但影响了对语素"从"的定义，并且限定了冠"从"亲属称谓这一词汇系统的使用范围，这在根本上限制了新词的能产力，因此就很可能成为被冠"堂"称谓所替代的原因，但不能否定的是，"从"曾经在亲属称谓构词及其文化内涵的传递上发挥过重要作用。

总之，《亲属记》对历代亲属称谓的汇辑考释，已经摆脱《尔雅》《礼记》以来的经学束缚，开始走向注重词汇、语义及其历时演变的语言学研究。

## 三、亲属称谓的词汇学分析

郑珍对亲属称谓的训诂，不仅从文献收词角度，对《尔雅》以降的亲属称谓词语作了详尽的收录整理，并仿《尔雅》之体例，对古代亲属称谓系统及其个例作辞书式的编排与考证，涉及形音义、文献出处和源流演变等各个方面。从而为学界进一步开展对亲属称谓的研究提供了宏观的理论基础和微观的个案参考。这主要体现在对亲属称谓的词汇分析上，亲属称谓词是汉语历史词汇的重要类别，具有自身的词汇构成与词汇结构。这里我们以冠"从"亲属称谓为例，总结《亲属记》在这方面的价值。

首先，亲属称谓属于汉语词汇范畴，称谓方式受制于社会历史文化的发展变化，并带有鲜明的地域性特征。从历时的角度看，称谓系统会随着社会文化发展不断产生变化。在《释亲》一百零一个③亲属称谓词中，冠"从"称谓词共十六个，约占百分之十六。其中，直接训释冠"从"亲属称谓词十四个。然而，《释亲》只间接提及"从祖""从父"两词，且均以"从父＋X"和"从祖＋X"的结构形式出现。但使用频率调查发现，"从祖""从父"在当时已属常用亲属称谓词了。之后相关典籍及研究类文献中，冠"从"亲属称谓词语的数量不断增加。到郑珍《亲属记》，直接训释或间接提及的冠"从"亲属称谓词多达到三十四条，收词、训释均有大幅扩充。

我们以《释亲》中冠"从"称谓词所表示的亲属关系及所收词为起点，比对《亲属记》及其他相关研究材料，能够较为系统地考察冠"从"类亲属称谓的词汇系统，以及较为清晰地梳理其在《释亲》之后所发生的各种变化。

统计发现，历代冠"从"亲属称谓词，从《释亲》中的十六个发展到后来的六十六个，尽管该数量未必是其全貌⑤，但毫无疑问，已能反映历代冠"从"亲属称谓词的基本面貌了。在所调查的文献中，我们没有发现某一专书，或者在某一历史阶段出现冠"从"亲属称谓词大量出现的情况。仅就某种文献该类词的出现情况而言，《亲属记》中三十四词，已为历代最多最全。

其次，对冠"从"亲属称谓词的组合结构展开详细分析。冠"从"亲属称谓词，是反映上古至中古时期"堂系亲属"称谓的主要词汇，基本结构方式，在《释亲》中主要是"偏正式（从＋X）"①。

---

① 王琪《上古汉语称谓研究》，浙江大学博士学位论文，2005 年，第 201—202 页。

进一步对六十六个冠"从"亲属称谓词进行分析，不难发现，主要有三种构词方式。

最基本的结构方式是"从 + X"，即在"从"后增加亲属称谓语素构成新词，这类词约占总数 85%。在结构层次上，又有两级不同的构词形式。

第一级，我们标记为"从 + $X_1$"。"$X_1$"放在"从"后，"$X_1$"可以是任意亲属称谓词或语素，该结构可直接指称某类亲属关系。词形上，这类词多表现为双音节，也有少量三音节形式。如"从祖、从父、从子、从孙、从翁、从伯、从叔、从兄、从兄弟、从弟、从伯父、从叔父、从舅、从甥、从祖母（祖）、从母、从叔母、从姑、从姊、从嫂、从妹、从女"等。

第二级，我们标记为"从 + $X_1$ + $X_2$"。第一级"从 + $X_1$"作为一种亲属关系的限定成分，其后可添加构词成分"$X_2$"以构成新的亲属称谓。调查显示，具有这种构词能力的"从 + $X_1$"，仅有"从祖、从父、从兄、从母"四个，新构成的冠"从"称谓词，词形上多表现为三音节或四音节。如：

从祖 + $X_2$：从祖祖父、从祖王父、从祖世父、从祖叔父、从祖父、从祖兄弟、从祖兄弟之子、从祖祖母、从祖世母、从祖叔母、从祖王母、从祖母(父)、从祖姑、从祖姊妹

从父 + $X_2$：从父兄、从父兄弟、从父弟、从父子、从父姊、从父妹

从母 + $X_2$：从母兄弟、从母姊妹、从母子姊

从兄 + $X_2$：从兄子

需要注意的是，"从祖父""从祖姑""从祖母(父)"三词，其词汇结构是"从祖＋父/姑/母"，其中"从祖"表示这类词的亲属关系限定于"祖之兄弟房"，"父/姑/母"则表示排行、辈分或称谓。因此不难发现，"从祖父"与"从父"表义相同，所指相同；同样"从祖姑"与"从姑"同义，均为对父之从父（己之从祖）兄弟姊妹之称谓，只是词形略有差异而已。"从祖母"出现两次，在第一级词汇中，"从祖母(祖)"的结构形式是"从＋祖母"，为祖辈，称"祖之兄弟之妻"。与第二级中"从祖祖母""从祖王母"相同。而"从祖母(父)"的结构形式为"从祖＋母"，为父辈，表示"父之兄弟之妻"，与第二级"从祖世母""从祖叔母"两形相同。文中，我们在两个词后面分别标注小字形"祖""父"，以区分词汇结构的差异及所指之区别。

与"从父"指"父之兄弟"不同，"从母"不称"父之兄弟之妻"，用来称呼"父之兄弟之妻"的词语，通常是"从祖母"。在古汉语中，"从母"义为"母亲的姊妹"，文献多有阐释，如：

母之姊妹为从母。（《尔雅·释亲》）

从母丈夫妇人报。（《仪礼·丧服》）

从母，母之姊妹。（汉郑玄《礼记注》）

据父言之谓之姨，据子言之谓之从母。（唐孔颖达《春秋左传正义》）

因此在第二级词汇中，结构形式为"从母＋$X_2$"的称谓词，均是对"母之兄弟姊妹之……"的称呼。

"从＋X"结构的称谓词，有时通过增加修饰语的方式来构成新的亲属称谓词。这类词不多，词形上一般为三音节及以上，如：从外祖、从考舅、从兄弟门中、从兄门中、从弟门中、从表兄弟、从表某、从表侄、从孙甥等。

可以看出，有的修饰语位置在"X"之前，有的在"X"之后。并且这类亲属称谓词的性质，往往决定于修饰语的性质。例如"从外祖""从表兄弟""从表侄""从孙甥"四词，其中修饰语"外""表""甥"用来限定亲属之间的关系。而"从兄弟门中""从兄门中""从弟门中""从考舅"四个词，修饰语"门中""考"是对特殊情况的修饰限定，用来表示对已故亲属的称谓。

还有一部分词语，其结构为"限定语＋从"。其中"限定语"表示其他成分，如"群从""贤从"等。"群从"是对各房兄弟的统称。如《梁书·刘孝绰传》："孝绰兄弟及群从诸子侄，当时有七十人并能属文。""贤从"则是对己之兄弟房或他人兄弟房的敬称。如《梁书·刘遵传》："皇太子深悼惜之，与遵从兄阳羡令孝仪令曰：贤从中庶，奄至殒逝，痛可言乎！"

这类结构之后，还可以再增加亲属称谓词，形成"限定语＋从＋X"的形式，以表示某房辈下的一类亲属称谓。如：再从伯、三从兄弟、再从弟、再从子、再从姊妹、三从姊妹等。

鉴于以上，我们能较为完整地整理出古今冠"从"亲属称谓词的体系。汉语中亲属称谓的体系，是由亲属称谓词及其所记录的亲属关系来决定的，具体称谓词的词义是其表征。因此，亲属称谓属于人际关系类名词，主要以"生育和婚配为基本关系"[1]。换句话

---

① 刘丹青《亲属关系名词的综合研究》，《语文研究》1983 年第 4 期，第 17 页。

说，亲属称谓词的词义，以表示一种特定的亲属关系为主，把这些词汇集起来，根据辈属及亲疏关系分类排列整理，就形成了汉语亲属称谓词的体系。《释亲》的价值在于它首先是对历代亲属称谓词的收集整理与训释，同时根据亲属、亲疏关系对这些词进行分类整理，其亲属关系与亲属称谓词语形成一一对应关系，对了解亲属称谓词具有重要启示。此外，《释亲》涉及的十一种亲属关系，以及十六个亲属称谓词，是冠"从"亲属称谓词的早期体系。

以上是冠"从"亲属称谓体系的主体，主要是围绕"父党宗族"体系来构建的。当然，该体系对于"母党"亲属称谓系统同样适用。如属于"母党"的词语"从外祖、从舅、从母兄弟、从母、从母姊妹"，连"己"在内共三代人，都同源于外曾祖父母，分别为三个兄弟房。从理论上说，"母党"亲属的辈分和兄弟房也可以依此类推，但除此而外，我们并未发现更多类似的冠"从"亲属称谓词。这就是我们利用郑珍《亲属记》，对汉语亲属称谓及其相关历史词汇进行再研究的初步成果，也是郑氏此书的价值所在。

除上述九个方面的内容外，晚清贵州学者的朴学实践还包括藏书活动、书法，以及傅寿彤、黎庶昌等学者的古文辞研究等内容，也引起了后世学者的关注，这里就不一一赘述了。

# 第六章　晚清贵州朴学的方法与思想

受乾嘉学术的影响，晚清贵州朴学整体上仍以"以字通经"为学理路径，但在具体方法上有了一些新的变化，一是变得更为灵活、立体，由此形成了具有地域性、群体性的治学取向与体系；二是朴学研究的对象、内容和领域都有所拓展，为晚清以后传统朴学的学术话语体系的演变产生了一定影响。对学术思想和治学方法的总结，必须结合具体的研究内容去阐述，这一章我们把前文梳理的研究内容综合为文献、版本、文字、音韵、训诂等几个大的方面，简要论述晚清贵州朴学在思想与方法上的一些特点。

## 第一节　以文字勘文献

晚清贵州朴学家的文字、训诂研究和文献校勘中，几乎都贯穿着文字考释，从而形成了"以文字勘文献"的方法。郑珍、莫友芝、黎庶昌、赵恺、赵旭、宦懋庸等学者的著述中，都有不少文字校勘的内容，其中尤以郑珍《逸字》《新附考》《笺正》《仪礼私笺》等书对文字的考证以精深见长，其于朴学研究的更大价值，是在郑氏文字勘定的基础上，我们能够对近代汉字所涉的字际关系、字词关系展开更为深入的研究。此举一例：

【栀】

木实，可染。从木，卮声。章移切。

按，今《说文》"桅"字即"栀"篆之误。大徐不察，乃别附此文。《韵会》所引小徐本"栀"篆不误。段氏注《说文》已据改正。(276)

按，今本《说文·木部》有："桅，黄木可染者。从木，危声。"郑珍《新附考》指出"桅"即"栀"篆体传刻之误，其实这两个字的关系，《段注》已经详细考证过，《新附考》"栀"字条引段说，结论可信。而在郑珍考字基础上，我们发现"桅""栀"等字从"卮""厄"等得声，俗书"卮""厄"又与"危""色"等形近相讹，其源流演变和字际关系颇难考明。但根据郑氏"桅"即"栀"篆体之误的线索，我们能进一步考清诸字的演变关系。例如"卮"本酒器之名，在先秦时已经有异体作"匜"了，如《庄子》"卮言"异文作"巵"即其例。汉代文物如马王堆简帛常见"斗卮"一词，意思就是酒器，而字形有 厄、𠃜、厄、匜 等。而《史记》中则常借"卮"为"支"，意思即今天之"栀子"，值得注意的是《史记》《汉书》"卮酒""卮匜""玉卮"与酒、酒器相关者皆作"卮"；与卮姜、卮茜等表示"支（栀子）"字绝不相混。《说文》以降，如《篆隶万象名义·木部》有："栀，之移反，黄木可染也，鲜支也。""栀"盖为"栀"之隶省。而故宫本《裴韵》平声支韵章移反："栀，栀子，木兰。"故宫本《裴韵》上声纸韵居委反又有："桅，短矛。"既然"桅"字据《新附考》原本《说文》并没有，则《篆隶万象名义》训"长短不齐小戈"的，实际是汉魏以来所见俗字。可以推断，至少唐以前"栀（栀）""桅"仍然分而不混。到徐铉校订《说文》，将"栀"作为新附字，说明此时人们已经看不到《说文》原收字了。

可见，据郑珍对文字的考论，我们能进一步厘清一批汉字的字际关系及其源流演变。此外，郑氏在"以文字勘文献"的过程中，常有自己的心得与观点，如《新附考》"懌"字条中，他系统阐述历代传经家校读古书的特点：魏晋以前传经家校读古书谨守师承，宁愿执守而无窜乱；六朝以降，尤其是唐宋起，乃多任意纷更，而以明人为最甚，因此古籍校勘问题更加突出；至于乾嘉诸儒虽悉心校整古籍，但援引或不免轻肆增改以就己说，或又多师心武断，其弊转不可胜言。基于这些认识，他对古籍的校勘，非常注重对汉字形音义及其相互关系的考证，以此来得古书本原。

其他学者如郑知同、黎庶昌、莫友芝、赵恺、赵旭、宦懋庸等亦深谙文字考证。例如莫友芝《唐写本说文解字木部笺异》，大都通过版本间文字的异同，来考订版本及其文本的正误，也属于通过文字校勘文献的方法。又如黎庶昌《宋本广韵校札》虽然简短，但对文字形音义非常练熟，校勘宋本《广韵》每能发幽显隐。例如该书"上平声卷第一"中"注华貌：华原误草"，指出原本《广韵》误"华"为"草"，而张氏泽存堂本作"华"，盖"华"字古作"華"形，与"草"形近而误。又如"上平声卷第一"中"注八月：月原误羽"，"下平声卷第二"中"注山上：上原误王"，同卷"注板木：木原误未"，这几例都有一个共同特点，即原本《广韵》所录字形皆有增加笔画，由此可知原书所据古籍可能有字迹漫漶以至误刻者。

以文字勘文献，仍然是源出晚清贵州朴学家"以字通经"的学术路径，自程恩泽告诫郑珍将文字学、经学相结合以开辟学术新路开始，经过郑珍、郑知同父子、莫友芝及其家族学者、傅寿彤、宦懋庸、黎庶昌、陈矩等学者的运用和实践，考释文字逐渐成为贵州学者的强项，学术水平也因此大为提升。

## 第二节　名物考古与字词会通

贵州学者还非常善于结合名物、风俗来综合考察文字的形音义，从而对文字的源流演变有全面的认识和澄清。例如郑珍《逸字》中"籭"字条利用古鼎彝文"用籭眉寿""用籭匄百禄""用籭绾绰"等名物；"桒（桑）"字考及《魏石经遗字》《碧落碑》；"卝"字比勘秦权、秦斤铭中"卝（状字初文）"等。《新附考》如"篦"字郑知同结合今人用此物，以骨为之，有齿，似疏而纵长，妇女日间以理鬓发，眉篦、插头篦皆作此，论证徐铉新附"今俗谓之篦"可信等。这些都是郑氏父子考释文字与名物相结合的例证。类似以考证典章、名物以考证文字的例证，在郑珍《汗简笺正》《亲属记》也有很多。

又如郑知同《楚辞通释解诂》中多以古俗、名物训释文字，以求周遍，颇多可得。例如《九歌·湘夫人》："闻佳人兮召予，将腾驾兮偕逝。筑室兮水中，葺之兮荷盖。"郑氏解诂云：

上言佳，此言佳人，一也。古人文不避嫌，故以佳人称女神。且是才德美备至号，不但容貌，犹之称君为美人尔。腾驾，

奔腾驾车也。逝，往也。言湘夫人使人召己，即趣驾与之俱往
也。筑室，指夫人所居。旧注谓屈原愿筑室依神以处，非也。
葺，草盖屋也，以荷盖屋如之。①

考语中郑氏逐字考释，论及"古人文不避嫌""以佳人称女神"
"称君为美人""以荷盖屋"等古人风俗名物之制，尤其是通过解释
"葺，草盖屋也"，让我们知道后文"葺之兮荷盖"是对上文"筑室
兮水中"的修饰，故知"筑室，指夫人所居"，而非"屈原筑室"，
从而驳正旧注之误。

名物考古与字词会通，还体现在贵州学者注意到汉字形音义与
名物演变的相互影响。例如郑珍《亲属记》中，就往往注重汉字形
音义分析，对于亲属称谓制度和亲属称谓词汇演变的影响。

作为典型的文化名物，无论是说的，还是写的，亲属称谓都与
汉字密不可分。一种亲属关系，选择哪个字来记录，社会才认同，
才乐意去使用？这是亲属称谓形成的先决条件。只有当这个字的形、
音、义与这种亲属关系完美对应，并为社会广泛认可，才能形成真
正意义上的称谓词语。因此，汉字是影响亲属称谓的产生和发展的
一个极为重要的因素。

最初的亲属称谓，并没有自己的专门用字，而是借用其他领域
所使用的某个汉字的形、义来表达。比如称谓"父"，在甲骨文、
金文里面，都是象"手持石斧"之形，因此古文字学者认为："父

---

① 蒋南华、黄万机、罗书勤《郑知同楚辞考辨手稿校注》，贵州人民出版社，2003 年，
第 79 页。

乃斧之初字。石器时代，男子持石斧以事操作，故挛乳为父母之父。"① 正如母系氏族"统称所有持'且（锄）'的女人为姐（母辈）"② 一样，在父系氏族社会，把持斧的男人统称为父，才逐渐成为"父子之父"的专用字。而当"父"作为"父亲"称谓的正字地位确定后，人们就利用"父"这个形义符号，造出了更多表示"父亲"称谓的字，如后来通行的"爸""爹""爺"等都是。汉字对亲属称谓的影响由此可见一斑。

实际古人早就注意到了亲属称谓与汉字的渊源，比如刘熙《释名·释亲属》载云："亲，衬也，言相隐衬也。属，续也，恩相连续也。父，甫也，始生己也。母，冒也，含生己也。高祖，高，皋也，最在上皋，韬诸下也。弟，第也，相次第而上也。子，孳也，相生蕃孳也。孙，逊也，逊遁在后生也。"③ 观察其中的对应关系，亲→衬、属→续、父→甫、母→冒、高→皋、弟→第、子→孳、孙→逊，都是通过语音探求语源的方法。可以看出，《释名》用音同、音近、音转之字，来考察亲属称谓的词义及其来源，从而找到了亲属称谓及其用字之间的音义关系。尽管这种方法有很多缺陷，但可以肯定的是，在亲属称谓定名之初，选择哪个字来记录，与汉字的语音有深刻的关系。而这正是文字学的"同音假借"规律在亲属称谓定名用字上的直接体现。

除此之外，在汉字系统中，字与字之间的相互竞争，也会对亲属称谓的地位产生影响。据《亲属记》所载，历史上的"母亲"称

---

① 郭沫若《甲骨文字研究》，科学出版社，1982 年，第 140 页。
② 祝家君《汉字谱》，岳麓书社，2014 年，第 614 页。
③ 刘熙《释名》，《丛书集成初编》第 1189 册，中华书局，1985 年，第 44 页。

谓曾有数十种之多，其中不少称谓是按照方言声符加形义符号"女"创造的，但绝大多数都已被淘汰，如嬗、嫻、嬰、娥、燥、媸之类皆是。很明显，这些字并没有得到社会的广泛认可，因此很难进入通语领域和正字系统，有些称谓一直局限在方言之中，有些短暂使用后很快消亡。只有那些通用度和认可率都很高的字，才能够流传下来，比如"母""娘""妈"之类。即便是同时流通的称谓，如"娘"和"妈"，它们的地位也是有差异的。"娘"本来是形容"少女之貌"的，而流俗与作"母亲"的"孃"相混使用，因此逐渐取代"孃"的地位，成为"母亲"的一种称谓。而"妈"则是直接源自"母"的转呼，创造的后起形声字，与"父→爸"的理据一样。现代汉语称谓系统中，"妈"已处于绝对优势地位。其他亲属称谓情况也是一样，如"姐姐"称谓，在汉语普通话中，"姊"基本上被"姐"淘汰了。"爹"虽然在北方方言中仍占据重要地位，但"爸"无论是在语言系统，还是在亲属称谓系统，都已远远超过"爹"了。有些竞争过程可能与汉字的书写变异和习惯有关，比如"兄、弟之妻"相互称谓，《方言》卷十二作"筑娌"①，而《广雅》作"妯娌"②，"妯"与"筑"同音相借，因为汉字书写有偏旁类化的习惯，于是同为"女"旁的"妯娌"组合在一起，就很快得到社会的认可，并一直沿用至今。

　　显然，汉字对亲属称谓的影响是方方面面的，根据这些规律和线索，我们不但可以探求亲属称谓产生的条件和原因，还能找到它

---

① 钱绎《方言笺疏》，中华书局，1991年，第402页。
② 王念孙《广雅疏证》，江苏古籍出版社，1984年，第199页。

们的语言和文化源头，并对它们发展演变脉络有更为清晰的把握，对汉语亲属称谓的研究必须重视汉字所起的重要作用。

类似的文字考辨和名物考证，在傅寿彤《周官源流考》《十六国方域考》、宦懋庸《六书略平议》等著述中亦多见。这种治学方法，拓展贵州学者研治经史的眼界，使其学术路径更为广博。

## 第三节　流俗用字与典籍文字互证

关注社会流俗用字现象，通过与典籍文字的互勘互证，来揭示汉字发展演变的规律，也是贵州学者研治朴学的一个具体方法。社会流俗用字往往反映了文字嬗变的一些现象和特点，所以研治文字、经籍者必须留意，贵州学者在这方面多有强于前人之处，在郑珍、莫友芝、傅寿彤、郑知同、宦懋庸、陈矩、程棫林等人的著述中，都特别重视汉字发展过程中的古今、正俗之辨，尤其是注重汉字的俗写、俗用。

例如郑珍《逸字》《笺正》《新附考》三书中，很多字条的考证都有对古文传抄、俗写现象的辨析，例如《新附考》"缱绻"条考证指出："缱绻乃卷束、卷屈之义，古止作卷……盖其初束缚之义止言'卷'，未有专字也……《广雅》有'糨糕，抟也'，谓抟饭使粘着。此又'遣卷'引申之义而别造字。以俗证古，意益明矣。"（415—416）不仅厘清了"缱绻"与"遣卷""糨糕"之间的关系，同时提出了"以俗证古"的字学观点。郑氏不仅利用俗写考证汉字嬗变，还常常通过辨考俗字来校勘古籍，例如《新附考》"嘲"字条云："古本作'啁'……《广雅》尚止作'啁'。若《三国志·费祎传》'孙权性滑稽，嘲啁无方'，不应正俗并用。'啁'当是'调'之误。"（229）通过古籍文字不能"正俗并用"的特点，校正了古籍文献中"嘲""啁""调"三字之间的正俗、讹误关系。

又如郑珍《逸字》"诏"字条谓"至秦惟天子称'诏'，犹'朕'在古为凡我之称，至秦独天子专之耳"；"柑"字条指出"钳"为"马衔专字"，古果名则止作"甘"；"磾"字条谓"汉武时已有金日磾用此为名"等例，都通过社会流俗和传世古籍的用字情况，来澄清这些汉字的字际关系和字词关系。又如《新附考》中"抁"字："《博物志》言老子入胡作抁蒲，其技本非古有。宋本《御览》引《博物志》作'樗蒲'。《艺文类聚》列采古籍，例作'抁蒲'他书亦多用二字。唐宋人诗尚然。'抁'字最俗，'蒲'字亦改作'蒱'，'舒'义尤罕见书传。"（312）"唳"字条谓"不见秦汉人书""唯晋八王故事始见此字""已后词赋家多用之""是汉魏后语"；"些"字条谓"呰"是"些"古字，《集韵》"些""呰"同列而依俗以"些"为正文，或由隶变省"口"作"二"，或由草书"口"似"二"；"刿"字条谓古止皆"劥"、作"刿"依俗用言之；"琵琶"二字《风俗通》本作"批把"、徐坚依俗用引《释名》作"枇杷"、《玉篇》引作"琵琶"亦依俗，"琵琶"古正字实为《说文》所收"捴枇"，俗作批把、枇杷、琵琶者都出汉代以后。这些例子，大多通过考察社会流俗用字情况，来梳理汉字源流演变及其相互关系。

郑珍在对文字的考释和论述中，已经明确认识到俗字的产生是汉字发展演变的一大趋势和规律。例如《新附考》"珙"字条云：

"古止作'拱'字……是又傅会《诗》之'共'为执玉而加玉旁。汉时经本已多此等俗字。正如'六加'之为'珈'也。"（215）又如"逼"字条："字又作'偪'，皆'畐'之俗……《方言》'偪'一本作'愊'。《玉篇》有'餶，饱也'。又有'稫，稜满貌'。皆'畐'后出加偏旁字，各主一义。俗字之孳乳益多如此。"（231）又"笏"字条："见《说文》'㗊'字下。《礼记》：'笏，天子以球玉，诸侯以象，大夫以鱼须文竹，士竹本，象可也。'是唯大夫、士笏乃用竹。今以竹形之字施于天子诸侯所用玉象，名实不符。汉已来俗书多似此。"（268）又如"狘"字条："合诸字观之，'㐜'训为'狂'，则改从心，戉声。'趉'、'㐜'本皆狂走，自《礼记》分'獝'字指鸟，于是两字例得通'飞'、'走'为言。而主兽言者，字作'獝'、'狘'；主鸟言者，字作'翰'、'翙'。亦即可统指鸟、兽。俗字之孳乳寖多如此。"（357）依郑氏所言，如此纷繁的俗写、俗变现象，是近代汉字发展演变的主要趋势，准确考证俗字的源流，可以深入理解文字的孳乳规律，因此必须重视汉字发展中的俗字。

俗字的产生与字形的俗写、音义的俗用密切相关，郑氏书中揭示了很多汉字俗写、俗用的现象。例如《新附考》"些"字："《尔雅》：'呰、已，此也。'注云：'方俗异语。'……知'呰'是'些'古字……'些'本'呰'之变，好异文者因目为古文。若俗用'些小'字，则古作'娑'，《说文》'娑，妇人小物也'是也。"（229）指出俗用"此"义字与"些小"义字的联系与区别。又如《新附考》"劻"字："古止借'劲'。《荀子·强国篇》'欲寿而劲颈'，正是古字。杨倞注云：'劲当作劻。'依俗用言之。"（265）指出古"殟殁"义字本只借"殟"为之，由于其义与"刀"相关，故俗写从刀作"刎"，而汉魏以后皆以"刎"用为"刎到"正字。又如《新附考》"稇"字："《说文》：'稇，絭束也。'当即古稇字……若《玉篇》'稇'又训'缘'，则由汉后俗用'稇'作纯。经典训'缘'（去声）字，例作'纯'。"（299）指出了"稇"俗用作"纯"的情况。又如《新附考》"琵琶"二字："琵琶出于汉世。其字《风俗通》本作'批把'。徐坚依俗用引《释名》作'枇杷'，云：'推手前曰枇，引手却曰杷，象其鼓时，因以为名。'大徐注本此。《玉篇》引作'琵琶'，亦依俗。"（411—412）梳理了"琵琶"与"批把""枇杷"的演变关系，指出后来作为正字的"琵琶"其实是由俗写变化而来。

传世典籍还有大量依俗而解、依俗而释的字，这是古籍用字的重要特点，郑珍非常重视对这类字的考证。例如《新附考》"珈"字："依文义求之，知经传本皆作'加'……若字已从玉，《毛传》'珈笄'二字作何解乎？笺云'珈之言加'，知汉人已增玉旁。郑君盖依俗行明之。"（209）又如《新附考》"粮"字："'粮'为汉世别出字，故《说文》不录。《毛诗》古文宜亦不作'粮'……今《方言》《楚辞》并改作'餱餦'，依俗。"（300）又如《新附考》"幧"字："《释名》：'绡头，绡钞也，钞发使上从也。'知古止作'绡'。《后汉·向栩传》'好被发，著绛绡头'、《周党传》'谷皮绡头'，并用古字。李贤注谓'绡'当作'幧'，意取依俗。"（312）通过古籍文字"依俗"的特点，郑氏不仅阐明了古籍文献中丰富复杂的俗写、俗借、俗用现象，同时匡正了前人在辨识文字正俗、判断文字讹误方面的疏漏，从而更好地勘正了文字和文献。

晚清贵州朴学家著述中涉及社会流俗用字者，还有如傅寿彤《石经异文考》、郑知同《隶释订文》、宦懋庸《论语稽》、赵怡《文字述闻》、雷廷珍《文字正衡》、姚华《小学问答》等，正是在对待流俗用字问题上具有正确科学的观念，他们对文字的考释才取得了应有的成就。

## 第四节　文献的内外求证

晚清贵州朴学家的文献功夫是很扎实的，并且往往善于利用文献内部条例和外部文献互相求证，提高考字、解经的可信度。例如莫友芝《韵学源流》、李兰台《等音归韵》和雷廷珍《音韵旁通》对历代韵书文献、音韵异文、韵学观点等都了如指掌；又如萧光远《周易通例》、程棫林《说文通例》、傅寿彤《古音类表》、廖袭华《古本大学集释》等都善于结合本书体例与外部文献参照互证，从而对《周易》《说文》《广韵》《大学》等典籍的文字、体例进行了深入的研讨。又如莫友芝的版本目录学著作，在比较、鉴定古籍版本，考证版本源流时，也有不少内外结合求证的例子。

在文献内外求证方面，郑珍的学术成果具有很高的实践意义。前文提到，郑珍在考证《说文》逸字时，首先是善于利用《说文》原书的义例和编排原则，通过比对来判断逸字出现的成因，这种方法可以称为内部求证法。例如《逸字》"由"字条云："本书从由声者二十二文，而无'由'字，明是写脱……珍后考《说文》从大十之'𤰔'即'由'本字，以十合书于内则成'甶'，汉隶又省十作'由'。许君本训'进趣'，即由行义。"（45）又如《逸字》"爿"字条云："《六书故》卷二十一谓唐本《说文》有爿部，段氏据补于片部末。按，'壯'、'牂'、'牆'、'牆'、'狀'、'牁'、'斨'、'醬'等俱从爿声。"（69）又如《逸字》"杀"字条云："本书'蒂'、'眵'、'脟'、'郗'、'唏'、'稀'、'俙'、'欷'、'狶'、'絺'皆从杀声，必有'杀'字。"（76）这些都是通过罗列《说文》内部体例来考释文字。

其次是善于通过历代典籍转引《说文》原本的内容，包括字形、体例和注语等来考索逸字，这种方法可以称为外部求证法。例如《逸字》"獙"字条云："检《韵会》引《说文》之例，凡两部两文音义同者，多合于一字下引之，不尽是重文。又所据《说文》是《系传》本。《玉海》云，《系传》旧阙二十五卷，今宋抄本以大徐本补之。则黄氏所据糸部至卵部是补抄者，糸部必似今铉本，'綖'下无重文，所称'獙'字当在嶲部。"（77）又如《逸字》"顕"字条云："《集韵·十五青》《类篇·页部》'顕'下并云：'眉目间也。'……按，《集韵》《类篇》引《说文》之例，有不明称《说文》者；而称《说文》所引经语，必加'引'字，以别于己所引书之称'某曰'。故当字下云'某某也，引某某'，必是《说文》。"（87）又如《逸字》"顐"字条云："《玉篇·黄部》'顐'下引《说文》'面急顐顐也。云粉切'……凡许书重文与正篆偏旁异者，《玉篇》并各归部属而两引其训，此其例也。"（88）都是通过其他古籍转引《说文》的内容来考辨逸字。

而对《说文》新附字的考释，郑珍也注重文献的"内外求证"

法，从而更为清晰准确地考辨汉字源流演变。例如《新附考》"嫠"字，徐铉新附谓："无夫也。从女，斄声。里之切。"郑珍考云：

> 《左昭十六年传》"已为嫠妇"，《廿四年传》"嫠不恤其纬"，《释文》并作"釐"。《襄廿五年传》"嫠也何害"，《释文》"嫠，本又作釐"。《毛诗·巷伯传》，《韩诗外传》并言"釐妇"。知古无嫠妇专字，止借作"釐"，与孀妇字止作"霜"同。后乃别加从女。(411)

"嫠妇"即寡妇，就是《新附》所谓"无夫也"，《左传·昭公十九年》："莒有妇人，莒子杀其夫，已为嫠妇。"这个词后世典籍经见，字都是写作"嫠"。但郑珍通过引证《左传》《毛诗》《韩诗外传》《经典释文》等文献，认为古代并无"嫠妇"专字，在表示这个意义时，都是借"釐"为之。《说文·里部》："釐，家福也。"是以"里"者表示家居而释之，《广韵》平声之韵里之切："釐，理也。"引申用为治理、处理。而先秦典籍中，"釐"常借用作"寡妇"字，朱骏声《说文通训定声》："釐，假借为嫠。"与《新附考》引《经典释文》"嫠本又作釐"看法一致。因为"釐妇"指的是无夫的女人，故字又改从女旁作"嫠"。"嫠妇"的演变方式与"孀妇"类似，"孀妇"也是指寡妇，典籍亦常见用，但先秦典籍表示这一意义时都只借用"霜"字，作"孀"也是俗写加"女"旁。"釐"与"嫠"，"霜"与"孀"的字际关系，都是通过文献外部求证来考辨的。

又如《新附考》"劬"字，徐铉新附谓："劳也。从力，句声。

其俱切。"而郑珍则据《说文·人部》"佝,务也"①、《说文·力部》"劳,勮也",指出"佝"即古"劬劳"字。因《玉篇·人部》"佝"字下有引《楚辞》"直佝愁而自苦"句,段玉裁注"佝"字时认为"佝"当训"瞀也",用指愚蒙义,这是段氏不知"佝"即古"劬"字。据郑珍所考,今笔者窃谓"佝"俗作"劬"者,盖受"劳""勮""务"皆从"力"影响所致,可证郑珍结论可信。这是郑氏利用文献内部求证对文字的考辨。

在郑珍著述中,更多的是内部求证与外部求证相互结合,从而提升考字水平。例如《新附考》"泯"字,徐铉新附谓:"灭也。从水,民声。武尽切。"而郑珍、郑知同在按语中首先指出《说文·心部》"愍,恢也",又"恢,乱也",通过内部求证判断"愍"即古"泯"字。又据《书·吕刑》《吕氏春秋·慎大览》《诗经》《汉书》《论衡》等外部文献,考证了"愍"俗写变作"泯"的过程,并厘清了"愍""泯""惽""湣"诸字在文献中的使用和讹变关系,这是郑氏文献内部求证与外部求证相互结合考释文字的例子。

除郑氏父子外,晚清贵州朴学家及其著述如莫友芝《唐写本说文解字木部笺异》、雷廷珍《文字旁通卷末》、梅镇涵《说文解字部首》《说文解字部首增释》、宦懋庸《说文疑证篇》、赵恺《读说文解字》、程械林《说文通例》等在阐发《说文》体例,对《说文》原书内容出入和文字证疑方面,都运用了文献内部求证和外部求证的方法。

---

① 小徐本作"覆也",可能是"务(务)也"形近传抄讹误。

## 第五节　形、音、义互相求

段玉裁在《广雅疏证·序》中说："小学有形有音有义，三者互求，举一可得其二；有古形，有今形，有古音，有今音，有古义，有今义，六者互相求，举一可得其五。"① 林沄先生指出："每个汉字都有形（怎么写）、音（怎么读）、义（怎么讲）三方面的属性。说考释古文字要从形、音、义三方面全面考虑，那当然是很周到而稳妥的提法。"② 贵州学者的朴学研究，无论是考证文字、音韵，还是阐述经义、体例，往往"穷原竟委""缕析条贯"，从中可以看到他们形、音、义综合互求的治学方法。

## 一、以形考字

以形考字就是从字形出发，通过对汉字基础部件、偏旁、结构、书写和变化规律的比较和系联，对汉字字形演变的具体过程和细节作出描写解释。唐兰先生曾说："对于每个字的认识和了解，第一步得把字的形体笔画都弄清楚……认清字形，是学者最须注意的，假如形体笔画没有弄清楚，一切研究，便无从下手。"③ 林沄先生也说："把研究的基点放在找出不识的古文字跟已识的字在字形上的联系，根据确定无疑的字形联系，才可以从本来已识之字的音和义

---

① 段玉裁《经韵楼集》卷八，清嘉庆十九年（1814）刻本。
② 林沄《古文字学简论》，中华书局，2012年，第47页。
③ 唐兰《古文字学导论》，齐鲁书社，1981年，第156—161页。

而推知本来不识的古文字的音和义。"① 无论是对古文构形的考证，还是对近代汉字俗写变化的梳理，都非常注重汉字字形的特点及其相互关系。晚清贵州朴学家大多具有古文字学功底，对汉字形体及其变化有较深的把握，在他们的著述中有大量以形求字的例子。

一是注重偏旁分析。唐兰先生指出："把已认识的古文字，按照偏旁分析做若干个单体就是偏旁，再把每一个单体的各种不同形式集合起来，看它们的变化；等到遇见大众所不认识的字，也只要把它分析做若干单体，假使各个单体都认识了，再合起来认识那个字，这种方法，虽未必便能认识难字，但由此认识的字，大抵总是颠扑不破的。"② 这种从偏旁分析字形的方法，贵州学者亦常用之，例如郑珍《逸字》"𧥣"条云：

> 𧥣，古文"言"。言部古文偏旁皆作此。许书古文与篆异者，其偏旁或不正载。此文据《六书故》卷十一"言"下称："《说文》曰'辛声。𧥣，古文。'"凡戴氏所载古文，俱十四篇之体。非如《玉篇》《广韵》诸书，古文或从别采也。则所见铉本原有。小徐于"𧥣"下、"𧥣"下并云"𧥣"，古文"言"，知《系传》本无，故注明之。（39）

据《六书故》引《说文》有："言，辛声。𧥣，古文。"郑珍判断徐铉校订本原本有"𧥣（古文"言"）"字；又小徐本

---

① 林沄《古文字学简论》，第 48 页。
② 唐兰《古文字学导论》，齐鲁书社，1981 年，第 178—179 页。

"🉂""🉂"等字形，偏旁皆从"🉂"，即古文"言"字。今考
《说文》中凡从"言"旁字如"�（诗）"字古文作"🉂"形，
"言"旁多作"🉂"形，与《六书故》和小徐本形同。因为"许
书古文与篆异者，其偏旁或不正载"，由此推测《说文》原书本有
偏旁"言"。

又如《汗简》"🉂"字，郭忠恕以为"牧"字，郑珍《笺正》
则指出"🉂"右旁所从已经讹从"女"，而传抄古文"牧"字并没
有从"女"书者，大概是因为字形楷定时"攵"旁左上"丿"书
作长点，右上"一"又书偏左，则与"女"字形近，传抄过程中好
奇者隶定为"女"旁，故出现"牧"古文作"🉂"形者。今考
"女"字《侯马盟书》或作"🉂"形，与"🉂（牧）"右旁所从
字形相同，可证郑氏判断无误。

二是形符相通转。唐兰先生在《古文字学导论》中说："凡是
研究语音的人，都知道字音是相通转的，但字形也有通转，这是以
前学者所不知道的。"[①] 又指出："凡义相近的字，在偏旁里相互
通。"[②] 在郑珍《笺正》一书中，就常利用汉字偏旁的相互通转来疏
证古文。例如"博（博）"字《笺正》指出："篆从'尃'同
'尃'。此从俗作，谬。"（569）"博"字《说文》篆体作"博"
形，汉魏碑刻多作"博"形，右旁皆从"尃"，《汗简》所录字形
右旁从"专"，是形近俗讹。又如"難（难）"字《笺正》认为：
"古，鶾也。鶾、難同字。"（608）我们在前文已经提到汉字鸟、隹

---

① 《古文字学导论》，第 235 页。
② 《古文字学导论》，第 245 页。

二旁因意义相类，多可换用，故"鶏"与"難"实为一字。又如
"𥰡（箘）"字《笺正》指出："此汉世'箘'之别体……或从艹
者，隶写'艸''竹'偏旁多混也。"（635）俗书"艸（艹）"
"竹"二旁恒混，"箘""菌"上部偏旁古文形体颇近，古文传抄和
俗写容易讹混。例如东方朔《七谏》"菎蕗杂乎廱蒸"，严助《哀时
命》作"箟簬杂乎廱蒸"，"箟簬"即"箘簬"，俗书换从"艹"作
"菎蕗"。

类似偏旁相互通转的例子，郑氏书中常见的还有口言、童重、
页首等偏旁，利用它们之间的通用、通作和互换，能理清更多字形
之间的演变关系。

三是偏旁的增减、改换与类化。在汉字形体中，义符的功能是
突出字义的来源，声符的功能是提示字音的来源，义符、声符的变
化包括增减、改换、类化等都可能引起汉字形音义的变化。例如增
加表义的偏旁，能够更为明确地表现汉字的意义，并且字形不受文
献、语境使用的影响。例如徐铉新附"祆"字，《新附考》指出：

> 祆，胡神也……按，汉已后西人奉耶苏为天主，谓居极顶
> 一重天，为诸天之主宰者。神名始于后代，《北魏书》止作
> "天"。俗加"示"，别读火千切。据《释名》云："天，豫司
> 兖冀以舌腹言之：天，显也；青徐以舌头言之：天，坦也。"
> "天"训"显"者，正读火千切。（208）

汉代以后，汉族文化将西方人信奉的耶稣称为"天"，典籍中
常称作"胡神"或"番俗所事之神"，汉魏时典籍本只作"天"，

但因为这个"天"是特定使用于祭祀时的神名，故俗增"示"旁以明确其义。"天"字增加形旁"示"作"祆"后，音义皆发生了变化，与"天"字音义有所区别。

增加偏旁是后世汉字产生分化的普遍规律，郑珍在考字过程中，经常使用"俗加"、"俗增"等术语来说明这类现象，致力于对这些字进行深入的断代考辨和源流追溯。如"芙蓉"，郑珍《新附考》指出："《说文》'蔄'字、'荷'字注止作'夫容'，《汉书》凡'夫容'字皆不从艸。魏晋后俗加。"（216）"芙蓉"是荷花的别名，字形上古本只作"夫容"，为明确花之义，故增加形旁"艹"，而增旁俗写后，"芙蓉"虽都为形声结构，但从成字理据上看，郑珍认为这类加注形旁利用的是转注造字法，而非形声。

与增加偏旁相反的是简省偏旁，省旁包括部件简化、书写减省等情形。这类例子在郑氏《逸字》《新附考》《笺正》等文字学著述中颇为常见。例如"亢（乏）"字《笺正》指出："目录作 ，非。如此乃合篆， 是"乏"之省体。"（557）又如"玼（瑹）"字《笺正》认为古文"寶"，省"貝"，传抄又省略"宀"旁，《玉篇》引《声类》云："瑹，古文寶字。"此所本（511）。这些是传抄过程中偏旁或部件的省体。又如"冊（册）"字《笺正》认为薛本作"箭"，正书从竹，"从"者古文"竹"省（564），则是古文字形的书写简省。又如《新附考》"煽"字：

> 《说文》："偏，炽盛也。"引《诗》"艳妻偏方处"。许君《诗》本毛氏。知今《诗》原是"偏"字。后人见毛训"炽"，辄改从火。《汉书·谷永传》注引《鲁诗》"阎妻扇方处"，作

"扇"，古省文。（362）

据郑氏所考，"炽盛"字古本作"偏"，音与"火"相涉，故俗改从"火"作"煽"，而汉魏以后典籍亦有省旁作"扇"的用例，这是"偏"在古籍中书写、使用的真实情况。

与简省形旁相比，简省声旁的情况更少，但郑氏《新附考》中还是有一些这样的例子，如"籹"字徐铉新附云："籹，粔籹也。从米，女声。"郑氏则云：

> 《楚辞·招魂》"粔籹蜜饵"，《众经音义》卷五引《仓颉篇》："粔粲，饵饼也。"二字殆出自周末，亦是古字，而许君不收。《仓颉》字体"粲"本从如声，作"籹"则后世省书。（302）

"粔籹"是种饼饵，其中"籹"古字本作"粲"，本从米如声，大概是受上字"粔"为左右结构的影响，故省书声符"如"为"女"，并置于米旁之右，遂成今形。又如"縡"字徐铉新附谓："縡，事也。从糸，宰声。"《新附考》则云：

> 《扬雄传》"上天之縡"，小颜注："縡，读与载同。"李注《文选·甘泉赋》亦然……"縡"即"縡"字。《说文》云："縡，籀文繢，从宰省。扬雄以为汉律祠宗庙丹书告。""縡"是宰省声，不省即"縡"字。《甘泉赋》文正自用其说……后儒不暇究此，缘涉《诗》辞"上天之载"，即认"载""縡"同字。《广韵·十九代》云："縡，事也，出《字林》。"盖自吕

忱已不识古义矣。(415)

《小尔雅·广诂》:"载,事也。"典籍多以为"縡"与"载"为一字,且《说文》有"縡"无"縡",以至于后世对"縡"的形音义皆不明了,郑珍指出"縡"是"宰"省声,不省就是"縡"字,今"縡"实为"縡"简省声旁所致。

除了增减偏旁,还有一种情况是偏旁类化,毛远明先生指出:"所谓偏旁类化,就是指文字受具体使用环境的影响,在类推心理作用下,产生的非理性偏旁类推,出现与汉字的基本性质相悖的形体改变,使得文字字形与该字原先记录的词之间的合理对应发生变化。"[1] 偏旁类化在近代汉字中表现得尤为明显,郑珍《新附考》在考辨近代汉字时,亦常常关注偏旁类化现象,从而找到汉字嬗变的更多方式和规律。例如"翻"字徐铉新附谓:"翻,飞也。从羽,番声。或从飞。"《新附考》则指出:

> 此汉世字,吴虞仲翔以为名。古止作"幡"。《诗·巷伯》"翩翩""幡幡"对言,即"翩翻"也。《史记·司马相如传》"翩幡互经"。本之又言"幡"。《集解》引郭璞云:"幡,偏幡也。"后因与"翩"联文,乃改"翻",从羽。(258)

汉魏以前典籍未见"翻"字,传世文献有"翩幡""翩翻"

---

[1] 毛远明《汉魏六朝碑刻中的汉字形旁类化问题》,《中国文字研究》2006 年第 1 期,第 67 页。

"偏幡"等不同写法，郑氏认为古本作"幡"，因为常与"翻"连用，受上字影响偏旁类化从"羽"遂有"翻"形。

又如徐铉新附"采"字谓："采，同地为采。从宀，采声。"《新附考》指出：

> 诸经子史采地字只作"采"，唯《尔雅·释诂》"采，寮官也"作"采"，而小颜注《汉·刑法志》亦引作"采"，知古本原是采字，后人涉"寮"加"宀"，已后字书遂本之。郭注"官地为采，同官为寮"。小颜云："因官食采，故谓之采。"义甚明了。徐因"同官为寮"，乃杜撰"同地为采"，致不可通。（307）

"采"可引申指官职、官地，《书·酒诰》："服休服采。"孔颖达疏："郑玄以服休为燕息之近臣，服采为朝祭之近臣。"① 古本只作"采"，受"官""寮"皆从"宀"影响，故类化增旁作"采"。郑氏认为这种偏旁类化在先秦文献中已经普遍存在。

四是部件易位。汉字的构形部件有时会发生位置的变化，比如形声偏旁有时会变为左形右声，有时会变为右形左声。对这种偏旁互易的字形，郑氏亦有大量考辨。例如"觩"字，郑珍《逸字》与《段注》都认为《说文》原本有"觩"字，但《经典释文》引《说文》这个字作"䚰"形，而《诗经正义》引《说文》这个字作

---

① 孔安国传、孔颖达疏《尚书注疏》卷十四，清嘉庆二十年（1815）南昌府学重刊宋本十三经注疏本。

"舼"形，二字形声偏旁互易，郑珍认为当以左形右声作"舼"为正。笔者窃谓郑氏以为"舼"为左形右声，但未察"舟""周"音同，孰为声符容易引人误解，所以不一定位置在右的就是其声符。今考"舼"俗或作"舠""舶"（见《集韵》《王韵》和故宫本《裴韵》），音义与"舼"相同，而皆为"舼"变换声符产生的俗体，由此则可以肯定"舼"当为左形右声。

又如"䧽"《汗简》释为"握"，而郑珍《笺正》指出此形手、屋左右互易，且左部形似"屈（篆体作"屈"形）"，乃"屋（篆体作"屋"形）"形近之讹；右部形似"手（篆体作"手"形）"之倒写。"握"字篆体作"握"形，与郭氏所录"䧽"差异明显，当从郑氏之说。又如"䂓""䂓"《汗简》皆释为"规"字，《笺正》指出二字一也（792），只是左右偏旁互易。

五是书写变异。包括古文隶定、楷定、草书变化、增减笔画等多种情形。所谓隶定就是用篆书对文献典籍中的古文、篆文进行转写；楷书通行后，又出现了以楷书转写古文，也成为"隶定"，故隶定古文一般是指以隶书或楷书转写的古文①。但这种转写并没有统一的标准，加上每个人对古文形体的认识和水平不同，在转写过程中就会出现这样那样的差异，甚至传抄致讹，这类情形大多是就汉字传抄、书写而言，大致都可以看作书写变异。

有隶书转写。例如"售"字徐铉新附谓："售，卖去手也。从口，雔省声。"郑氏《新附考》指出：

---

① 刘靖文《由隶到楷阶段汉字特点及形成原因分析》，《现代语文（语言研究版）》2009年第7期，第149页。

　　《诗·谷风》"售"字，《唐石经》磨改。钱氏大昕云："经盖本作'讐'。"段氏玉裁云："讐正字，售俗字。"又《抑》篇"无言不讐"，《笺》云："教令之出如卖物。物善，则其讐贾贵；物恶，则其讐贾贱。"……《史记·历书》："以理星度，未能讋也。"徐广云："讋，一作'售'。"《索隐》云："《汉书》作'讐'。'讐'即'售'也。"是"讐"为古"售"字，"售"盖隶省。(224)

　　关于"售"字的来历，段玉裁、钱大昕都认为本作"讐"，"售"即其俗字，郑珍考论与段氏、钱氏相同，但郑氏进一步指出"售"为"讐"隶省。今考《说文》有"雔"而没有"讐""售"，后二字当皆为"雔"字俗书。《集韵》去声宥韵承呪切："售、雔，《诗》'贾用不售'，或作雔。"《字汇·言部》："讐，与雔同。"则"雔"作"讐"为部件易位，作"售"则俗省。

　　又如"些"字徐铉新附谓："语辞也。从此，从二，其义未详。"《新附考》指出：

　　《尔雅》"呰、已，此也"注云："方俗异语。"《释文》云："呰，郭音些。《广雅》'些，辞也。息计反。'又'息贺反'，谓'语馀声也'。"知"呰"是"些"古字。《集韵》"些""呰"同列，注云"见《楚辞》，或从口。"尚识古字，只依俗以"些"为正文尔。或由隶变省"口"作"二"，或由草书"口"似"二"，后因正写成"些"，未可定。(230)

关于"些"字的来源，郑氏认为其古字即"呰"，而其形体变化则有两种可能，一种是由"呰"下部"口"隶变省书作"二"，一种是草书"口"形似"二"，其实这两种情形都是书写变异。

有楷书转写。例如《汗简》"帝（禹）"字，《笺正》认为古作"禹"，作"帝"为楷写，薛本《说文》据《汉书》颜师古注，以"帝"为古禹字，也是据楷书转写，字形转录失误。今考"禹"字篆体作"禹"形，与《汗简》、薛本和《汉书注》所录字形存在差异，与郑氏所订字形相同。又如《汗简》"策（策）"字，《笺正》指出"策"隶变或作"荚"形，楷书"荚"即作"筴"，"策"是仿楷书转写而成。

有增减笔画。古文在传抄、摹写、转录过程中，字形不仅会发生整体性的变动，在细节上也会产生各种变化，比如笔画的增减，往往就会造成字形上的细微差别，给疏证文字造成很多的困难。增加笔画例，如《汗简》"畏（畏）"字，《笺正》指出"畏"字古作"畏"形，郭氏所录中间多了一横，转录失误。今考"畏"字《说文》古作"畏"，与郑氏所录形同，而甲骨文作"畏"、金文作"畏""畏"、战国古文作"畏""畏"等形[1]，中间皆没有一横。而至《说文》篆体作"畏"形，汉碑作"畏"等形，始见中有一横，但郭氏所录"畏"既与古文"畏"近同而多一横，盖据俗转写。又如《汗简》"君（君）"字，《笺正》则谓薛本作"面"或"酉"，郭氏所录中间多一横。今考《三体石经》"君"作"君"形，与郭氏所录字形相近，当中间无横画。

---

① 参看季旭昇《说文新证》，福建人民出版社，2010年，第745页。

减少笔画例，如《汗简》“（狱）”字，《笺正》指出《汗简》全书所录凡是作“言”形均讹省上部一横笔，但“（狱）”字则未省，是郭氏据《字指》转录而未被郭氏讹改者。今考“言”古文作“”“”“”等形，上皆有一横，郭氏所录“言”字大多缺笔，仅据《字指》所录“”中间“”形不误。又如《汗简》“（辟）”字，《笺正》指出薛本作“㔭”形，而郭氏所录右上部缺一横笔，而郭氏书中凡从“辟”之字都用“”形，皆有缺笔之谬。可见郑氏不仅对郭氏《汗简》全书的体例及其所录字形特点非常熟悉，并且对汉字传抄、摹写、转录的字形变化考察入微。

二、以音考字

黄侃先生曾说：“孳乳、变易皆有其根，故孳乳、变易之根，皆文字之根。既有其根，虽变化至巨，而声音、训诂无变，故声音又为文字之根。执声音以求文字之根，至为简易；执文字之根以穷其枝叶，则文字粲然明矣。盖文字之形体无穷，而声音则为有限也。”① 汉字是形、音、义的结合体，如果说字形是最容易被感知和判断的，那么语音信息则是考释文字的另一个重要线索。古今文字学家都非常注重“以音考字”的方法，例如乾嘉诸儒中高邮王氏父子推崇的“形音义互相求”，其实是将“以古声求古义”放在核心地位的，因而在破假借、明语源方面的创获较其他学者更多。晚清

① 黄侃述、黄焯编《文字声韵训诂笔记》，上海古籍出版社，1983 年，第 34 页。

贵州朴学家有不少人具备颇为深厚的音韵学功底，这为他们在文字考释中辨析语音材料和语音现象提供了优势，因此他们的著述中也有"以音考字"的方法和思想。例如郑氏父子《逸字》《新附考》《笺正》《亲属记》、莫友芝《笺异》《韵学源流》、傅寿彤《三国志音证》《古音类表》、黄国瑾《段氏说文假借释例》、黎庶昌《宋本〈广韵〉校札》、宦懋庸《说文疑证篇》、赵怡《文字述闻》、姚华《说文三例表》《黔语》、程棫林《说文通例》、杨寿篯《说文音义》等书，都有不少以音考字的例子。这里我们从部分著述中，寻绎一些例子简要谈谈晚清贵州朴学对"以音考字"方法的运用情况。

首先是莫友芝在《笺异》《韵学源流》等书中，有大量文字音韵的辨析，且通过语音以求文字之正形、正义，每每能取得事半功倍的效果。例如唐写本《说文》："栅，编竖木也。从木，删省声。又白。"莫氏《笺异》：

> "删省声"大徐作"从册，册亦声"；小徐、《韵会》引作"册声"。按：今官寺街巷排竖木为门阑，谓之栅阑。栅，音如沙，或如萨，皆"删"音之转。《广韵》《集韵》"栅"有"所晏切"。《广韵》训"篱栅"。《集韵》训"编竹木为落也"。又有"数眷切"，训"篱也"。皆即今"栅阑"义，音与"删"近。岂许书本有"删""册"二声，如注"从圭"，或"从佳省声"之例与？（12）①

---

① 莫友芝著、梁光华注评《唐写本说文解字木部笺异注评》，上海古籍出版社，2016年，第12页。本书凡引莫氏《笺异》，若无其他标注，皆据梁氏《注评》本，引文后直接加（）标注页码。

莫氏此条对文字音、形的考释颇有见地，他认为"栅"音如沙、或如萨，乃"删"字一音之转，《广韵》《集韵》"栅"注音有"所晏切""数眷切"即可证"栅"与"删"音近。由此证明唐写本"栅"注"删省声"乃《说文》旧貌，而大徐、小徐、《韵会》皆未考此，误以为"册声"。同时他指出《说文》析字不可能有"删""册"二声之例。

又如唐写本《说文》："枆，落也。从木，也声。读若池。力支。"莫氏《笺异》：

> "声"上漏"也"字。"读若池"，"池"二徐本作"他"。《五音韵谱》作"阤"。小徐"读"下有"又"字。段玉裁曰："'又'字，铉本无，非也。许时'枆'为'篱'字，人人所知，而'枆'之读，又或如'阤'，故著之。'阤'，作'他'，非。赵凡夫钞本作'阤'。"友芝按：此解当是两读，若云"读若池，又读若阤"。如："盍，读若灰，一曰若贿"，"諎，读若戠，又若唶"之例。《唐本》、今本各漏其一也……"他"与二徐音不应，自是"阤"误。又按：《集韵》"陈知切"又有"枆"训"落也"。又，"池、沱"同字，"穿地钟水。"盖其所见《说文》必是"读若池"，故溢此音。其实今"抽知""陈知""邻知"三切，特齿音轻重之间，故从"离"、从"也"字皆有，古不分也。(17)

莫氏通过比较"枆"字唐写本和大徐、小徐注音上的出入，指出"枆"当有两读，即"读若池，又读若阤"，古籍文献如《广雅》"柽，杝也"与《齐民要术》引仲长统"杝落不完"当用前一读，"柽"为"杝"形近之讹；而《诗经》"析薪杝矣"当用后一读。同时他指出《集韵》所收"杝"又有"陈知切"，盖《集韵》所见《说文》必定注有"读若池"，故增加此音；而《集韵》所收"抽知、陈知、邻知三切，只是齿音轻重略有差异，音似"离"又似"也"，故诸字之音难以分别。由此而厘清了木部"杝"字的读音及其与"阤""他""柂"之间的关系。从中可以看出，莫氏对《说文》说字解音的体例非常熟悉，以及并且非常清楚《唐本》、大徐、小徐本《说文》和《集韵》注音之间的辗转关系，才能从中厘出准确的字音和字形，莫氏之所以能取得这些创获，根本原因是他具有深厚的音韵学功底，并且深谙"以音考字"之法，故能在审字辨音上究根问底，得出令人信服的考释结果。

其次是郑氏父子对汉字语音信息的考辨，能与文字形、义紧密结合，具有较强的系统性，其特点一是善于利用汉字谐声系统，从而成批量地考释文字。这种例子在《新附考》中尤多，例如该书"燹"字条据"夋声"考证"燹"与"逡""俊"之关系（356）；"翎"字条据"令声"考证翎、零、翏、泠、钤等诸字关系（259）；"筠"字条据旬声、均声古通，考证"筍"变书作"筠"的演变过程（267）；"磯"字条据声符"幾"考证在"激水"义上，磯、機、幾之间的演变关系，同时考辨"圻"与"畿""幾"同音通用关系（350）。《笺正》和《逸字》中也有少数这类例子，例如《汗简》"𦵡（茲）"字，《笺正》指出"茲"为"芋麻"母字，作"茲"为其假借，薛本"茲"皆按例作"丝"（519）；又如《汗简》"埜（野）"字，《笺正》指出薛本作"壄"，字形与《说文》所

录古文字形相合。"壄"古从予声，与"野"同，作"埜"则无声
符（688）。《逸字》中例如"鬐"字条据"耆声"考证"鬐"与
"耆"的通假关系（89）；又如前文已举"希"字条指出"莃"
"晞""脪""郗""晞""稀""俙""欷""豨""絺"皆从希声，
《说文》必原有"希"字（76）。类似利用谐声系统考字的情况，郑
氏书中还有如"珈"与"哿"通，"芊"与"俗"通、"暈""煇"
"運"相通、"罭"与"緎"通、"亭"与"停"通、"切"与
"砌"通等例子。段玉裁曾说："一声可谐万字，万字而必同部，同
声必同部，明乎此而部分音变平入之相配，四声之今古不同，皆可
得矣。"（817）郑氏父子利用谐声原理来辨考文字及其演变关系，
是对段氏谐声理论的继承与发展。

二是注意甄别各种注音材料和语音现象。例如读为、读曰、读
如、读若，自汉代已被训诂学家用作改读古籍文字的术语，洪诚先
生指出："用'读为''读曰'和'读如'，表示去取音同或音近的
字义说明假借字。"①段玉裁在《周礼汉读考·序》说："读为、读
曰者，易其字也，易之以音相近之字，故为变化之词。"② 郑氏父子
著述中有不少这类例子，如"浃"字徐铉新附谓："浃，洽也。从
水，夹声。"《新附考》则据《荀子·礼论篇》"方皇周挟"与《儒
效篇》"尽善挟洽之谓神"中"挟"字，杨倞注："挟，读为'浃
帀'也。"推知"浃"古本作"挟"，作"浃"为汉以来俗字
（386）。又如"昳"字徐铉新附谓："昳，日厢也。从日，失声。"

---

① 洪诚《洪诚文集》，江苏古籍出版社，2000年，第178页。
② 段玉裁《经韵楼集》卷二，清嘉庆十九年（1814）刻本。

《新附考》则据《齐策》"邹忌身体昳丽"高诱注："昳读曰'逸'。"指出先秦无"昳"字，"昳"为"佚"之误，而"佚"与"逸"通，"日厄"字本作"跌"，昳、逸皆其假借（296）。又如"詎"字徐铉新附谓："詎，詎犹岂也。从言，巨声。"《新附考》则据《汉书·高帝纪》"公巨能入乎"颜师古注："巨，读若詎，犹岂也。"推知古只借"巨"以为反问之"岂"，作"詎"为汉以后俗写增"言"旁（248）。

又如古文因声旁音同音近而互用，形成文字形体上的差异，郑氏于著述中也非常留意。例如"蝱"字，徐铉新附谓："蝱，虻蝱也。从虫，孟声。"而《新附考》据《方言》"南楚之外谓之蟅蟒，或谓之蟒"郭璞注："亦呼虻蛨。"推知因为"蟅"与"诈"音近，皆读"虻"之去声，故字又俗别作"蚱"；"虻蝱"在古籍中又作"虻蛨"，"蛨"音与"蝱"之入声近同。今本《说文》收有"蟅"而未收"蟒"，典籍中表示"蟅蟒""虻蝱""虻蛨"皆音近可通，而以"蟅蟒"为其古正字（418），究其缘由是因为"蟅"与"虻""蚱"所从声符庶、亡、乍声韵近同，后二字为前者更换声符之俗；"蟒"与"蝱""蛨"所从声符莽、孟、百亦声韵近同，"蝱""蛨"为"蟒"字更换声符之俗。又如"罳"字，徐铉新附谓："罳，罘罳，屏也。从网，思声。"《新附考》则指出"罘罳"字在古籍文献中有多种写法，如《礼记·明堂位》注作"桴思"、《考工记·匠人》注作"浮思"、宋玉《大言赋》作"覆思"、《汉书·文帝纪》作"罘思"（307），认为桴、浮、覆、罘诸字音近而通可换用，而桴、浮、覆三字皆奉母尤韵，而"罘"为奉母屋韵，写作"罘"盖与前三字通转，由此推断"罘罳"并非"桴思"本字。《笺正》一书中也有少量类似例子，如"仄（侧）"字，《笺正》据《汉书·五行志》"仄注冠"颜师古注："仄，古侧字。"（819）推知"仄（仄）""侧"古音相同、古义近似而可通用，而当以"仄"为"倾仄"古字。

又如一声之转，早在扬雄《方言》中，就有很多"转语"和"语之转"；至清代则称为朴学家常用的以声音探求字词关系的训诂方法。洪诚先生曾说："一声之转，是说几个字在声钮同一的前提下语音发生转变。"① 赵振铎先生亦指出："语言是发展变化的，一个词在不同的时期、不同的地域发生了语音上的变化，读成了另外一个音，人们就用另外一个字去记录它。这种现象清朝的学者称之为一声之转，或者叫声转、语转都是一个意思。"② 郑氏书中亦时常通过"一声之转"来推敲字形及其相互关系。例如"透"字，徐铉新附谓："透，跳也，过也。从辵，秀声。"《新附考》则据《方言》"宋卫南楚凡相惊曰獟，或曰透"，认为"透"的本义就是"獟"；又据《说文》"獟，读若愬"，"倏，读若叔"，且"愬"古音入声与"朔"音近，指出"獟"与"倏"即一声之转；而之所以典籍又写作"透"，是因为"倏"之去声与"秀"读音近同，故俗书改从"秀"声作"透"（233）。由此可见，郑氏父子在文字考释过程中，对语音信息的认识和运用是比较全面的。

最后是傅寿彤、黎庶昌、宦懋庸等人著述中，考证字形时亦有不少对音韵的辨析。例如傅寿彤《古音类表》卷五："舀，新生羽

---

① 洪诚《洪诚文集》，第 8 页。
② 赵振铎《训诂学纲要（修订本）》，巴蜀书社，2003 年，第 115 页。

而飞也。按：翌字从'㐖'，读如㐖，俗溷㐖，非。"（514）傅氏指出"翌"从"㐖"得声，"㐖"读与"㐖"音近相通，而俗以为"㐖"即"㐖"，是混淆二字音形而误。今考傅氏所录字形"㐖"，实即"凤"字，《说文·几部》："凤，新生羽而飞也。从几①，从彡。"与傅氏所录字义相同。而"凤"《广韵》上声轸韵章忍切，"㐖"与之在同一小韵，且反切相同。但"㐖"在《说文·彡部》："㐖，稠发也。"与"凤"意义不同，故别为一字，傅氏所考无误。有傅氏考语中"翌"亦书从"㐖"，实际"翌"即"翏"字。《说文·羽部》："翏，高飞也。从羽，从㐖。"《段注》："㐖，新生羽而飞也。羽毛新生丰满，可以高飞也。"故"翏"字下部所从当为"凤（㐖）"，而非"㐖"，今本《说文》与段注皆从"㐖"，当以傅氏之说正之。考"凤"字篆体作"🐦"形，"翏"篆体作"🐦"形，楷定之则与傅氏所录"㐖""翌"形近。要之，傅氏所录字形虽有失真，但他认为"凤"只是读音同"㐖"，而形、义皆不同，不应从俗而讹混。类似以音考字、辨字的例子在傅氏书中还有不少，傅氏学术素养本在音韵，故能通过读音探及汉字音义及其演变之真相。

## 三、以义考字

杨宝忠先生指出："汉字有形有音有义，形有演变讹俗，音有

---

① 此为"几"部，非几（凳、凭等字所从）或几（风、凤等字所从），《说文·几部》："鸟之短羽飞几几也。象形。"则"几"为象短羽鸟飞貌，篆体作"🕊"形。凤（㐖）、翏（翌）等字从"几"，故与鸟羽、鸟飞有关。

历时音变、异域音变、望形生音、音随义转及传抄失误，义有引申、望形生义、貌异实同，亦有传抄失误；此外尚有字形变易导致缺音、缺义者。"① 因此，字义及其各种变化，也是考释文字嬗变及其相互关系不可忽视的因素和线索，以字义信息为主导的考字方法就是"以义考字"。晚清贵州朴学家在朴学著述中，对汉字字义有大量溯源讨流、分辨厘正的工作，这类例子在很多学者著述中都有不少，我们略举数例以窥一斑。

郑氏父子在其文字学著述中，对汉字字义有较为系统的考辨。例如"纔"字，郑珍《逸字》指出今本《说文》只有"纔"而没有"緅"字，《说文》"微黑色，如绀"与《士冠礼》"爵弁服"注"爵弁，其色赤而微黑，如爵头然，或谓之緅"相合，浅人则以为许书"緅"字本只作"纔"。但这条注文涉及两项字义，"一曰微黑色"是一义，"纔，浅也"又是一义，若此则当作"一曰浅也"，不用再提出"纔"字注为"纔，浅也"。而结合读音来看，"毚"属侵覃部，"取"属鱼虞部，声符不同，"緅"并非"纔"换声符另造。真实原因是今本《说文》所收"纔"字篆体为"緅"字篆形之误，释义语"纔，浅也"是对"纔"字篆体的解释。《说文》本有"緅""纔"两文上下相联，而上字"緅"亦误作"纔"，则上下皆成"纔"字篆形，传抄者未考，又将"緅"字注语"从糸，取声"删去，只剩"纔，浅也"以为"纔"字释义，而"緅"字的脱落，导致其释义语"帛青赤色也"亦失坠（117）。

---

① 杨宝忠《论"以义考字"》，《河北大学学报（哲学社会科学版）》2004 年第 2 期，第 89 页。

又如《汗简》"**蓐**（農）"字，郑珍《笺正》指出薛本所引《洪范》作"**蓐**"，是其正形，《汗简》作"**蓐**"、《酒诰》《洛诰》作"**蓐**"，皆传抄失误。"農"字《说文》古文作"蓐"成"林"，传抄古文又作"**蓐**"等从艸，从字义上看，从"艸"与"農"字本义更近（519）。今考《说文·晨部》："農，耕也。"金文"農"字从田、辰会意，表示用"辰（耕种的工具）"于田间耕作，而传抄从艸、从林者，皆与"農"之本义"耕"相关。《一切经音义》多次引《说文》云："農，古文'蓐'。"可能"農"字《说文》原本就从"艸"，可证郑珍所考可信。

郑氏父子考释文字最注重的就是形、音、义互相求，因此在具体考字过程中，既有侧重形、音、义之一项者，亦有三者相结合的情况。例如"蘸"字徐铉新附谓："蘸，以物投水也，此盖俗语。从艸，未详。"钮树玉认为："'蘸'乃是'醮'，后人妄加艸，音仄陷切者，盖方音之转。"《新附考》则指出"蘸"的结构其实是左形右声，而其声符即"蕉"，其成字理据并非"醮"增"艸"旁，而是从酉蕉声，其形音义皆别为一字。"蘸"字音"仄陷切"训"以物投水"者，即大徐所谓"俗语"也，作"醮"字只是这一音义的俗借（222）。又如"琛"字徐铉新附谓："琛，宝也。从玉，深省声。"《新附考》据郝懿行所考指出《诗经》"琛""金"所用韵同，若字作"珍"则于韵不合，"琛""珍"二字皆训"宝"义，而音却不同，则"琛"与"珍"当为二字（211）。这些都是郑氏父子形、音、义相结合而考字的例子。

又如傅寿彤《古音类表》一书中也有大量"以义考字"的例子。如《古音类表》卷三："寂，薄也。徐氏曰：'俗作凉。'按：

𣧟，人情之薄也。《春秋左氏传》：'虢多𣧟德。'"同卷："凉，饮水之薄也。《周礼·浆人》其：'水、浆、醴、凉、医、酏。'"（501）《说文·旡部》："𣧟，事有不善，言𣧟也。"意思是遇到不好的事情而发出鄙薄之言，这个"𣧟"异体颇多，如作"就""𣤑"（见《龙龛》）、作"就"（见《广韵》）、作"𣧩"（见《玉篇》）、作"𣧟"（见《康熙字典》）等，皆一字之变。今考"𣧟"篆体作"𩏩"形，傅氏所录"𣧟"即据其楷定。傅氏训"𣧟"为"人情之薄"，与"𣧟"意义相同，皆指人情、人言之凉薄。而"凉"即今通行之"凉"，《说文·水部》："凉，薄也。从水，京声。"段玉裁注："许云薄也，盖'薄'下夺一'酒'字，以水和酒，故为薄酒。"则"凉"本义为薄酒，与傅氏训"饮水之薄"义通，傅氏之训"饮水之薄"盖指古代所谓"六饮"，即《周礼·天官·浆人》："掌共王之六饮：水、浆、醴、凉、医、酏，入于酒府。"可见傅氏对"𣧟""凉"之本字及其字义之别非常清楚。

又如《古音类表》卷六："货，按：《虞书》：'懋迁有无化居。'化，行货也；居，居货也。俗以售物曰货，货、化通用，音义同。"（523）《说文·贝部》："货，财也。从贝，化声。"《段注》云："《广韵》引蔡氏《化清经》曰：'货者，化也。变化反易之物，故字从化。'"《字汇补·匕部》："化，与货同。《六书索隐》曰：'古文货亦作化。'"皆与傅氏谓"货""化"音义通用之说相合。傅氏又谓"化，行货也；居，居货也"，"行货"一词传世典籍经见，其意义为"贩运货物"；"居货"亦经见，其意义为"积累货物（以售卖）"，"居"本为"蹲踞"字，引申指积蓄、囤积，《史记》所谓"奇货可居"即此义，傅氏所引"懋迁有无化居"亦此义。

"行货""居货"皆用作动词，但其义一为向外售卖，一为向内囤积以待售卖，傅氏所辨可从。傅氏《古音类表》为音韵学著作，其书本以类列《说文》字音为主，但在具体条目的考证中，对字形、字义皆多辨析，可以说是形、音、义互相求之的经典著作。

又如莫友芝《笺异》一书中也有不少"以义考字"的例子。如唐写本《说文·木部》："杠，床前撗也。从木，工声。"《笺异》指出：

> 杠，"床前横也"，"横"误从"手"旁。"横"下二徐衍"木"字。《篇》《韵》亦无。按："横，阑木也。""阑，门遮也。"言"床前横"，知是木为遮阑。（31）

今本《说文·木部》："杠，床前横木也。"这个"杠"究竟为何物，莫氏通过稽考杠、横、阑等字义，指出即为床而作的木制遮栏。今考"横"训"阑木"，"阑"又为"门遮"，"横"于门而言指门前栅栏，于床而言则指床前遮栏，莫氏所考可信。又《说文·木部》有："桯，床前几。"又："桱，桯也。"徐锴《系传》："桯，即横木也。"而"杠"字徐锴谓即"今人谓之床桯"，则"杠"是指"床前几"还是指"床前横木"尚有疑。依莫氏所考，"杠"言"床前横"具体即指床前木制遮蔽物，其作用是遮栏、庇护。笔者窃谓旧时贵州等西南地区，凡老式木床按其形制，于床前皆另配有"床桯"，"桯"之音即《广韵》平声青韵他丁切，方言读去声"tìng"，但这个"床桯"在不同的地方具体所指有所不同，若有床有桯，则"床桯"即指床前几，其形与床同长，宽窄不一；若有床无桯，则"床桯"即指床最前沿之横木，较床之其他部位，这块横木又宽又厚，与床为一体，其作用是床之遮蔽物。

又如唐写本《说文·木部》："楑，匮也。从木，卖声。一曰木楑、木名；或曰：楑，木枕。"《笺异》指出：

> "楑"为"木名"，无可证；增"木楑"字，益不可晓。"楑"之别义，《一切经音义》引《仓颉篇》"楑栌，三辅举水具也"。《释名·释兵》："松楑，长三尺，其矜宜轻，以松作之也。楑，速楑也。前刺之言也。"意此"木楑"必居"楑栌""松楑"之一……小徐作"又曰：楑，木枕也"；大徐作"又曰大梡也"。段玉裁谓"木枕以圆木为枕，用《少仪》之颖。郑注曰：'警枕'者为解，以'大梡'为字误。"友芝按：《玉篇》："楑，匮也。亦木名；又小棺也。"当本《说文》。则"木枕""大梡"乃"小棺"之讹。《左氏·昭二十九年传》："公将为之楑。"《释文》："楑，棺也。"（39）

对"楑"字的收录，唐写本《说文》、大徐、小徐以及《段注》对其"木楑""木名"之义皆有所混淆，且小徐释"木枕"，大徐释"大梡"，字义存在出入，段氏以为是字形之误，证据不足。而莫氏据《玉篇》"楑"字别记有"小棺"一义，且《左传》"楑"陆德明《释文》即训"棺也"，推知"木枕""大梡"皆为"小棺"之讹，今考《说文·木部》收有："槽，棺楑也。"《段注》即云："楑，匮也，棺之小者，故谓之棺楑……楑，即槽也。""棺楑"一词传世典籍经见使用，意思是制作粗劣的小棺，可见莫氏所考可以信从。从字形上看，"梡"当为"棺"更换声符之俗，而"枕"又为"梡"形近之讹。要之，"椟"之字义及其字书所载，乃莫氏钩稽其义"小棺"乃厘清其源流。

综上所述，晚清贵州朴学家对文字的考释是崇尚形、音、义互相求的，尽管由于个人在文字、音韵、训诂方面的素养和功底不同而略有侧重，但他们之所以能够精通以形考字、以音考字、以义考字之方法，则是建立在他们对汉字形、音、义的系统性认识基础上的。

除了形、音、义互相求的考字方法，晚清贵州朴学家在著述中还常用到"以用考字"和"以经考字"等方法。例如郑珍《笺正》一书就对古文传抄中的"用字"情况多所考辨，例如《汗简》"𣏂（旝）"字，《笺正》则指出这个字从㫃从木，当为《左传·桓五年》"旝动而鼓"之古文，《说文·㫃部》"旝"字训"建大木，置石其上，发其机以礧敌"，所引《春秋传》与今本作"旝"相同（713）。石经、《汗简》等转录作"𣏂"形，大概是因为《说文》训"建大木"，故别用从木之形，可知"旝"字秦汉以来有俗书从"木"者。又如《汗简》"𢓜（来）"字，《笺正》指出"来"古文作"𢓜"，而"行来"字古多借用"来牟"之"来"，故汉隶增"彳"旁，与"往"相配，而汉魏以来碑刻"往来"古文常用"逨"，"来"故又变从"辵"（672—673），此则因用字而形成的字形变化。此外，《笺正》中如"𧺰（动）"字郭氏因古籍"重""童"通用，而录"童"篆为"重"（769）；"𦤝（鼻）"字因古籍自、鼻使用多混，郭氏误录"𦣻"为"鼻"，而实为"自"字（606）等，皆郑氏"以用考字"之例。

而在《逸字》《新附考》二书中，郑氏旁征博引，所引传世古籍有数十种之多，其目的也是为"以用考字""以经考字"之用。例如前文已举《逸字》中"簫"字，据古鼎彝文"用簫眉寿""用簫匄百禄""用簫绾绰"等"簫"字，推知"簫"古文"祈"字(33)。《新附考》中"鞜"字条指出经籍"鞜""鞜"俗用相混(251)、"晟"字条指出经籍用"晟"与"盛（俗或作"晠"）"同（292）、"薓"字条指出经籍"薓""蔫"通用错出，而"蔫"又与"鳶"形近相混（216）、"閥"字条指出经典"閥閱"字古本只用作"伐阅"（394）、"傔"字条指出典籍使用傔、慊、嗛、谦诸字多有混同（315）、"势"字条指出经典借"埶"为"势"，"埶"字右部篆体作"丮"形，隶变即为"劦"，从而考出"势"字源流（431）等，郑氏通过经典对汉字的使用情况，而考辨汉字形、音、义源流及其字际关系的例证。

总的来说，晚清贵州朴学家形、音、义互相求的方法还是非常典型的，其内涵与特质仍然是对乾嘉学术传统的继承发扬。郭在贻先生曾言："如果我们熟稔了一部书的内部组织，并进一步做到融会贯通，我们便可以把它作为研究的出发点，据以发疑正讹。"[1] 晚清贵州朴学家的形、音、义互相求证，之所以继乾嘉之后在相关领域能够取得一定的成就，一是在于他们本身具备文字、音韵、训诂方面的朴学功底，对汉字形、音、义系统性有深刻的认识，从而形成与前代诸儒或相互印证、或相互驳正、或续有发明的观点；二是在于他们对传世古籍的"内部组织"非常熟悉，从郑氏父子、莫友

---

[1]　郭在贻著，张涌泉、郭昊编《新编训诂丛稿》，浙江大学出版社，2010年，第391页。

芝、宦懋庸、黎庶昌、程械林等人的考字、论字就可以看出，他们对《说文》原书及其传衍版本如大徐、小徐、唐写本等诸本体例、出入、变化等皆烂熟于心，且于古代经典、史志文献，以及后世字书、韵书如《类篇》《集韵》《广韵》等所引《说文》之佚文、异文皆有深入考察，因而能够结合经籍用字、文献传抄、版本流传等信息，"融会贯通"地去考释、讨论汉字的形、音、义及其发展演变。

# 第七章　晚清贵州朴学的
　　　　成就与特色

晚清贵州朴学的主要特点还是稽古考据，并且通过家族式、群体性的学术传承，继乾嘉之后在道咸时期的学术界取得了一定的成就和地位，其主要特色一是治学涵盖面有所拓展，对乾嘉学术续有补苴；二是部分研究推陈出新，开始具备新的学术理念和视野。本章我们基于贵州学者对文字、经学、文献、训诂、音韵等方面的具体研究内容，着眼于他们对乾嘉学术的继承发展，以及发展到道咸时期在学术上呈现出的转变与特质，简要陈述晚清贵州朴学的成就与特色。

## 第一节　具备语言文字学眼光

晚清贵州朴学家考析文字，源流并重，并且特别注意从语言文字发展史的角度去阐释文字的源流演变和字际关系的成因和规律。例如郑珍《新附考》"祧"字条，指出"祧庙"古本没有正字，只是借用"濯"字表达其义，至《玉篇·示部》"祧"字收有重文"禮"，并注为"古文"，则反映"濯"字可能因氵、礻二旁近似而俗写作"禮"，后又更换声符作"祧"，据郑氏所考，这几个字的变化路径是：濯→櫂→祧，从而清楚考证了"祧庙"字的源流演变。同时郑珍还留意到不同时代、不同文献载体中的汉字资料的承袭与变化，由此来揭示传世汉字的性质与特点，他在《新附考》"祧"字条中还说：

> 凡《玉篇》《广韵》及《众经音义》等书，所载古文最夥，大半不见《说文》，盖皆采自卫宏《古文字书》、郭训《古文奇字》、张揖《古今字诂》等书。观其形体，大抵奇僻，为世所不用。其出自先秦以上六国异文、为李斯所罢不合秦文者，在汉时犹或传之；其即出秦汉已来方俗所制，俱不可定。甚至有因古籍文体假借，世传笔迹讹变，亦指为古文者，更属不经，不可与《说文》所列古文六百馀文出自壁中经者相提并论也。（207）

这种评述，是具备汉字发展史观念的表现。类似的例子又如《新附考》"怿"字条，郑氏认为当为"释"字引申，因其义训"说（悦）"，故汉魏以来俗书变从"心"作"怿"。依据"怿"字的演变过程，郑氏论曰："六朝以降，经典画一。而自唐宋已来乃多任意纷更，明人尤甚，他书亦然。国朝前辈悉心校整古籍，厥功甚伟；而乾嘉诸人著书，援引或不免轻肆增改，以就己说。校刊家又多师心武断，其弊转不可胜言。"（374）认为影响汉字发展演变的历史因素，不仅包括时代、典籍和书写传抄，还与文字学者校整古籍、援引旧说或校刊时所作的判断等密切相关。

郑珍、郑知同等学者还善于从历代传世文献中，去寻找文字形音义的蛛丝马迹，从而对汉字作出较为准确的断代，这是他们具有汉字发展史观的重要体现。有汉魏时文字，例如《新附考》"氅"字，郑珍考云："其字不见汉魏人书，唯《世说》始有'鹤氅裘'，是六朝名称。"（330）又"艇"字："如楔、橙、桴、檻等字在《说文》皆从木，而《广雅》皆从舟。《方言》'艇'、'艄'字亦从舟。是汉魏间改者。"（332）又"埸"字："作'易'是毛公原文。《易·大壮》'丧羊于易'，《释文》：'易，陆作埸。'知汉魏间俗加土旁。"（424）

有齐梁间文字，例如《新附考》"鬘"字徐铉注云："总发也。从髟，罥声。古妇人首饰琢玉为两环。"郑珍则谓："此系齐梁间俗字。'髻'则《说文》原有。琢玉为两环之说未见所出，徐氏臆拟，不可信。"（337）又"魑"字："《众经音义》卷六云：'魑，《说文》作"离"，《三仓》诸书作"螭"，近作"魑"。'是齐梁已来俗字如此。"（337）又"恰"字："六朝已前书无此字。唐人诗乃常用之，义为适当。齐梁已来俗语也。'用心'之义本《唐韵》。"（373）又"塔"字："'塔'初亦止借'墖'（玄应以经文作"墖"为非者，其书说字，例依《仓颉篇》已下诸字书，所有本字，宁取俗书，不依假借）。齐梁间乃有'塔'字。葛洪始收之。'刹'与'塔'一也，音有轻重耳。"（427）

有唐宋时文字，例如《新附考》"剜"字："唐宋人诗以'雕'、'剜'并言，故《广韵》训'刻削'。大徐训'削'，见《玉篇》。"（266）又"餻"字："在汉时有此名，然唐已前文字罕见用者……《方言》作'餻'，殆非古体……今本且或经唐已后人用俗书改易，益非其旧。今据唐宋人书所称引，犹或见古字。"（272）

又"撑"字："《艺文类聚》列采古籍，例作'撑蒲'，他书亦多用二字。唐宋人诗尚然。"（407）

对于汉字发展史上的一些重要事件或变革，晚清贵州朴学家也颇为关注。比如"隶变"，郑珍《新附考》《笺正》、莫友芝《笺异》、郑知同《说文考异》、宦懋庸《六书略平议》、赵恺《读说文解字》等著述都有所论及。郑珍对"隶变"的机制和规律都有深刻的认识和见解，他不仅深入考证了一批古文字的隶变过程，并且通过汉字的流变来揭示"隶变"对汉魏以后汉字的深远影响，这也是郑氏汉字史眼光的体现。例如徐铉新附"筰"字，郑珍《新附考》据《史记·司马相如传》"邛筰之君长""邛筰冉骁"皆作"筰"，而《汉书》皆作"莋"，指出在隶变过程中竹、艹二旁互通，"竹"旁多换书作"艹"，因此"筰""莋"当为一字之变。我们知道，近代汉字竹、艹二旁俗书恒混不别，常见如"第"作"苐"即其例，郑氏考论显然是正确的。又如"售"字："段氏玉裁云：'讐正字，售俗字。'是'讐'为古'售'字，'售'盖隶省。"（224）又如"呀"字："古文于'牙'下加'⿱'。'⿱'者，古文'齿'字；隶书之，则作'龂'矣。"（229）又"些"字："《集韵》'些'、'呰'同列，注云'见《楚辞》，或从口。'尚识古字，只依俗以'些'为正文尔。或由隶变省'口'作'二'，或由草书'口'似'二'，后因正写成'些'，未可定。"（229）正是因为郑珍对"隶变"的规律及其对汉字演变的影响有较为深入的把握，他对汉魏以来古文传抄、俗字演变的考证，不仅能透过形音义的源流看到汉字发展演变的具体方式，并且能够反映不同时代汉字偏旁、构形和音义变化的特点，从而呈现更为完整清晰的汉字发展史。

## 第二节　注重揭示汉字演变的规律

汉字演变的规律是非常复杂的，需要通过大量的文字考释来加以总结归纳。晚清贵州朴学家及其著述对汉字演变规律的揭示主要体现在以下几个方面：

### 一、古籍文字通例

晚清贵州朴学家的考字、论经，普遍善于利用古籍文字通例来揭示汉字的源流与关系。例如郑珍在《汗简笺正》中，分析字形、考订释文就有阐发文字书写、使用通例的习惯，例如《汗简》"𧹑"字训为"辅"，但郑珍《笺正》认为"𧹑"实为"備"之别体，因为经典"備"通作"辅"，传抄以"辅"训"備"，郭氏故误以释义作字形。而《汗简》书中这类疏误实有不少，反映郭氏对古籍文字通例颇有不明，例如《汗简》"𠆳"字郭氏训为"訥"，但《笺正》指出该字实为"同"字，隶变作"吶"，《说文》"同""訥"本实一文，因古籍通例字从口、从言不别，故经典"同""訥"常通用，且常以"訥"释"同"，郭氏以释文"訥"为"同"字。郭氏《汗简》还常误以假借之字为正体的情形，例如"𡾺"字，《汗简》以为"颠"字，《笺正》则指出《说文》："趈，顿也。"此为"趈仆"本字，因经典皆假借"颠顶"字为之，故释作"颠"，郭氏未识径直录以为"颠"字（540）；又如"𣓏"字，《说文》训"木顶"，经典亦多假借"颠顶"字为之，郭氏亦因未识而误释（683）。又如"<ruby>䉧</ruby>"字郭氏释作"竺"，郑珍则以为"笃"字，经典借"笃"作"竺"，郭氏误以为释（638）；而"<ruby>䇹</ruby>"字郭氏释为"笃"，郑珍释为"篤"字，《说文》："篤，厚也。读若笃。"这个字才是"笃厚"的正字，经典多借"笃"为之，郭氏未查而误录作"笃"（670）。《汗简》误以假借字为正字、误以释文为字头是比较明显的疏误，郑珍都一一作了校正，例如"<ruby>柬</ruby>"字《汗简》释作"简"，注云："亦'柬'字。"字形上"<ruby>柬</ruby>"显然与"简（篆体作"<ruby>簡</ruby>"形）"不同，且"简"与"柬"形体疏远，何以"简"又作"柬"字呢？郭氏所录可谓含糊不清，郑珍则明确指出"<ruby>柬</ruby>"当为"柬（篆体作"<ruby>柬</ruby>"形）"字之别，因为经传多假借"简编"之"简"为"柬"，故以"简"释"柬"，并非"<ruby>柬</ruby>"即"简"字（683）。今考《说文·柬部》："柬，分别简之也。"本义是挑选、选择，"简之"乃其释文，《汗简》误以释文为古文正字，《笺正》所考于事实相符。

## 二、汉字孳乳的条件与成因

郑珍对文字的考释，主要包含汉字的出现时代、文献出处和字际关系等内容，在弄清这些内容基础上，他还对汉字孳乳的成因和演变规律有所提炼。例如"龄"字《说文》未收，徐铉《新附》谓"疑通用'灵'"，郑珍《新附考》则云：

> 《礼》"九龄"字古当止作"令"……言年岁之"年"，古音谓之"令"，而人之齿寿称年，则谓年齿亦称为"令"

也……要可见汉传《礼记》正本止作"令"也。《释文》本作
"九聆",汉樊毅修《华岳碑》云"万聆"……《汉隶字原》
云:汉碑"龄"皆作"聆"。而熹平二年《鲁峻碑》"永传晉
龄"已作从齿字,知是汉人所加。(236)

则据郑氏考证,"龄"字的源流演变就清楚了:令(年令)→
聆(增旁)→龄(换旁)。今谓徐铉、郑氏皆认为"龄"为汉魏以
来俗字,查《篆隶万象名义·齿部》收有:"龄,吕经反,年也。
或秴。"宋本《玉篇·齿部》收:"龄,吕经切,古谓年龄也。"在
该部之末,说明该字为后世据俗所增。而"秴"字《广韵》平声青
韵郎丁切:"秴,穗熟。"《集韵》同音:"秴,禾始熟曰秴。"这个
"秴"字当为"年"字俗写之变,《说文·禾部》:"年,谷熟也。"
"年"本指一年之收成,引申用以为年岁之"年",音义与"秴"
近同,《玉篇·禾部》:"秴,年也。"可证。由此可知,古"令(年
令)"字俗加"禾"旁作"秴"则表示禾熟,加"齿"旁作"龄"
则表示年寿,皆"年"之分化,可见郑氏考论是可信的。

由此可见,在郑氏《新附考》对汉字源流考证的基础上,我们
能够对不少汉字的源流、性质和变化进行再考证,从而更好地进行
汉字的溯源讨流,这是郑氏成果对于汉字演变研究的一大贡献。此
举一例:

【逼】

近也。从辵,畐声。彼力切。

知同谨按:"字又作'偪',皆'畐'之俗。但考《秦诅

楚文》已见'偪'字，知先秦有'偪'，许君未收。'逼'乃后出字耳。"（231）

今按，郑氏认为"逼（逼迫）"字又作"偪"，皆为"畐"增旁之俗，且"逼"出"偪"之后，其言甚是。考汉及之前文献"偪"字经见，《战国古文字典》已收录"偪"字①，又《管子》卷十《君臣上》："奸心之积也，其大者有侵偪杀上之祸。"②《汉书》卷一百下《叙传第七十下》："靡法靡度，民肆其诈。偪上并下，荒殖其货。"③皆其例证。《说文·畐部》有："畐，满也。"而无"偪""逼"二字，盖古只作"畐"也。今本《方言》卷六云："偪，满也，腹满曰偪。"④《一切经音义》卷七十五"畐塞"引《方言》作："畐，满也。"（54/797/b）⑤《玉篇·畐部》："畐，肠满谓之畐。"《篆隶万象名义·畐部》："畐，满也。"皆其证。《段注》"迫"字条云："《释言》曰：'逼、迫也。'逼本又作偪，许无逼、偪字，盖只用畐。"又"畐"字条云："畐、偪正俗字也。（逼）本又作偪，二皆畐之俗字。"与郑说相同。从字书的收录看，《一切经音义》卷一"驱逼"条（54/317/b）、卷二"逼切"条（54/320/b）、卷五十一"强逼"条（54/648/b）并引《说文》："逼，

---

① 何琳仪《战国古文字典》，中华书局，1998 年，第 126 页。
② 管仲《管子》，缩印浙江书局会刻《二十二子》本，上海古籍出版社，1986 年，第 133 页。
③ 班固《汉书》，中华书局，1962 年，第 4266 页。
④ 扬雄《方言》，《四部丛刊》景江安傅氏双鉴楼藏宋刊本。
⑤ 释慧琳《一切经音义》，《大正藏》第 54 册影印本，台北新文丰出版公司，1985 年。括号中斜线前为册数，斜线后为页码、栏次。本书后文引此书，皆于引文后直接加（）注明出处。

从辵畐声。"则唐本《说文》有"逼"字。《篆隶万象名义·人部》："偪，鄙力反，迫也，近也，或逼。"又辵部："逼，碑棘反，迫也，偪字也。"《玉篇·人部》："偪，鄙力切，迫也，与逼同。"则六朝以来多以"偪"为"逼"古文正体。《传抄古文字编》"逼"字引《汗简》作"福"，引《古文四声韵》作"福"①，皆以"偪"为"逼"古文之例。

而有些字虽为形声结构，但其实古已有之，不能算作增加偏旁。例如《新附考》"餕"字条云："《说文》'𩜀'与'馔'同。《论语》'先生馔'，《释文》云：'馔，郑作餕。'"指出"餕"即"馔"之本字，古已有之，而非俗书所增变。今考《礼记·曲礼上》："餕餘不祭。""餕餘"皆指"吃剩的食物"，是作名词；而"馔"为"𩜀"字或体，"𩜀"训"具食"，是作动词；而《仪礼·燕礼》有："膳宰具官馔于寝东。"《玉篇·食部》："馔，饭食也。"又皆作名词，与"餕"意义相通。而考其音，"馔"从"巽"声，古音在臻摄魂韵，"餕"从"夋"声，古音在臻摄谆韵，则二字古韵相同，因此馔、餕音义近同，是通过变换声符产生的古籍异文，而非俗增。

## 三、汉字演变的增、减、变、换

汉字发展演变的规律是很多的，其中最为普遍的规律就是字形的增、减、变、换，所谓"增减变换"就是后世汉字有很多都是在

---

① 徐在国《传抄古文字编》，线装书局，2006 年，第 171 页。

古文、正体的形体上增加、省略、变异、改换形声偏旁而来。这些演变规律，在郑珍、郑知同父子书中主要表现为以下几个方面：

**增加偏旁**。这类字以增加形旁居多。例如《新附考》中"祆"（208）字为"天"增"示"旁；"珈"（209）、"瑞"（212）、"玘"（213）为"加""當""己"增"玉"旁；"噞"（225）为"僉"增"口"旁；"腔"（263）、"腝"为"空""忍"增"肉"旁；"樿"（280）为"皋"增"木"旁；"昈"（291）为"户"增"日"旁；"蠛蠓"（417）为"蔑""蒙"增"虫"旁等，举不胜举。大多数增加形旁的字都是为了分担原字记词的职能，通过增加表意部件来突出汉字所属的意义范畴。增旁俗字很少有增加声符的情况，声符一般只会在原有形体上增繁，例如《新附考》"曙"字："《说文》：'睹，旦明也。'则'睹'即古'曙'字。"（295）古字"睹"声符"者"变书作"署"，并未增加新的声符，只是原声符字形的增繁。今考在"旦明"义上，睹、曙为古今字，"睹"字段玉裁《说文解字注》云："本作睹，后乃变为曙。署亦者声也。"郑氏谓"睹"即古"曙"字，所言甚是。

虽然汉字通过增加偏旁而分化的规律非常普遍，但后起汉字中的形声字、转注字并不是都由这条规律演变而来。例如《新附考》"港"字条云："《说文》：'洐，沟水行也。从水从行。'即'沟港'本字……'洐'本读户刚切，去声则胡绛切，故俗改从巷声……'洐'自是沟溪水道，后人不识，别作'港'。非增'巷'从水也。"（383）"港"的字形是左形右声，但它并非由古字"巷"增加形旁"水"而来，其真正源流是由"洐"改换声符而来。今考"洐"为"沟水行"，而《玉篇·水部》："港，水派也。"表示"水分流"，与"洐"音义皆别。窃谓"沟水"字"洐"俗改声符从"巷"作"港"，与《玉篇》表"水分流"之"港"为同形字。

**省略偏旁**。这类字与增加偏旁相反，汉字省旁以形、声偏旁的省书为主，也有比较特殊的省借。省形例，如《新附考》中"贻"字（288）省书作"台"；"粲"省书作"籺"（302）；"襂"字省书作"衫"（326）；"耗"字省书作"眊"（327）；"庪"字省书作"庋"（347）；"廖"字省书作"廖"（348）；"煽"字省书作"扇"（362）；"蒜"字省书作"韭"（368）；"坊"字省书作"方"（429）等。省借例，如"踔"字省借作"卓"（241）；"揖"字省借作"茸"（327）；"團"字省借作"專"（375）等。所谓"省借"，从郑氏书中所举例子看，大概就是由于假借形体更为简洁的字来记录原来的音义，形成了字形上的简省。省略形、声偏旁也是汉字演变的重要规律，郑氏常常利用这一规律准确沟通一些汉字的字际关系，例如"眭"字，钮树玉认为"睢"是其古字，由"睢"到"眭"的演变方式是变换声符，但郑氏《新附考》则认为"睢"俗书作"眭"，不是直接变换声旁，而是声旁"隹"简省作"圭"所致（256）。

**书写变异**。汉字隶变之后，楷书、草书、行书都形成了一定程度的书写变异，从而造成大量俗别字的产生，其中以草书变体居多。如"些"字条："'呰'是'些'古字……或由隶变省'口'作'二'，或由草书'口'似'二'，后因正写成'些'。"（229）又如"庪"字条："若'庋'字，或说《礼·内则》注'阁以版为庋食物'，《释文》：'庋，本亦作庪。'疑'庋'即'庪'之变，'庪'草书近'庋'形，真书即成'庋'。"（347）等。

  **改换偏旁**。汉字改旁往往是由于音义变化或俗写俗用而造成的形、声偏旁的更改或替换，这类字以改换形旁居多。例如《新附考》"趺"字改从"日"旁作"昳"（296）；"郁"字改从"艹"旁作"苟"（216）；"屏"字改从"辵"旁作"迸"（233）；"超"字改从"辵"旁作"迢"（235）；"决"字改从"言"旁作"诀"（249）；"遮姑"改从"鸟"旁作"鷓鴣"（260）等。通过改易形旁，能够使汉字表达的意义更为明确，例如"浚"字改从"日"旁作"晙"（292）是为了明确"明、早"之义；"牆"字改从"女"旁作"嫱"（408）是为了明确"妇官之名"之义；"徹"字改从"车"旁作"辙"（436）是为了明确"车迹"之义等。还有的是因为形旁之间义类相通，变换书之而无别，例如"稷"字改从"米"旁作"糇"（303），是为了明确"角黍束米"之义，其理据是米、禾二旁义类相通。改换声旁的情况比较少，例如"蹚"字条云："'蹚'、'趻'、'跲'皆汉后字，古当作'尤'……俗加足作'趻'，配'踔'字，又改从甚、从今。"（241）"尤"→"趻"为增加形旁，而"趻"→"蹚""跲"则为改换声旁。尽管汉字通过改换偏旁而产生新字的能力很强，但有些字的演变不能简单地判定为改换偏旁。例如"舸"字，徐铉新附谓："舟也。"《新附考》则云：

  疑"舸"为"柯"之俗。钮意"柯"本系船杙，后因以名舟，字改从舟，非也……唯样柯为系船杙之名，固是古义。但船之名"舸"，又不可截一字为说。王氏念孙云："舸者大也。门大开谓之闲，大杯亦谓之闲。"段氏说"荷"字，亦云

是大义，言："其叶何其大也。"此以字音求之。如其说，则古
"舸"止作"可"。（331）

　　从字形上看，表示"舟"义的"舸"，很容易被理解为由
"柯"字改换偏旁从"舟"而来，钮氏即持此说。但郑珍考释发现
"舸""柯""闻""荷"等从"可"之字同源，皆有"大"义，
"舸"即表示大船、大舟，《方言》卷九："南楚、江、湘，凡船大
者谓之舸。"① 与"荷"古只作"何"相同，推知"舸"古只作
"可"，"舸"的来源是为明确"大船"之义而增加"舟"旁。
　　**类化偏旁**。汉字偏旁类化的表现形式既有增加偏旁，也有变换
偏旁，其理据一是通过类化为相同偏旁来明确意义，二是书写习惯
导致的字形同一性。例如《新附考》中"蹙"字条："其'颦戚'
则又作'颦颠'，因'颦'省作'颦'，'戚'亦加页配之。"（239）
因为典籍"颦戚"连用，受上字"颦（颦）"从"页"影响，下
字"戚"增加偏旁类化作"颠"。又如"睚"字，徐铉新附云：
"目际也。从目厓。五隘切。"而郑珍考云："'睚眦'之语……古止
借作'厓'字……目际之义亦非……'眦'亦非本文。《说文》作
'歪'，叠言之曰'厓歪'；既而借'眥'作'歪'，'厓'因加作
'睚'配之。"（257）"睚眦"古本只作"厓歪"，"厓"为"睚"
之借字，由于"歪"后来常借"眥"为之，俗书又偏旁易位作
"眦"，受其影响，"厓"也类化增加"目"旁作"睚"。又如"罳"
字《新附考》指出，表示"罘罳"的"罳"古本只作"思"，古籍

――――――――――

① 扬雄撰，郭璞注《方言》卷九，《四部丛刊》景宋本。

文献中有"桴思""浮思""覆思""罘思"等几类异文现象，受上字"覆""罘"字从"网"类化，"思"亦增"网"旁作"罳"（307）。又如"儳"字，古籍文献本只作"傲黨"，受上字"傲"类化，而增"人"旁书作"儳"（316）。偏旁类化也是汉字演变的一个重要规律，利用这条规律有助于更为清楚地考辨汉字源流、沟通字际关系和梳理字词关系。

## 第三节　丰富《说文》学的内容和方法

晚清贵州朴学成果最为丰富、代表学者最多的领域还是《说文》学。在逸字、新附字研究方面，有郑珍、郑知同父子《逸字》《新附考》；在"六书"方面，除郑氏父子外，还有赵怡《转注新考》《文字述闻》、宧懋庸《六书略平议》、吴文昭《六书要义》、杨寿篯《六书要义》、黄国瑾《段氏说文假借释例》等；在《说文》义例方面，除郑氏父子外，还有雷廷珍《文字旁通卷末》、许庄叔《黔雅》、梅镇涵《说文解字部首》《说文解字部首增释》、宧懋庸《说文疑证篇》、赵恺《读说文解字》、程棫林《说文通例》等，其中以程棫林对《说文》体例的研究成就最高；在《说文》版本、文本方面，成就最高、影响最大的则属莫友芝《唐写本说文解字木部笺异》。可见，晚清贵州朴学家对《说文》学的研究，涵盖领域广泛，每个领域都有代表性著述，且都有一定的学术影响力。

因此，晚清贵州朴学家研治《说文》的内容和方法，对于整个《说文》学的研究及其理论建设而言，都有非常重要的价值。例如，郑氏父子无论是考索逸字，还是考辨新附字，都力求"博网载籍"，

尽可能通过征引文献例证，来证明自己的观点。郑书中参引的字书
及其他典籍，主要有《六书故》《汗简》《佩觿》《汉隶字原》《玉
篇》《五经文字》《类篇》《广韵》《集韵》《韵会》《古文四声韵》
《艺文类聚》《太平御览》《龙龛手鉴》《初学记》《毛诗正义》《尔
雅音义》《春秋三传正义》《文选李善注》《史记索隐》《一切经音
义》等数十种①。除此之外，还引用了《尚书》《老子》《楚辞》
《礼记》《尔雅》《方言》中的材料，并时常从碑铭、方言、典章制
度、社会文化中吸取有关字形的证据。这充分体现了郑珍严谨的治
学态度。

　　而在方法上，晚清贵州朴学家又在大小徐、段玉裁、桂馥、王
筠等《说文》学家内部求证的基础上，发明了外部求证的方法，做
到了"内外求证"。这种内部求证的方法，虽然只是利用《说文》
诸版本内部的传抄变化，但对于文字的考释，历数字形之变化，却
是非常精当、令人信服的。例如《新附考》"贴"字考云："此
'妥帖'字之俗。《说文》：'帖，帛署书也。'……今考古籍中如
《文赋》'或妥帖而易施'，李注引王逸《楚辞序》'事不妥
帖'……马融《长笛赋》'瓠巴聑柱'用之。又《史记·魏其侯
传》'乃效儿女子呫聂耳语'……《说文》：'聶，附耳私小语
也。'……《众经音义》屡云：'閃，字书或作'貼'，同式冉
反。'……《说文》'䁙'、'䎹'两文，训'暂见'、'暂视'，《文
选》诸赋通作'閃'。"（287）则既从《说文》体例出发，又证之

<hr>

① 袁本良《郑珍〈说文逸字〉论略》，《贵州大学学报（社科版）》2000 年第 1 期，第
50 页。

于其他典籍，共同论证"貼"为"妥帖"字之俗写。

这些例子都是郑珍对"内外求证"方法的成功运用。这种方法，对于逸字，"其搜辑之范围，及于《说文解字》本身之外"①。对于新附字，则能"穷源竟委"，历数文字之正俗。不仅大大拓展了逸字、新附字研究的范围，也提高了结论的可靠性。其学术价值显然是巨大的，也体现了郑珍超越前人的学术眼光和成就。

而在考述《说文》古本和版本流传方面，莫友芝《唐写本说文解字木部笺异》在方法和结论上，有巨大推动，而莫氏在笺异过程中，亦常使用"内外求证"的考据方法。例如"杓"字，唐写本残卷作："匹幺。枓柄也。从木，勺声。"而今本《说文·木部》："杓，枓柄也。从木，从勺。"小徐《系传》作："从木，勺声。"莫氏《笺异》则云：

> 匹幺，《史记索隐》引"匹遥"。"勺声"小徐、《韵会》引同，大徐作"从勺"，非也。《内则》"舞勺"刘昌宗读"之邵反"，《史记》"不胜桮杓"，小司马读"斗杓"，同。②

通过内部比较，发现唐写本、小徐均注"从木勺声"，而大徐本作"从木从勺"，证以外部文献如《韵会》引《说文》亦作"勺声"，则知大徐非是。又"杓"字读音，唐写本注"匹幺"，大徐、小徐皆未注反切，《笺异》指出《史记索隐》所引《说文》

---

① 胡朴安《中国文字学史》，中国书店影印，1983年，第532页。
② 莫友芝《唐写本说文解字木部笺异》，《续修四库全书》第227册，上海古籍出版社，1995年，第241页。

作"匹遥"，今考唐代典籍如唐写本《说文》及《五经文字》等书"杓"字皆音"匹幺反"，而至宋《广韵》音"甫遥切"，《集韵》音"卑遥切"，反切下字皆变作"遥"。由此可知唐写本最早本注"匹幺"，而司马贞所引《说文》已经作"匹遥"，则知唐代时反切下字已改，至宋则全部改成了"遥"。通过莫氏《笺异》，我们能够厘清诸本《说文》之异同，逐渐厘出《说文》真本，可惜唐写本仅存"木部"残卷，若留完帙，按莫氏笺异之法，定能取得更高的成就。

《说文》学经历乾嘉的盛况后，到道咸时期虽然在微观研究上未及前代之精深，但这一时期，学人对《说文》学的理论总结则较之前代有所突破。晚清贵州朴学家对《说文》的研究，不仅继承了乾嘉的精深，同时对《说文》学的理论领域有所思考，例如注重"以字通经"的原则及其应用，注重汉字的形音义关系，注重结合汉字演变规律考证逸字、新附字，注重利用版本异文校勘古本《说文》，注重《说文》原书的叙例和说解通例，注重"六书"理论的系统性等方面，都有超越前人之处，从而丰富了《说文》学的学术实践和学术思想。

## 第四节　继承发展乾嘉朴学
### ——以郑珍、郑知同父子的《说文》学为例

晚清贵州朴学家继踵乾嘉朴学，在文字、音韵、训诂、金石、版本、目录、校勘、文献纂辑等方面都有继承发展，在不少领域，贵州学者对前人成果既有吸收，亦有批判，并有一定开创，同时能

在相同问题上阐述自己的观点，研究更为深入，对相同领域内的研究成果进行商兑补正。例如莫友芝《郘亭知见传本书目》《韵学源流》《唐写本说文解字木部笺异》等在版本目录、音韵学史、《说文》版本考异等方面都有开创之功；郑知同《楚辞通释解诂》首次对《楚辞》进行全注全译；宦懋庸《六书略平议》系统评述《六书略》并论证"六书"学说；黎庶昌《宋本广韵校札》首次校订张氏泽存堂《广韵》之异文、讹误；姚华《黔语》与任可澄《且同亭黔语释》开近代贵州方言疏证之先等，都是对乾嘉学术的进一步发展。

这一节我们不打算论述晚清贵州朴学家继承发展乾嘉学术的方方面面，而是以其中最为重要的《说文》学研究为例，简要谈谈晚清贵州朴学在这方面的特色与成就。上一节我们已经提到晚清贵州朴学家对《说文》学研究的丰富与发展，本节我们着重论述晚清贵州朴学家《说文》学研究对清儒学术成果和观点的吸收、附议与商榷。这方面，晚清贵州朴学家如宦懋庸《六书略平议》《说文疑证篇》、黄国瑾《段氏说文假借释例》、梅镇涵《说文解字部首》、赵恺《读说文解字》和程械林《说文通例》都大量参引并补正了乾嘉诸儒的成果和学说，根据这些著述中参引乾嘉学说的例子，可以深入考察晚清贵州朴学家对乾嘉学术的继承和发展。下面我们以郑珍、郑知同父子的《说文》学研究为例，具体谈谈这方面的情况。

郑氏父子在其《说文》学代表作《逸字》《新附考》两书中，参引了王念孙、钱大昕、臧琳、王鸣盛、阮元、钮树玉等多位前代《说文》学家的成果，其中参考、指正最多的则是段玉裁《说文解字注》，笔者初步统计，《逸字》《新附考》援引段注的有八十二例之多，其中援用段说以印证己说的有三十五例，对段说加以阐发以申明其观点有十一例，与段说进行商榷并加以修正的有三十六例。

## 一、援用段说

《段注》对《说文》逸字、新附字的研究，虽然不是专力为之，但涉及颇多。因此《说文》逸字、新附字凡段氏已考，郑氏认为与其观点相同者，往往直接援用段说以增加考字的可信度。这种情况在郑氏书中都计三十五例，《逸字》中有二十七例：殺、魋、胺、第、坣、郹、卟、鼎、骍（痟）、蜩、亮、顾、骡、志、濂、矏、摻、挈、妥、晏、枢、弯、蝨（蠱）、屮、陶、凵、畬。《新附考》中有八例：栀、榻、袨、屦、舸、忖、堨、塾。如《逸字》中例证：

**【魋】**

> 兽，如小熊窃毛而黄。从隹，鬼声。此据大徐本所增十九文之一。据言部"譙"从魋声，必为原有。段氏由鬼部移入隹部，改"神兽"之训，从《尔雅》，说详彼注。（48）

《说文·言部》有："譙，譊也，从言魋声。"这是段氏认为原有"魋"字之所本，郑氏赞同段说。今考《篆隶万象名义·鬼部》："魋，达曰反，似熊小，毛黄赤色。"（202B）《玉篇·鬼部》亦收有"魋"字，故宫本《王韵》平声灰韵杜回反（116）① 所收与之音义相同，可知《说文》、原本《玉篇》当有此字。"讘"字《说文》篆体作"□"形，段玉裁据以增"魋"篆体作"□"形（144A）②，其字本为左右结构，俗书"鬼"旁在左常常书作包围结构，例如"□"字《玉篇（残卷）》引《说文》作"□"（268）③ 即其例，"魋"字《篆隶万象名义》《玉篇》、故宫本《王韵》皆录作"□"形亦其例，并都将"魋"收归"鬼"部，大徐新附即本此。据《说文》归部体例，凡从"隹"之字如"雅"训楚鸟，"雀"训依人小鸟，"雄"训鸟父，"雌"训鸟母等皆归"隹"部，是据形义而归部，"魋"字段、郑皆认为当归"隹"部，是忠于《说文》原书体例的。

【艚】

小船也。从舟，周声。《诗·卫风》"曾不容刀"，《释文》云："刀，《说文》作'鵃'。"《正义》云："刀，《说文》作'艚'，小船也。"陆、孔同见有此字，但"舟""周"左右互易。似宜以左形右声为正。段氏已据补。（84）

今考《篆隶万象名义·舟部》："艚，丁聊反，吴船。"（185A）

① 故宫博物院藏王仁昫《刊谬补缺切韵》（简称故宫本《王韵》），《续修四库全书》第250册，上海古籍出版社，1996年。本书后引此书，皆于引文后直接加（）注明页码。
② 段玉裁《说文解字注》（简称《段注》），上海古籍出版社影印经韵楼藏版，1988年。本书引此书，皆于引文后直接加（）注明页码和栏次。
③ 顾野王《玉篇（残卷）》，《续修四库全书》第228册，上海古籍出版社，1996年。本书引此书，皆于引文后直接加（）注明页码。

《玉篇·舟部》："舠，音彫。"则《说文》当原本有"舠"字。只是《篆隶万象名义》训"吴舩"，与《正义》等引《说文》训"小船"不合，大概是因为"舠"俗又或作"舟刂"，故宫本《裴韵》(21)①、《王韵》(127) 平声豪韵都劳反"舟刂"字皆训"小舩"，《集韵》平声豪韵都劳切："舟刂、舠，小船也，或从周。"可知舟刂、舠一字异体。《篆隶万象名义》有"舠"无"舟刂"，故宫本《裴韵》《王韵》有"舟刂"无"舠"，《玉篇》"舟刂"字收在舟部之末，可知"舟刂"为"舠"俗字。又"舠"俗又作"舟召"，《集韵》平声萧韵丁聊切："舟召、舠，舟名，或作舠。""舠""舟刂""舟召"三字皆左形右声，《释文》引《说文》作"舟鬼"可能是传抄易位，当从郑珍之说。

## 【䮤】

马转卧土中也。从马，展声。见《艺文类聚》卷九十三引，段氏已据补。(94)

今考《篆隶万象名义·马部》："䮤，张扇反，马卧土中。"(230A)《玉篇·马部》："䮤，竹扇切，马转卧土中。"则《说文》当本有"䮤"字。又《一切经音义》卷八十四："驴䮤，下展碾反，《埤苍》云：马卧土中䮤也。《说文》：从马展声。"(54/852c) 又卷八十七："驴䮤，下鳣碾反，《埤苍》云：䮤，马卧土中也。张戬云：马展转也。《古今正字》：从马展声。"(54/865a) 亦可为证，段、

---

① 故宫博物院藏裴务齐正字本《刊谬补缺切韵》(简称故宫本《裴韵》)，《续修四库全书》第 250 册，上海古籍出版社，1996 年。本书引此书，皆于引文后直接加 ( ) 注明页码。

郑看法一致。

## 【䏮】

"䏪"或从豕。见《系传》，段氏已据补。(107)

今考《篆隶万象名义·耳部》："䏮，牛介反，不听也。"(40B)《玉篇·耳部》："䏮，牛戒切，不听也。"故宫本《王韵》去声怪韵五界反："䏮，不听。"(166)字形小异。"䏮"与"䏮"皆"䏮"字之变，从"豕"为"豪"之省，《集韵》去声未韵鱼既切："豪，或作豕。"则《说文》当原有"䏮（䏮）"字。段、郑皆认为"䏪或从豕"作"䏮"，其说是也。《说文·耳部》："䏪，聋也，从耳贵声。"《玉篇·耳部》："䏪，五怪切，《国语》曰：聋䏪，不可使听。"与"䏮（䏮）"训"不听"义同。故宫本《王韵》"䏮"字音"五界反"，"䏪"字音"五拜反"(166)，《广韵》"䏮"字音"五介切"，"䏪"字音"五怪切"(366)，则"䏪"与"䏮（䏮）"音亦相同。"䏮"字《篆隶万象名义》音"牛介反"，《玉篇》音"牛戒切"，"牛"应该是"五"或"午"形近之误。

又如《新附考》中例证：

## 【塾】

门侧堂也。从土，孰声。殊六切。按，今经典通作"塾"。段氏云，古止作"孰"。谓之"孰"者，《白虎通》曰："所以必有'孰'何？欲以饰门，因以为名，明臣下当见于君，必孰思其事。"是知其字古作"孰"而已，后乃加土。近儒或曰当

作"塾"。"塾"之音义与"孰"迥别。《后汉书》"画伯升像
于塾",《东观记》《续汉书》并作"埻"。此乃所传各异,不
得云"埻"即"塾"字。李贤引《字林》:"塾,门侧堂也。"
是知后汉多作"塾"字。此说是也。所谓近儒,盖钱氏大昕有
彼误说。(425)

今按,此条"段氏云"至于"此说是也"皆段玉裁考语,其中
"塾""埻"字原文作"壿",文见土部"垛"字条下注(686A)。
段、郑认为"塾"古止作"孰",其说可从。但经典训"门侧堂"
字皆作"塾",再难找到"孰"俗作"塾"之例,《段注》引《白
虎通》云:"明臣下当见于君,必孰思其事。"又《文渊阁四库全
书》本《古今注》都邑第二:"塾,门外之舍也。臣来朝君,至门
外当就舍更衣,熟详所应对之事,塾之言熟也。"[1] 以"孰(熟)"
训"塾",此其语源也,殆可证"塾"为"孰"字之俗。又钱大昕
以为当作"塾"字,盖"塾(埻)"(篆体作"壿"形)与"塾"
(篆体作"𡎸"形)形近误也。

## 二、申发段说

有些逸字《段注》作过考述,但仍有未明、未尽之处,郑氏则
续有补正,以作探本之论。这种情况都计十二例,其中《逸字》七

---

[1] 崔豹《古今注》,《文渊阁四库全书》第 850 册,台湾商务印书馆,1986 年,第
103 页。

例：廉、瑾、个、借、魗、鬟、蝣。《新附考》五例：售、剡、贴、量、緈。如《逸字》中例：

例如"鬟"和"鬟"，郑珍发现今本《说文》有"鬟"无"鬟"，且"鬟"字下注有"马行徐而疾也。从马，學省声"，但这条注文当原属"鬟"字，因为二字形体至近，以至于下字"鬟"讹脱，浅人误以为上下皆为"鬟"，遂将"鬟"的说解迁移到"鬟"字之下。但《段注》认为《说文》未必有"鬟"字（467A），郑珍进一步指出"鬟""鬟"二字《说文》皆原有。今考《篆隶万象名义·马部》："鬟，以於反，马行疾也。"（229A）又："鬟，於角反。"（230B）故宫本《王韵》平声鱼韵与鱼反："鬟，马行貌。"（112）又入声觉韵古要反："鬟，马腹下声，又於角反。"（180）《王韵》"鬟"字两出而音义不同，必有一字有误。《篆隶万象名义》"鬟"字有音无义，其音"於角反"者，源出《王韵》，其缺"马腹下声"义者，正是因为"马腹下声"之"鬟"实当作"鬟"。故宫本《裴韵》入声觉韵古岳反："鬟，马腹下声。"（82）字正作"鬟"。这是《说文》原有"鬟""鬟"二字之明证，可见郑说得其本。

又如"蝣"字，《段注》和郑珍《逸字》都认为《说文》原有此字。而郑氏基于段说，进一步指出"蜉蝣"本当从虫作，探及本真。故宫本《裴韵》平声尤韵余九反："蝣，蜉蝣。"（31）《王韵》形音义皆同（134）。《一切经音义》卷八十三："蜉蝣，上音浮下音由。《毛诗传》曰：'蜉蝣，渠略也，朝生夕死也，《说文》并从虫也。'"（54/848c）又卷八十六："蜉蝣，上附无反，下酉周反，《毛诗传》云：蜉蝣，朝生而夕死者。《古今正字》：形声字，并从

虫，孚、斿皆声也。"（54/860c）皆其力证。又"蜉"字或体作
"蚰""蟓"，字皆从虫，可为比勘，则此条郑说较段说更优。

又如《新附考》中例：

【剜】

削也。从刀，宛声。段氏注《说文》谓"哀之甚，如欲挑
出心肝者然"是也。古诗云："剜却心头肉。"《众经音义》云：
"剜挑中心也。"大徐训"削"。《音义》又引《字林》："剜，
削也。"是汉世字。《说文》："刏，挑取也。"训"刏"更允。
（266）

郑氏基于《段注》，指出《说文》"剜"字原当训"刏"，其说
是也。今考《玉篇·刀部》："刏，於玄切，剜也。剾，古文。"其
所收古文"剾"或作"刉"形，亦训"剜"，《集韵》平声先韵因
莲切："刏，剜也。"皆以"剜"训"刏"之例。又《一切经音义》
卷十四："剜掘，乌完反，《埤苍》：'剜，刏也。'"（54/392c）又
卷十五："剜身，椀观反，《玉篇》：'剾（剜字之讹），刏也。'《广
雅》'刏'、'剜'互相训也。"（54/397a）皆以"刏"训"剜"之
例，"剜"原当训"刏"甚明。

## 三、补正段说

对《说文》逸字、新附字的考释，《段注》亦时有疏误，郑氏
在逐条考字过程中，对段说之误多有补正。这类情形都计三十五例，

《逸字》有二十八例：喟、詔、爕、敤、由、瞜、篧、卤、炅、楘、構、鞞、米（粜）、黐、廿、希、袗、戻、免、庝、駣、笑、忕、晶、瑰、弓、鑾、鏂。《新附考》有 7 例：蹙、矮、真、幟、魠、墾（墾）、劬。如《逸字》中的例子：

### 【敤】

毁也。从攴，裹声。此文二徐本皆有。宋铉本以与土部"壞"、籀文"毃"复，删。今部末有者，毛扆补也。段氏谓此部古无此字，仍削去。钱氏坫乃谓毛无据妄增。珍按，大徐注土部"毃"下云："攴部有'敤'，此重出。"毛盖据此。其何部为许君原文不可定，今仍铉旧。（45）

二徐本皆收有"敤"，推知《说文》当原有此字，段、钱二氏谓古无此字恐不足信，郑珍则从徐铉之说是也。今考《篆隶万象名义·攴部》："敤，胡怪反，毁也。"（178B）故宫本《裴韵》去声界韵古坏切："敤，毁。"（65）故宫本《王韵》去声怪韵古坏切："敤，毁，亦作壞。"（166）"敤""毃"皆"壞"一字之变也。《一切经音义》卷四十三："敤诸欲，上乖卖反，《说文》云：'敤，毁也，从攴裹声。'"（54/594b）此则《说文》原有"敤（毃）"字之力证。又《经典释文》卷十四《礼记音义·问丧》："如壞，音怪，《字林》作敤，音同。"[1] 亦可为证。

---

[1]　陆德明《经典释文》，上海古籍出版社影印北京图书馆藏宋刻本，1984 年，第 838 页。

【鷜】

鷜鷜也。从鸟，娄声。今《说文》止有"鷜"，训"蒌鹅
也。"今本脱"鷜"，而改"鷜"注为"蒌鹅"，于古无稽。段
氏谓许读《尔雅》以"鷜鹅"断句，未考此。(48)

郑珍指出《说文》当原有"鷜"字，且段氏认为许慎读《尔
雅》是以"鷜鹅"断句，段氏失考。郑氏《逸字》引《齐民要术》
《玉篇》《广韵》皆以"鷜鷜"断句，今考《尔雅·释鸟》："鵱鷜，
鹅。"郭璞注："今之野鹅。"亦以"鵱鷜"断句①，则段说不可从。
古籍文献作"鵱鷜"乃"鷜鷜"之异体，部件位移之俗也。《篆隶
万象名义·鸟部》："鷜，来鞠反，鹅。"又："鷜，力俱反。"
(241B)《校释》本作"鵱""鷜"②。故宫本《王韵》平声虞韵力
朱反："鵱鷜，野鹅。"（113）《裴韵》入声屋韵力竹反："鵱鷜，
野鹅。"（80）《王韵》注同（179）。字形皆收作"鵱鷜"，并皆以
"鵱鷜"断句，郑氏所考与之吻合。

【聭】

或从耻省。《玉篇·耳部》"聭"下云："《说文》与'媿'
同，惭也。"今《说文》"媿"重文作"愧"，注"'媿'或从
耻省"，无"聭"字。按，以《玉篇》推之，盖原是"愧"
"聭"两重文，传写脱"或从心聭"四字，其"或从耻省"遂

---

① 周祖谟《尔雅校笺》，江苏教育出版社，1984年，第146页。
② 吕浩《篆隶万象名义校释》，学林出版社，2007年，第387页。

成"愧"之注文。段氏注"愧"字云"即言从心可也"，盖未考此。(113)

郑氏认为《说文》原本有"聭"字，其说可信。今考《篆隶万象名义·耳部》："聭，俱位反，惭也，耻也。"(41A)与《逸字》所引《玉篇》音义皆同。故宫本《裴韵》去声至韵轨位反："媿，慙也，亦此媿、聭、谇，俗愧通。"(59)《王韵》正作"愧"，训同(160)。《一切经音义》卷四："有愧生惭，上轨位反，《说文》作'媿'，或作'谇'、'聭'二体，皆古字也。"(54/332a)又卷二十九："愧耻，《说文》从女作媿，古文或从言作谇，亦从耳作聭。"(54/500c)皆与郑氏所考相合。

又如徐铉新附"墾（垦）"字，《段注》认为《说文》无"墾"并疑"艰"即"墾"字；钮树玉《新附考》以为"墾"古作"狠"。而郑珍《新附考》则指出"墾，耕也"早见于先秦典籍，其字为《说文》漏收，这一考论较段氏、钮氏为优。今考《一切经音义》卷四十四："墾土，《仓颉篇》：'墾，耕也。'《方言》：'墾，力田也。'郭注云：'谓耕墾，用力者也，《古今正字》从土狠声也。'"(54/601b)又卷六十："耕垦，《仓颉篇》：'墾，耕种也，从土狠声。'"(54/711a)皆可证古有"墾"字。据郑珍考证逸字之方法，笔者窃以为《说文》恐原本即有"墾"字，《篆隶万象名义·土部》："墾，枯狠反，耕也，力也，治也。"(8B)与《一切经音义》所引《仓颉篇》《方言》所注音义完全相同。故宫本《王韵》上声很韵康恨反："墾，耕墾。"(148)就是依《说文》之旧貌。又《一切经音义》卷四十一："耕墾，《仓颉篇》云：'耕，亦垦田也。'下康佷反,《仓颉篇》云:'垦,亦耕也。'《广雅》:'理也,《说文》从土狠声。'"(54/580c)这是《说文》原有"垦"字之力证。

段玉裁是公认的《说文》学大家,郑珍研治《说文》时,考字、论字非常注重对段说的参引,有《段注》已论者,郑珍结合己说更为申发,有《段注》误判者,则积极地以自己的学术眼光给予补正,这既是郑珍对乾嘉学术的继承发扬,也是他自己要在朴学领域获得一席之地的决心和学术理想。

综前所述,相较于乾嘉诸儒,晚清贵州朴学家的朴学研究是精于文字考释、版本勘异和文本校订,比如在文字考释方面,郑珍在《新附考·自序》中说:"稽诸古,推著其别于汉,或变增于六朝之际;使《说文》正字,犁然显出……知时俗增变原委云尔。"(194)可知其考字注重汉字的历时发展和正俗演变,故结论多可信从。

## 第五节　校勘考辨古书疑难

晚清贵州朴学家大多小学精湛,深得乾嘉以来朴学家共同遵循之治经门径,常以"以字通经"之法,考辨经义之疑难。正因如此,他们在笺注《礼经》、校勘古籍、考辨文字、声音和训诂词语的过程中,往往能发挥其小学之特长,使很多尚未解决的疑难真相大白。

例如《仪礼》卷八《士丧礼》:"握手,用玄,纁里,长尺二寸,广五寸,牢中旁寸,着组系。"郑玄注云:"牢读为楼,楼谓削约握之中央,以安手也,今文楼为缪,旁为方。"其中"握手"其义究竟为何？"牢""楼"之关系为何？皆为疑难。而郑珍笺语首先指出《士丧礼》之"握手"指的是"古代死者入殓时套在死者手上的殓衣"，用作名词；而非常用"拳屈手指"作动词之"握手"。贾公彦在疏中认为之所以称为"握"，只是指握其衣在手，而不是通常所说的作动词的"握手"，其结论与郑珍所辨相印证。而对于牢、楼，郑珍又利用声训、形训等综合方法，考释指出"牢"与"楼"同声，故古文假"牢"为"楼"，凡古音读如"楼"者，并引《诗经》《尔雅》等古籍注疏为证，申明"牢""楼""搂"诸字音义。今考"楼""搂"皆从"娄"得声，而从"娄"之字古多同源，有空、高之意，"楼"谓重屋，故语源为"娄"之高意，而"重"与郑珍所释"聚敛"义相同。又"牢"古音在效摄豪韵，而"楼"古音属流摄侯韵，而"牢""楼"二字《集韵》均在平声侯韵郎侯切，可知它们古音相同，故于古籍中有假借，则郑玄"牢读为楼"、郑珍"牢，楼同声"，皆可从。

又《仪礼》卷八《士丧礼》："主人髻发，袒，众主人免于房。妇人髽于室。"其中"髻""髽"皆生僻难识，郑玄注谓"髻发者，去笄纚而紒"而"髽之异于髻发者，既去纚而以发为大紒，如今妇人露紒，其象也"，比较简略，而郑珍《私笺》进一步指出"括发、免、髽三者，皆去笄而露紒之名"，且"紒"即"髻"字，特男子称括发、免，妇人称髽，以相别耳。括发者，犹云束发，《说文》："括，絜也。"对《仪礼》经文中"括发""髻发""髻发"等一系列疑难词汇及其演变关系作了详细的考证，知"括发"即"束发"，参引《说文》《庄子》《周礼注》等注释和文句为例证，论明因"括"与"会"古音相同，遂衍生出"髻发""髻发"等诸词。

又如郑知同《楚辞通释解诂》中，为疏通《楚辞》文义，亦做了大量释疑解难的工作，例如《九歌·大司命》："折疏麻兮瑶华，将以遗兮离居。老冉冉兮既极，不寖近兮愈疏。"其中有不少疑难词，知同解诂曰：

> 疏麻，神麻也。其华洁白如玉，故曰瑶华。食之可以长生。遗，与也。离居，谓屈原得罪去国者。极，至也。寖，渐也。疏，远也。此托为司命哀己之词。恐其终老不得复近于君也。①

今揆诸古籍，"疏麻"是传说中的神麻，古人常折以赠别，故首句"折疏麻"与次句"遗（赠与）"相对应。而"瑶"《说文·玉部》云"玉之美者"，则"瑶华"指美玉一样的花，与"神麻"相对，"瑶华"即"仙花"。郑氏所考，殆可信从。

而在校勘古书方面，黎庶昌纂辑的《古逸丛书》成为近代搜集、校勘、汇刊散佚古籍的典范，黎氏还著有《春秋左传杜注校勘记》，校订《左传》旧注，疏通古注疑难；宦懋庸《论语稽》《说文疑证篇》、傅寿彤《周官源流考》《论语偶笔》《石经异文考》等专就学术经典古籍，详加稽考辨证，发人所未发；莫友芝及其家族对古籍版本目录、珍本、异本的著录和校订，更是大有超越前儒之处。这些方面，都是晚清贵州朴学在校读古籍、考据经义疑难方面取得的成就。

---

① 蒋南华、黄万机、罗书勤《郑知同楚辞考辨手稿校注》，贵州人民出版社，2003年，第86—87页。

## 第六节　提升朴学的语言文化价值

在晚清贵州朴学家的共同努力下，朴学及其所涉传统语言文字领域取得了长足进步与发展，他们的刻苦钻研，多所汇通，大大提升了朴学成果的语言文化价值。而举其要者，主要表现在以下三个方面。

### 一、语言文字学价值

20世纪八十年代以来，有不少深入研究过晚清贵州朴学的学者，就认为贵州学者如郑珍、郑知同、莫友芝等人的学术贡献，并不逊色于前后时期的清代学者①。而实际上，同时期的晚清贵州朴学家群体，如郑氏、莫氏、黎氏、赵氏、唐氏、陈氏、傅氏等家族，以及清末民初以雷廷珍、姚华、任可澄、凌惕安等为代表的具有师承关系的学者，几代家族子弟和师承学人，在朴学各个领域不断耕耘，共同为语言文字学增砖添瓦，取得了不逊于其他地域学者的成就。

一是科学运用学术术语，形成并完善了朴学学术话语体系。我们前面提到晚清贵州朴学家在考证文字时常使用或作、俗作、俗改、一作、通、同、省改、俗增等术语，而莫友芝等学者的版本目录学著述，黎庶昌、郑知同等学者的校勘学著述，莫友芝、傅寿彤、李

① 杨祖恺《郑子尹及其著作》，《贵州文史丛刊》1980年第1期，第37页。

兰台等学者的音韵学著述中，都有大量专门的术语，例如莫友芝在
《郘亭知见传本书目》中在评价古籍版本优劣时，常使用"劣"
"佳""善""最善""完善"等术语。这在很大程度上提高了晚清
贵州朴学的科学性、系统性。

又如郑珍《亲属记》一书有大量训诂学术语，用于考辨字际关
系、字词关系及其词义演变等，尤其值得关注如曰、谓之、统曰、
统……曰、统……言（之）、皆曰、总曰、统谓之、通谓之、又曰、
亦曰等，如父之兄弟房曰从……统曰群从（1134）。又自曾孙以下
皆曰曾孙，曰玄孙，亦曰裔孙（1118）。这些术语有些是笼统言之，
类似于"浑言"。而这种"浑言"用于收录和训释词语，其特点就
是居于"上位义"的词可以用于解释"下位义"的词，有时还可以
代替下位词使用①。《亲属记》的"类目"就相当于上位词，如
"父""母"等，即其大类；所下词条就相当于下位词，反映称谓上
的差异。有些则是描写称谓间的微别，大多属于亲属称谓中的"多
词同义"或"一词多义"现象。

《亲属记》的术语中有一类"转"最为特殊，它一般用以指出
方俗读音的音转，以描述称谓词的不同读音。例如"爸"条"古读
巴如逋，即父之重唇音"（1082），"爹"条"者古读如主，俗转父
重读，因加父作者"（1083）。又如"家"条，古代汉语有"姐"
和"家"都用作"母亲"的称谓，类推产生的词还有姐姐、家家，
都是称"母"的词语。而"姐"和"家"有什么关系呢？《亲属
记》指出姐、家实为"一音之转"。考"姐"字古音实际在假摄麻

---

① 蒋绍愚《古汉语词汇纲要》，商务印书馆，2005 年，第 123 页。

韵,《广韵》有"兹野切";而"家"本假摄麻韵,则二字古音实同,也就是说方言俗呼"母"为家、姐,其实语音是相同的,只是字面上记作"家"或"姐"。

二是从语源学角度考察亲属称谓词。例如爸、奢、爹、爷等常用称谓词,《亲属记》——指出了它们的形音义来源,这有利于我们对这几条称谓词语进行考释并厘清它们之间的交叉和差异。例如"爸"古音或读"父"之重唇音,俗读与巴、粑、八等音近,大概"爸"就是"父"为明确读音而俗加"巴"产生的。而"奢"的产生理据是一样的,因为"者"的读音古重读"主",与"父"的重读为一音之转,故于"父"下加声符"者"以明。今天贵州方言如贵阳、兴义、安顺等地仍有"老奢"一词,"奢"音"zhě",可能即其本字。而"爹"略为复杂,古代有地方称父为"多",是以"多"记方言之音,而"多"古又音"支",其字增加"父"旁作"爹"本仍读"支"音,魏晋时受夷语影响,转读为"丁邪切",即今音"diē"。但值得注意的是"丁邪切"转读即"陟斜切",折合今音即"zhě",则"爹"转读与"奢"同音。而"爷"古本作"邪",也是因为俗读音转,增加"父"旁作"爷"。可见这几个称谓,在来源上都与语音的俗读、字形上增加"父"旁有关。而进一步考察《亲属记》所收"父"类称谓,与这几个称谓词音义相关的词还有不少,他们大多由于"方音"的原因,而与"父"的读音产生关联,从而加注"父"旁,产生"父"义。例如与"爹"音近义同的称谓词如佟、奢、大、多、阿多、社、阿社等,从古音的角度看,都属于"舌音端系"。此外,在父称、祖称上,"爷"和"爹"有很多的交叉,使用情况比较复杂，一时难以明辨①，这在现代汉语方言中，"爸""奢"
"爹""爷"还有不同程度的保留和分布。但不知道为什么，《亲属
记》《称谓录》均未收"祖父曰爷"这一类目，可能当时"爷"还
不是"祖父"的常用词或代表词。

## 二、文化史价值

晚清贵州朴学家的论著如黎安理《千家诗注》、郑珍《仪礼私
笺》、萧光远《周易属辞》《毛诗异同》、傅寿彤《孔庭学裔》《周
官源流考》《论语偶笔》《十六国方域考》、宦懋庸《论语稽》、郑
知同《楚辞通释解诂》、任可澄《且同亭黔语释》、杨寿篯《公孙龙
子释义》等，都颇有文化史价值。而郑珍《亲属记》更是有大量的
文化阐释，该书在文化方面的内容，丰富了晚清贵州朴学的文化
内涵。

一是释词兼及文化。例如《亲属记》对"旁庶""侧室""正
嫡""正室"之称谓有非常严格的分辨，用以说明亲属称谓之间的
差异。例如"父妾无子亦有母称"，称之为"庶母"（1093）。其他
如小妻、少妻、下妻、旁妻、庶妻、小妇、嬬、小、小夫人、侧室、
篷贱者、属妇、养等词都客观收录，用以揭示"嫡正"与"旁庶"
之间在地位、称谓上的差异。而在古代宗法社会里，人们是非常看
重"嫡庶"的，区分甚至区别对待也是非常严格的。但是在民间，
类似"庶母"这类词是对除正妻以外的"父之妾"的统称，并没有

---

① 胡士云《说"爷"和"爹"》，《语言研究》1994年第1期，第120页。

在称谓上反映出尊卑、嫌爱之分，说明在民间，"母亲"这一称谓和身份无论"嫡庶"，都是平等且重要的。

又如显考、显妣二词，很多文献、注疏家及后世语文辞书，对它们的解释都存在分歧，一些学者的讨论亦未分出是非。而据郑珍《亲属记》所记，显考、显妣本来只用指高祖父母，是高祖、高祖母的专属称谓；而称父母则一般用皇考、皇妣，大家熟知的《离骚》中"朕皇考曰伯庸"即此；它们的使用是有自己的范围和规定的，且一直延续到唐宋都是如此。而至北宋时，魏国公韩琦在《祭式》中改皇考、皇妣为显考、显妣，即以显考、显妣泛称父、母；加上元大德时，禁止称"皇"字，世人因避其讳，遂称父、母皆用显考、显妣，并一直沿用至今，以至于人们对二词的古代含义和用法不明，所以才引起争论。在这一称谓词语的历史兴替过程中，就有一个非常重要的文化现象，那就是避讳，在语言文字上，由于各种避讳有时会对字、词的使用和解释造成混乱[1]，但它的价值却在于能为我们钩稽很多文化现象和历史真相提供重要线索，这在亲属称谓中也是有体现的。

二是阐释亲属称谓所反映的文化现象。亲属称谓之所以能体现古代文化，首先是它具有文化词语的属性，而我们知道古代文化词语具有名物性、系统性和民族性三大特点[2]。《亲属记》所收古今亲属称谓词语，可以说非常符合这三个特征，不仅是大量文化词语的汇辑，也是特定文化现象的集中体现。例如《亲属记》中有"父之前妻"

---

① 王力《古代汉语》（第3册），中华书局，2002年，第997页。
② 黄金贵《论古代文化词语的训释》，《古代文化词语考论》，浙江大学出版社，2001年，第1页。

（1091）、"父之后妻"（1091）、"父妾有子"（1093）、"妾"（1106）、"子从母适人者"（1097）等类目，这些类目下收词繁多，主要反映古代的夫妻文化，在称谓上有的指出了夫妻家庭地位的平等，有的表达了"一夫一妻"的诉求，有的则体现了"纳妾"文化的史实。

同时，不同的亲属称谓方式和称谓习惯还能表达嫡正、长幼、尊卑、敬谦、男女等文化现象与内涵。例如"妻"（1104）、"元配"（1108）、"妻所生第一子"（1111）、"妻所生诸子"（1112）、"妾所生子"（1112）等类目及所辖词都反映嫡系、正室的家庭地位和称谓方式，例如"妻所生第一子"下辖元子、冢子、嫡子、嫡嗣、家督、家长等词，其构词语素如元、冢、嫡、督、长等，都体现了亲属称谓中的"嫡正"观念。

又如在生育文化中，像"男子曰丈夫子，曰崽，曰囝，曰孥，曰姓"（1109），与"女曰女子子，曰子，曰妇人子，曰娘，曰娘子，曰媷"（1115），从称谓角度说明古人对于"生男生女"是平等对待的。有趣的是，古人非常看重"孪生"这一生育文化，且从《亲属记》对相关词语的记录和解释看，这类词语不仅称谓多样，而且文化意义丰富，就记载了不同方言中的不同称谓，例如"孷孖"条，《方言》记载有"陈楚之间凡人兽乳而双产谓之厘孳"，这个"厘孳"其实就是"孷孳"，《广韵》平声之韵有："孳，孷孳，双生子也。"而俗又作"孷孖"，作"孖"不仅读音与"孳"近同，而且从双子会意，这就是人们在称谓上，对"一胎生双子"的文化反映。这种文化心理，与早期人们用"孖"表示"一乳两子"可谓异曲同工，"孖"本作"𤔔（孿）"，意思就是"连"，下从"子"表示子之连生。后来人们又专门为"孪生"造了"㑒子"一词，"倢"从人连声，表示"子连生"。

而对亲属称谓所涉的富有民族特征的语言文化现象，《亲属记》更是加以深入考证。较早如《尔雅·释亲》："男子谓姊妹之子为出，女子谓晜弟之子为侄，谓出之子为离孙，谓侄之子为归孙。"这类"古代文献关于亲属称谓制度的记载中，也保留了母系氏族制的痕迹"[①]。在《亲属记》中，关于"母亲"的称谓有一百余条，几占总词量的六分之一，而从辑词内容看，曾祖父母、祖父母、父母、夫妻、兄嫂、伯叔婶、舅父舅母、子媳等，反映的是血缘关系和宗族中男、女双方各自平等的地位，这是女人、母亲在亲属称谓中文化价值的彰显，这可能也是古代族群、家族最真实的文化反映。而《亲属记》记录了各种各样的"母亲"称谓，从社会、家庭、夫妻、养育、血缘等不同文化角度阐释了"母亲"这一特定的身份和地位，这正是古往今来"母亲"文化的深刻体现。

实际上，从古至今，对于古代名物，包括典制、礼仪、冠服、宫室、舟车、舆地、食用等每一个方面，历代学者都有大量辑录、汇考成果，有些编纂成果更是堪称巨著。但对于出自血缘、宗族、姻娅，而又关涉伦纪、礼俗、教治、文化等亲属称谓，却少有综述性成果。而郑珍《亲属记》正是在这些方面填补空白的文化成果。

## 三、字典辞书的编纂价值

晚清贵州朴学的成果，对于字典辞书编纂也有很多的参考利用

---

[①] 史仲文、胡晓林主编《中国全史·政治卷（百卷本）》，中国书籍出版社，2011 年，第 9 页。

价值。郑知同《楚辞通释解诂》、萧光远《周易属辞》、傅寿彤《周官源流考》《十六国方域考》等对语言学辞书的编纂，莫友芝《郘亭知见传本书目》、莫绳孙《宋元旧本书经眼录》《影山草堂书目》《文渊楼藏书目录》对版本目录学工具书的编撰；郑珍《逸字》《新附考》《汗简笺正》对大型字书的编纂，都颇具价值。

而对于辞书编纂，价值最为明显的是郑珍《亲属记》，首先该书本身就具有辞书的体例和特色，称得上一部富有特色的称谓辞书，因此在收词方式、范围和体例方面，都优于同类著作。例如与梁章钜《称谓录》相比，梁氏虽然在收词的总量上多于《亲属记》，但进一步比较发现，《亲属记》收录但梁氏失收的词语二百余条，而有些两书均收的词条如亡考、宗人、乳母、曾祖、高祖、息等，《称谓录》存在义项失落、例证不足等缺陷，《亲属记》则可补其不足。这是郑氏《亲属记》与同类辞书比较中，所体现出来的价值和优势。

其次，对于现行语文辞书如《汉语大词典》的编纂与修订，《亲属记》与《大词典》在收词、书证和义项三个方面，都能提供丰富的材料。

一是收词方面。据笔者初步统计，《亲属记》所载亲属称谓词，而《大词典》失收者有上百条之多，例如奢、莫贺、嫛迷、姐驰、婢、孆、嫐、适母、妾母、几世祖、嫡嗣、嗣嫡、首女、弳豣、㛹、㜷、孲、㝅、云孙、仲公、堂伯祖、从兄弟、亲同姓、曾祖姑、曾祖王姑、大舅、父姼、中外兄弟、卒便、缀婿、君舅、兄伀、尊伯、尊叔等等，都是颇具代表性的亲属称谓词。例如“卒便”一词，《史记·仓公传》有“黄氏诸倩”，这个“倩”的意思是女婿，即亲属称谓中的“女之夫”，而《方言》《说文》皆有“东齐婿（异文作"壻")谓之倩",指出了"倩"称女婿的分布地域,《史记》《方言》的注疏文献中,"倩"一般解释为"言可借也",而在对"倩"进行解释时,很多注疏家都会附带"今俗呼女婿为卒便是也",故"卒便"亦用指女婿。我们还注意到,无论是表示"借"义,还是作"女婿"称谓,"倩"的读音都是从《广韵》七政切,今音"qìng",而汉魏以来,典籍中"倩"由"借"义还常引申出"使""请"等义,俗以"卒便"呼女婿,"便"即便于使用之意,这可能是其用作"女婿"称谓的原因。要之,类似的称谓词其源流和文献用例大多难以显见,故《大词典》等辞书未及收录。

二是书证方面。我们知道有无书证材料,以及这些材料所能提供的形音义、词汇、语义和时代信息,是衡量字典、辞书编纂质量的重要标准之一①。《亲属记》所收的亲属称谓词,首先是能为《大词典》提供更早的书证,便于追溯词汇更早的源流。书中如先君、嫁母、妳婆、旁妻、侧室、元妻、子息、家姊、姑婿、尊兄等都是这类情况。例如"嫁母"一词,汉魏以来古俗"父卒母嫁","母嫁"本是个主谓短语,不成词,但《礼记·檀弓》"子思之母死于卫",郑玄注"子思之母,嫁母也",变换语序成了名词,故用以称改嫁的母亲,是汉代已常用"嫁母"一词,《大词典》收录"嫁母",但其最早书证是《元典章·礼部三·嫁母》,用例偏晚。又如《丧服·齐衰三月章》已见"曾祖父母",《亲属记》据以收录"曾祖父""曾祖母"二词,这两个词其实先秦典籍已见,郑珍这种处理方式是正确的,而《大词典》收录"曾祖父"只有释义"祖父的

---

① 王力《龙虫并雕斋文集》(第1册),中华书局,1982年,第359页。

父亲"而没有援引书证，收录"曾祖母"最早书证是宋洪迈《容斋四笔·曾太皇太后》，例证又偏晚，皆可据《亲属记》补正。其他如"侧室"见于《韩非子》、"子息"见于《东观汉记》、"舅母"见于《颜氏家训》等词条，都能为《大词典》收录这些词提供更早的文献用例。

其次是能为《大词典》提供更多的文献用例，获取对词汇更多的语言信息。《亲属记》所收如妳婆、旁妇、侧室、嫡子、正室、庶子、媀、孥孖、娟、姪男、四从、妇翁、小妹、假子、家属等诸词条①，文献搜集都比较丰富，可为《大词典》增补书证提供参考。例如"旁妇"一词，《大词典》仅有释义"即旁妻"，而其所收"旁妻"条释为"妾"，仅有两条用例，最早书证为《宋史》。而《亲属记》所引李商隐诗"健儿庇旁妇"能为"旁妇"条补充书证；"旁妻"条《亲属记》引有《前汉·元后传》："王禁好酒色，多取旁妻。"可以为《大词典》"旁妻"条增补更早的例证。又如"媀"，《大词典》仅据古代韵书《广韵》《集韵》等，收录该字三个音义项：① wú，美女；② wù，女子；③ yú，女子。但皆没有举列例证，而《亲属记》收录该词引有《方言》："吴人谓女曰媀（牛居切）。"又引《释名》："青徐州呼女曰媀（五故切）。"皆能为该词收录增补例证。其他如孥孖、娟、姪男、夫子等词，《大词典》所收，要么没有书证，要么书证较少，均可据《亲属记》补充之。

三是义项方面，《亲属记》中所载很多有亲属称谓意义的词，现行辞书大多失收。例如"室家"，古本指夫妇，《诗经》"宜其室

---

① 其中妇翁、小妹两条为陈田所补。

家"即其例，但汉魏以来典籍如《后汉书》等多用指"妻子"，《亲属记》注意到这一变化，且据《诗·小序·中谷有蓷》"室家相弃尔"和《楚辞·大招》"室家盈庭，爵禄盛只"，因此收"妻曰室家"，但近代以来的语文辞书大多未收录这一义项。其他如妾曰养、荒有兄义、两婿相谓为亚等条目中，养、荒、亚等词在亲属称谓中的意义，现行辞书如《大词典》等基本未及收录，类似的情况，应给予补正之。类似如称"母亲"的称谓嬭、媸、妋、婴迷、米等，字典辞书嬭、妋、米等条目下，均失收"母"义，而有些现代汉语方言中保留了少数这类词。

总之，从代表性著述来看，晚清贵州朴学具有多方面的学术价值，集中体现了贵州学者的学术方法、水平、特色与成就。

# 第八章  晚清贵州朴学的不足

晚清贵州朴学最大的现实意义在于打破了"贵州无人"的偏见，并做出了具有贵州地域特色的朴学成就。我们对晚清贵州朴学的评价必须是历史的、客观的，既不能"溢美"，也不能"护短"，这也是历来贵州学者研究贵州地域学术文化的一贯态度。不可避免的，由于所处时代整体学术的局限，以及文献资料条件的限制，贵州学者的朴学研究也有一定的缺陷，即如他们的成果与成就一样，他们的局限与不足也是特定时期学术研究的产物，这对于考察学术思想史的特点与演变，同样具有参考价值。这里简要谈谈晚清贵州朴学在因袭旧说致误、文献校对不精、考论尚可商榷、理论总结不够等四个方面存在的不足。

## 第一节  因袭旧说致误

晚清贵州朴学家在研治经籍过程中，无论是考释文字，还是考据文献，都非常注重参引前人著述观点，并且多所驳正，但由于时代和认知的局限，很多时候也难免因为沿袭旧说而导致己说失误。例如郑珍经学著作、萧光远《周易属辞》、郑知同《楚辞通释解诂》、宦懋庸《六书略平议》《说文疑证篇》、莫友芝《韵学源流》、傅寿彤《古音类表》等文献中都存在这类疏误。我们略举一些例子，简要说说这方面的情况。

例如郑珍《仪礼私笺》中：

> 《仪礼·士昏礼》："赞设黍于酱东，稷在其东，设湆于酱
> 南。设对酱于东，菹醢在其南，北上。设黍于腊北，其西稷。
> 设湆于酱北。"郑玄注："馔要方也。"……郑珍按："……豆圆
> 径尺二寸，竹之笾、瓦之登皆同，簠簋口底径俱五寸二分，厚
> 八分，敦圆径及厚同通口之厚，径六寸八分，俎长二尺四寸，
> 广尺二寸，依聂氏《礼图》。此定度也。……"(71)

对于"俎"的形制，聂崇义《三礼图集注》卷十三"梡俎图"
下案云："旧图云俎长尺四寸，广尺二寸，高一尺，漆两端赤，中
央黑，然则四代之俎，其间虽有小异，高下长短尺寸漆饰并同。"
郑珍信其说，谓"依聂氏《礼图》"，并谓此定度也，是认为古
"俎"的形制是固定的。而据张光裕考证："古出土实物之'俎'多
见，有铜俎，亦有漆木俎，其长宽皆无定制，如河南淅川下寺楚墓
出土铜俎一件……通高24，长35.5，宽21厘米，重3.85公斤；湖
北当阳赵巷春秋墓出漆木兽纹俎，高14.5，长24.5，宽19厘米；
又包山楚墓出土木俎七件……高19.6，长34，宽14.4厘米……由此
足见当日俎之形制实未有定式，研读《仪礼》器类之使用，诚毋须
拘执于单一器物之尺寸大小为说也！"[1] 聂氏《礼图》对"俎"考

---

[1] 张光裕《读郑珍〈仪礼私笺·士昏礼〉札迻》，载彭林主编《中国经学》（第二辑），
广西师范大学出版社，2007年，第15页。

证"所据多未经实物参证",而郑珍的时代亦未见豆、俎、簋、簠等古器的出土实物,因承聂氏旧说之误。

此外,晚清贵州朴学家谨守师承、家学,因此在承袭旧说方面,常常固守师说、家学观点而不愿变通,以至于产生不少疏误。例如郑珍宗许、郑之说,因循笃深,考论文字常有固守之弊,如《逸字》中"弓"字条,郑氏以《六书略》《集韵》《类篇》及所引《说文》,认为"弓"为《说文》之逸。郑氏钩稽《说文》所佚,常依《说文》原书体例论说,加之其他诸籍所引《说文》内容互为印证,于是深信不疑,但这个"弓"字,张涌泉先生已经考证指出"弓"实为"卷"的俗字,并且"'弓'及其孳乳字流行于六朝及唐代前期",且训与"卷"同①,比勘可知,郑氏对"弓"的形、义考释皆误,认为"弓"为逸字之说,不可信从。郑珍之所以认为"弓"是逸字,盖据《汗简·弓部》有:"弓,弹,今《说文》脱此古文。"而张涌泉先生所考"卷"之俗字,《龙龛·弓部》有:"弓,古文。今作卷。书卷。"则"弓(弹)"与"弓(卷)"两字中"、"画位置不同,孰是孰非,尤为未定。

郑珍、郑知同父子对自己的文字功底非常自信,对于一些文字的不同意见,其论辩、反诘颇为严苛,而对许慎原书、郑玄注却颇多维护,从而导致己说出现因袭之误。曾秀芳就指出郑珍遇到与许、郑不合的看法观点时:"往往在论辩或驳斥中有意气用事或门户之见的嫌疑。"②

① 张涌泉《汉语俗字研究(修订本)》,商务印书馆,2010年,第332—337页。
② 曾秀芳《郑珍研究》,中国社会科学出版社,2016年,第106页。

郑珍信奉《说文》、六书和郑注，在具体的文字考辨中不免专对，例如《汗简》"▢（使）"字条、"▢（使）"字条，郑珍《笺正》认为："郭氏误认石经"使""事"二形为一。"而考《三体石经》"事""使"二字古文均作"▢"形，《汗简》所录与之相同。揆诸古文资料与古籍文献，事、使本为一字之分化，今考《说文·史部》："事，职也。从史，之省声。"并在"事"篆体作"▢"、古文作"▢"，而在出土文献中，"使"字例如甲骨文作"▢"，僕匜作"▢"，齐侯壶作"▢"等，都与"▢（事）"字形体一致；又如侯马盟书作"▢"，三体石经作"▢"，则与《说文》所载"事"的古文"▢"形体一致，足见二字为一字之分化。此外，在早期古籍中事、使的意义也多有交叉互通，很多现代的古文字学家已经考证古事、使、吏、史古本一字，后来逐渐分化。因此，郑珍认为《汗简》合事、使二形为一是"郭氏误认"，其实是不明二字形体关系之误。《笺正》书中这样存在疏误的论断尚有不少，之所以造成这种不足，其主要原因一是缺乏必要的资料而未作更深的考辨，二是郑珍等人还是保留着传统看待《说文》、六书的观念，不愿有半点偏移，这就会在学术实践中不可避免地形成狭隘的看法和观点。但应该明确的是，这种情况，主要是所处时代的整体风气如此，而非某几个学者造成的。

客观而言，在申明旧说和阐述己说方面，晚清贵州朴学家有时难免失之偏颇，类似以今律古、以今揆古的情况有不少，特别是执着于自己所宗前贤的观点而不容反驳，就容易让人产生"袭谬臆度"之感。例如郑珍、郑知同父子在行文中，常以"经文一字不略如此""经文序事简明乃尔""此圣人立文之妙也"等口吻评述前贤和批评时论，不免引人责难。

## 第二节　文献校对不精

晚清贵州朴学家的文献功底是非常深的，这在他们的很多成名作中都有体现。但由于古籍的版本、文字、文本乃至作者信息等都可能辗转流传而发生讹改、讹变，以至于对文献的考证、校对难度很大。晚清贵州朴学家在文献校对方面都非常谨慎，但不可避免也会出现考证不足、校对不精的失误。

例如莫友芝《邵亭知见传本书目》一书整体水平和成就都很高，但在细节方面还是有一些校对不精的情形。例如该书"子部杂家类"有《韵石斋笔谈》一种，莫氏所录该书刊刻时间为"顺治乙丑刊"，而顺治时并无"乙丑"年，且据《韵石斋笔谈》原"序"后署有"屠维赤奋若"，则其时间当为"己丑"，"乙丑"大概为"己丑"传刻之误。又如"子部道家类"中有《周易参同契通真义》一种，莫氏所著其版本有"《汉魏》本"，然考《汉魏丛书》并无该书。莫友芝书中类似的疏误尚有不少，后来近代著名藏书家傅增湘（1872—1949）专门撰《藏园增订〈邵亭知见传本书目〉》（中华书局，2009 年）一书，对莫氏原书作了很多增补、订正。例如莫氏"集部总集类"有《圭塘欸乃集》一种，著录版本"平津馆有影宋本"，但该书其实为集录元人唱和之作，傅氏增订云："此元人著作，何来宋本，莫氏属笔偶误。"

又如莫友芝《唐写本说文解字木部笺异》，在考辨文字时，常常援引古籍中所引《说文》的内容，但对《太平御览》《孟子》

《六韬》《说文解字系传》《正字通》等文献引证、校对较少，后来莫氏对《笺异》一书作了朱笔批校，补充了这方面的内容，算是弥补了一些疏误。但有时考校仍有失严谨，例如《笺异》"幄"字条，莫氏于上朱批云："《御览》七百引幄，大帐，本书无幄，疑是幄注。"考今本《说文》有"幄"无"幄"，"幄"字见《释名·释床帐》："幄，屋也。以帛衣板施之，形如屋也。"且《广韵·觉韵》："幄，大帷。"与《御览》所引《说文》"幄，大帐"的确不同，莫氏怀疑《御览》所引"幄"字实际当为"幄"字，他的判断是对的。而《说文·木部》："幄，木帐也。从木屋声。"实训"木帐"，而非"大帐"，"大"或为"木"残误，亦可能传写因"幄"训"大帷"而参合，莫氏转引《御览》，但失校对。其他一些字条的考释，莫氏也有失察原书的情况，例如"枱"字条："枱，耒端木也。《玉篇》同二徐，无木字。铉本'耒'或作'黍'，小徐无'也'。'从木'误写'从枱'。"① 而查《玉篇》、二徐本，"从枱"实作"从木台声"，非误写，莫氏谓误写"从枱"或因"木台"上下牵合致误。

又如"柶"字，《说文·木部》残卷原云："札有柶，柶，匕也。从木四声。"而莫氏《笺异》"柶"条曰："'匕也'下《御览》七百六十引有'所以取饭'。"查今本《说文·木部》："柶，《礼》有柶。柶，匕也。从木四声。"相互比勘可知，残卷误"礼"为"札"，莫氏失笺；而"匕也"下并无"所以取饭"，莫氏据《御

---

① 莫友芝《唐写本说文解字木部笺异》，《续修四库全书》第 227 册，上海古籍出版社，1995 年，第 240 页。

覧》引以为有，亦失察。考《说文·匕部》有："匕，亦所以用比取饭，一名柶。"盖转引者知匕、柶为一物，皆能"所以取饭"，因把"匕"字下"所以取饭"辗转衍录至"柶，匕也"之后。此传抄窜衍，《御览》和莫氏《笺异》皆失考。

类似的情况，在其他学者的著述中也时有所见，例如萧光远《周易属辞》"坤"下"坤字义"引《说文》："坤，地也。《易》之卦也。从土从申，土位在申上也。"① 然查各本《说文》，以及《玉篇》《集韵》《类篇》等古籍所引皆作"土位在申"，而无"上也"二字，传刻误衍，萧氏失察。又如"屯"下"屯字旁·舍"下引《说文》："市居曰舍。从亼中口。中象屋也。口象筑也。"而查今本《说文·亼部》："舍，市居曰舍。从亼中，象屋也。口象筑也。"文字内容存在出入，而据季旭昇《说文新证》"舍"字条所引《说文》又作："从亼，中象屋也，口象筑也。"② 比较而言，萧氏所引"从亼中口"当衍"口"，今查各本《说文》"从亼中"只是句读存在分歧，但皆无"口"，可能是萧氏所据本因后文"口象筑也"误衍。

总之，博征古籍是晚清贵州朴学家的优点，但一些引证存在疏于核对的缺点，例如据黄万机、黄江玲等学者统计，发现郑珍《巢经巢集经说》《仪礼私笺》和《轮舆私笺》等经学著述中，就因古籍版本、文字校对不精产生疏误达数十条之多。

其实在文献引证方面，晚清贵州朴学家整体上是非常审慎的，

---

① 刘海涛等点校《萧光远全集（上）》，贵州民族出版社，2018 年，第 28 页。
② 季旭昇《说文新证》，福建人民出版社，2010 年，第 451 页。

但我们略览一些代表著述，时而都能发现他们在文献方面的疏漏，如很多学者的著作中，虽然观点正确，但实际前代诸儒已有所论，且典籍可见，而晚清贵州朴学家失于参引，此一弊；又如晚清贵州朴学家对古籍书目其实非常熟悉，这导致他们在著述中引据文献往往只凭记忆而疏于稽核，援引古书讹、脱、倒、衍，所引所论张冠李戴时有所见，此又一弊。当然，这些情况，在纷繁复杂的古籍世界里，实在难以避免。

## 第三节　考论尚可商榷

朴学的核心要领在于考据，晚清贵州朴学家对文字的考释、词汇的训诂和经义的考据都非常精深，但不可否认的是，受时代、文献和学术观点观念的限制，其考据结论不可避免地存在着值得商榷之处。例如郑珍对一些文字的考证，我们在对这些文字进行再考证时，往往发现其结论还可商榷。例如《新附考》"詒"字：

> 《说文》："詒，相欺詒也；一曰遗也。"义本明备。"来"下引《诗》"詒我来辫"，亦作"詒"。知同谨按，《诗·雄雉》《天保》传及《谷风》《小明》《思文》《有駜》笺，《考工记·梓人》与《表记》注并云："詒，遗也。"他处或作"貽"。经传中多"詒""貽"互见，作"貽"皆汉后所改。古亦省作"台"。《尔雅》："台，予也。""予"与"遗"一意。（288）

汉字演变有增旁、减旁，其中以增旁居多，但亦有不少反例。

例如这条中郑氏认为"欺诒""赠遗"字古本作"诒",俗又因与钱物相涉而改从"贝"作"贻","诒""贻"皆形声结构,而典籍亦有省略形旁作"台"的情形,郑氏考字过程中似乎注意到了这一变化细节。但这种减旁的反例很多值得推敲。因为郑氏所见《尔雅》作"台,予也",《新附考》遂认为"予"与"遗"同义,这是把"台,予也"释为"赠予"义,由此推断"台"为"贻"省旁之俗。但"台"字的字际关系、字词关系颇为复杂,仅就《尔雅》所记而言,这个"台"若以"赠贻"理解,当音"yí",《广韵》在平声之韵与之切,而这个音"yí"的"台",《尔雅·释诂上》别本异文作:"台,我也。"① 且古籍"台"记录"我"义者不乏其例,郑氏所据"台,予也"其实也是表示代词"我"。《尔雅·释诂上》:"予,我也。"可证。这个音"yí"的"台",表示的是古汉语中第一人称代词"我",而非"赠予"之"予",因此也不可能是"贻"字之省。

这里再举一例:

**【玘】**

> 玉也。从玉己声,去里切。按,《晋书音义》云:"《字林》:'玘,本幾字,万意反。''玘'不当为'幾',盖'璣'之误。"知吕忱说"玘"是"璣"别体。《广韵》"玘"训"佩玉",则为《诗》"佩玖"字,古"玖"读如"己"。要是汉后别增。(213)

---

① 参看《汉语大字典·口部》(第二版)"台"字第(一)音第一义,第622页。

今按，郑氏依《晋书音义》所引《字林》以"玘"是"璣"别体，但尚无文献例证，且其音"万意反"者与"玘""璣"皆音异，则其说可疑。又谓"要是汉后别增"，则其说未当。《史记》卷八十七《李斯列传》："其志若韩玘为韩安相也。"《索隐》曰："玘，亦作'起'，并音怡。"① 已见"玘"字用例。《汉隶字源》卷四上声止韵"玘"隶书作"**玘**"②，则"玘"当为汉世字。从字形的演变看，"玘"字从玉己声，盖"己"之增义符俗字也。但据上引《索隐》，"玘"当用为"起"的换旁俗字。又《史记》卷四十五《韩世家》："十年，韩姬弑其君悼公。"《索隐》曰："《纪年》'姬'亦作'玘'，并音羊之反。"③ 韩起，春秋末期晋国大夫，姓姬名起。从字形的角度看，"玘"不太可能为"姬"字之俗体，而为"起"之俗体的可能性较大。《晋书音义》卷七十："玘，音起。"④《龙龛·玉部》："玘，音起，佩玉也。"⑤ 皆以正字注俗字音也。改"起"作"玘"，因有"玉名"之义，特用于人名也。《篆隶万象名义·玉部》："玘，去理切，玉名。"（3）《玉篇》训同（16）。故宫本《裴韵》上声止韵墟里切："玘，佩玉。"（44）《广韵》训"佩玉"当本此。《集韵》上声止韵口已切："玘，《说文》玉也。"（325）则唐本《说文》当有"玘"字。

---

① 司马迁《史记》（第 8 册），中华书局，1959 年，第 2560 页。
② 娄机《汉隶字源》，摛藻堂《四库全书荟要》第 79 册，世界书局，1985 年，第 761 页。
③ 司马迁《史记》（第 6 册），中华书局，1959 年，第 1869 页。
④ 何超《晋书音义》，《文渊阁四库全书》第 256 册，台湾商务印书馆，1986 年，第 1031 页。
⑤ 释行均《龙龛手镜》（影印高丽本），中华书局，1985 年，第 436 页。后凡引此书皆简称《龙龛》，引文直接加（）注明页码。

据此，"玘"既为"起"字之俗，大徐新附作"玘"实误。《说文·辵部》："起，能立也，从辵巳声。"古文作"𢀖"，隶变作"**起**""**起**"等形，右旁所从是"巳"而非"己"。楷书"巳""己"虽多混同不别，但其古文音义皆殊。大徐"玘"字拟篆作"玘"，右旁所从为"己"，与汉隶作"**玘**"形异。《说文新证》"己"字条云："大徐本'己'字误作'巳'，当正。"[1] 此则"巳"误作"己"之例也。《一切经音义》卷八十一"周玘"条（54/830/b），与上引《名义》、故宫本《裴韵》《龙龛》《晋书音义》诸书皆作"玘"，是以古文正体书之。《康熙字典》午集上玉部又作"玘"[2]，古文多借"巳"为"己"，作"玘"尚可；《大字典》仍从大徐之误作"玘"（1179B）：则二字书皆失其正字，且均未沟通与"起"字关系，当据正。

而晚清贵州朴学家的考释结论，之所以有值得商榷之处，还有一个重要因素，就是他们对古籍、文字的研究，缺少出土文献的有力印证，以至于一些考论不尽与事实相符。例如郑珍对古文字的研究，最大的局限就是他没有见到甲骨、金文等出土文字资料，如他在《汗简笺正》中指出有很多"古文"是后人杜撰而非出自先秦，因此形体诡异不经，难辨其源。但后来人们依靠大量出土古文字资料，发现《汗简》所收"古文"虽与甲金文、篆籀以及《说文》"六书"不合，但却与出土战国古文字多有相合者[3]。这些郑珍少见的古文，是《汗简》于古佚资料中搜取，大多也是渊源有自的。

---

① 季旭昇《说文新证》，福建人民出版社，2010 年，第 1003 页。
② 张玉书等《康熙字典》（影印同文书局原本），中华书局，1958 年，第 3 页。
③ 袁本良《郑珍〈汗简笺正〉论略》，《贵州文史丛刊》2001 年第 3 期，第 40 页。

例如：

**禹**：天，《华岳碑》。○仿**禹**篆作之，取茂密耳。(503)

郑氏盖认为《汗简》所录"**禹**"实为"而"之篆体，当依"而"训"茂密"义。但黄锡全《汗简注释》考云："三体石经'天'作'**兲**'，汉印作'**禹**'（汉印征），新嘉量作'**禹**'。此形下部有异，可能使同碑文不清而误摹，原盖作'**兲**'或'**禹**'，'而'形似，'而'字正篆'**禹**'。"① 再比勘出土材料中的字形，"而"的古文"**禹**"（《睡虎地》）与"天"字作"**兲**"（《诗书碑额》）形体至近，"而"的古文"**禹**"（《碧落碑》）形体与"天"字作"**禹**"（《碧落碑》）形体近似。又考《说文·一部》："天，颠也，至高无上，从一大。"历代字书、韵书皆未见"天"训"茂密"义；《说文·而部》："而，颊毛也，象毛之形。"与"茂密"义近通。则《汗简》所录实为"天"，而非"而"，郑珍《笺正》以"而"释"天"字，正是因为他未见天、而二字在古文资料中多形近讹混。

又如"**所**"字《汗简》释作"所"，郑珍《笺正》认为"**所**"是传讹臆造，而非古文。但该字形，黄锡全《汗简注释》据《侯马盟书》作"**所**"，汉代篆隶或作"**所**、**所**、**所**、**所**、**所**"等形，汉印或作"**所**"（汉印征），诸字形的共同特点是左旁"户"上"丿"笔与右旁"斤"上"丿"笔连书作"一"形，篆书此字内部又左

---

① 黄锡全《汗简注释》，武汉大学出版社，1990年，第64页。

右类化相同，故作"𤘣"形。这类字形在出土文献中十分常见，盖俗书取其对称，而非"臆造"。

又如《逸字·人部》"借"字条云："古借字亦当止作昔，耒部耤旁昔即是借字，故耤从之。"（82）而现代的古文字研究成果却表明，"耤"字"甲骨文从人持耒耕田，金文加昔声，秦文字象人形的廾旁省略，变成从耒，昔声"，"后来假借为'借'，《说文》释'耤'为'帝耤千亩，使民如借'都不是本义"①。郑书所用文字资料，多为《说文》以后典籍，而考察古文字的重要资料如甲骨文、金文等是后世出土的，郑书自未及用。

这种因缺乏出土古文字资料印证而误断、误考的情况，在郑氏《笺正》中还是存在不少，黄锡全先生指出："郑珍是从批判《汗简》的角度作《汗简笺正》，又未能见到今天如此丰富的古文字资料，也很少引用当时已有的铜器铭文等，因此，《笺正》中的错误很多。"②事实也是如此，在今天看来，如果郑珍的考释结论，能有出土文献佐证，其考证亦不必舍近求远，其说则更令人信服，例如郑珍《新附考》一书花了大量篇幅专门讨论"许书未收的秦汉字"，并反复考证论辩了《说文》不收这些字的原因，而张显成先生通过对马王堆汉墓简帛文字的整理，就"发现内中就有657个《说文》未收之秦汉字"③。这是出土古文字资料在学术研究上的价值体现。

---

① 季旭昇《说文新证》，福建人民出版社，2010年，第372页。
② 黄锡全《汗简注释·序》，武汉大学出版社，1990年。
③ 张显成《马王堆汉墓简帛中〈说文〉未收之秦汉字》，向光宗主编《说文学研究》（第二辑），崇文书局，2006年，第82页。

但在没有古文资料及相关文献佐证的条件下，郑珍能够穷究古籍文字源流，并且做到多数结论允当可成，这其实是尤为难得的。李零先生对郑珍笺正《汗简》给予了高度评价①，认为郑珍以谨严的作风，指出并攻克了《汗简》中的各种古文疑难，从中匡正了很多郭氏的错误，大多平实准确；《汗简》中有不少释文缺注或讹脱，郑珍则根据《古文四声韵》等文献，补注了《汗简》字头，且释文不仅与郭氏原书体例相合，释文大多允当可参。更为难得的是，当时的郑珍，手头《汗简》只有汪立名刻本，而并未见到后出的可作参校的冯舒本，但他同样能指出汪本的很多错误，且其结论多能与冯舒本相互印证，足见其学问之精深。

我们知道，缺乏出土文献的佐证，是清代学术面临的相同的困境，这是客观条件造成的历史局限。文献资料的不足，对学者的学术观念和学术水平都会产生较大的影响。例如比郑珍时代稍晚的孙诒让（1848—1908），是"清代考据学的最后一位大师，其训诂学的成就可与高邮王氏父子相颉颃"②，平心而论，郑珍在学界的知名度和影响力的确不及孙氏，但他们的差距绝不在于个人学术修为，而是"孙氏对于甲骨、彝器刻辞的探讨诠释，在近五十年来文字学、考古学的发展中尤其有启导恢张之功"③，占有更多的出土文献资料，是孙氏最大的优势所在。

---

① 李零《古代字书辑刊·出版后记》，见《汗简·古文四声韵》合刊本，中华书局，2010 年。
② 郭在贻《训诂学》，中华书局，2005 年，第 142 页。
③ 方向东《孙诒让训诂研究》，中华书局，2007 年，第 7 页。

## 第四节　理论总结不够

晚清贵州朴学的另一个缺点是过于沉溺稽古，而对相关领域理论总结不足。例如郑珍、莫友芝、郑知同、黎庶昌、程槭林、宦懋庸等人著述，大多擅长于逐字、逐条的考辨，且内容详略不一，少则十数字，多则两三千字，尽管广征博引，方法多样，但有的失之繁琐，有的注例不明，我们很难从中看到学者在方法和思想上的理论性和系统性。例如郑珍《逸字》一书，有不少后世学者认为他对逸字的认定多有遗漏，且过于宽泛，以至于对《说文》所佚难以尽收，其根本原因是郑氏没有从学理的角度对逸字加以阐明。又如郑珍《亲属记》在对历代亲属称谓词语的考证上颇为详赡，但该书为郑氏生前未竟之作，因此在体例、举典、条辨、词目方面都存在不少问题。其他如郑知同《说文浅说》、莫友芝《韵学源流》、杨寿篯《六书要义》、雷廷珍《音韵旁通》等朴学名著，亦不免过于梗概，很多地方令读者费解。

晚清贵州朴学家及其著述中，都或多或少存在这一问题。例如李兰台《等音归韵》对古代音韵及其音韵学史的嬗变，尤其是声、韵异同关系的分辨方面，李氏此书颇有建树，但对"华严字母"的类聚和分析却没有足够的论证，同时书中对一些关键问题如"音同摄韵却两位而分""对群、定、并、从等十五字母弃而不用""音韵所涉南北音异、古今韵殊"等都缺少相应的理论分析和必要说明。

又如傅寿彤《古音类表》一书在古韵分部、谐声系统和诗文用韵方面都有超越前人之处，但他在"异部借入说"中认为不同韵部之间的入声可以相互借用，不仅一个韵部可借两类入声，而且韵部的入声还可以配以阴声韵和阳声韵，这样他所提出的"古韵十五部"都能配有入声。但这一论说则与傅氏同书的"平入分配说"存在分歧，反映傅氏的入声理论并不严密。此外，傅氏在论说某些音理和现象时，由于缺少必要音韵理论，常以阴阳八卦相附会，这不得不说犯了朴学研究的一大忌讳。

此外，晚清贵州朴学家著述中的理论薄弱还表现在论证问题的逻辑层次不够简洁明了，加之所参文献材料过于繁复，令人读来颇觉冗杂难辨。我们经常在一些著述中，看到作者为求资料之完备而详细排列，抄录文献内容往往大于论辩、考证内容，这种重复累赘的行文方式影响了著作的理论水平。

总之，晚清贵州朴学家大多都穷尽毕生之志，勤攻苦钻，在传统朴学领域探求真知，在条件艰苦、地域偏远的黔地贵州取得令学界震撼的学术成就，这是难能可贵的。他们的学说和著述中，虽存在着各种不足，但大多是因为当时的历史条件形成的局限。整体而言，晚清贵州朴学的成就瑕不掩瑜，晚清贵州朴学家在朴学各领域的方法、思想和学术潜力价值，仍有待于我们去深入发掘、保护和传承。

# 第九章　晚清贵州朴学的当代价值

晚清贵州朴学是一段特殊的思想文化历史，它在晚清道咸以降的特定时期，在西南贵州这一特定的环境中孕育、发展、兴盛和沉寂，尽管它距今已过去一百余年，但它仍具有持续性的价值和影响，尤其是当提及贵州学术文化历史时，晚清贵州朴学始终具有重要的历史地位。从性质和特点上看，晚清贵州朴学的当代价值是多方面、全方位的，可以体现在文化传播、建设、推广、转化、应用等各个领域和方向。与朴学及其学术文化紧密相关的，如贵州地方文化与地域学术的调查研究、多彩贵州历史文化的发掘、近代贵州教育发展史及其特点、"黔学"内涵和体系的充实，为沙滩文化、影山文化找到更多更好的表达和阐释路径，找到贵州地域学术与其他地域学术、中国传统学术的互通、互鉴和认同的历史见证等方面，则更为具体。这一章我们选择其中的几个方面简单谈一谈。

## 第一节　传承贵州地域学术文化

地域学术是研究中国文化与区域环境及其相互关系的重要样本，地域学术及其学者群体的兴盛，是文化研究走向深入的一个重要标志。晚清贵州朴学孕育在地方，它首先是地域学术文化的一脉；但它又以传统主流学术为导向，又具有中国传统学术文化的普遍性特点。因此，要弘扬传承贵州地域学术文化，必须完整看到并深刻理解晚清贵州朴学的独特属性和价值。

## 一、赓续贵州学术文化传统

首先，晚清贵州朴学取得的学术成就，推动了贵州地方文化、地域学术的继承发展。晚清贵州朴学不仅为地方学术文化积累了连续性的学术思想史和优良传统，并且能为学术传承提供大量个案，从中获得赓续学术文化传统的方式和路径。比如对文字学的研究，晚清贵州朴学家不仅继承了乾嘉朴学考证文字的方法，同时也呈现了自身的特点，从而奠定了道咸以后研治文字学的基本理路和话语体系。例如郑珍在《说文逸字》《说文新附考》《汗简笺正》等书考释文字的方法，以及黎庶昌在《宋本广韵校札》中比勘文字的"形近而讹"等方法，皆有这方面的特点，一些文字考释、关系辨析的术语至今仍在沿用。又如版本目录学方面，晚清贵州朴学家通过著录个人藏书、纂辑古籍版本书目，不仅开创了著录古籍书目的新方法，并且为后世从事版本目录之学提供了思路，莫友芝《郘亭知见传本书目》等更是被推为版本目录学专业的必备参考。民国时，贵州在古籍整理、校勘、刊印方面取得了一定成就，这与晚清贵州朴学家的版本目录之学关系密切。

其次，晚清贵州朴学具有深厚的保护和传承价值。晚清贵州朴学是少有的继承发展乾嘉学术的地域学术，在道咸时期一度走在学界前沿，在一些领域如《说文》、版本目录、金石文字、古籍校刻、音韵学、亲属称谓词等方面，更是能与乾嘉诸老、同时期的其他地域学术一较长短。而类似郑知同所著《楚辞通释解诂》更是贵州学界此前绝无仅有的传统小学与"楚辞学"相结合的研究成果，至今仍在《楚辞》学界占有一席之地。晚清贵州朴学能取得这些成就是来之不易的，我们通过学术史的梳理、著述文献的整理、学术思想的总结等方式，可以将这些重要的历史成果保护起来，更好地进行推广传承，让贵州学术文化的底蕴更加深厚。

最后，晚清贵州朴学不仅丰富了我国学术文化的多样性，而且与周边学术文化一起，共同构成了晚清中国西南地区学术文化的完整图景。晚清贵州学者通过师承、交游、仕宦、从教等方式，足迹遍布整个西南，不仅传布了贵州学术文化，同时也吸收了周边学术文化的优点。例如唐炯曾在四川、云南为官，并著有《四川盐法志》《续修云南通志》等，于地方文化贡献颇巨；郑知同曾在四川入张之洞幕，宣扬郑氏家学；郑珍外孙赵怡曾官四川新津知县，客居成都时创办草堂，培养滇黔学子；都匀学者李兰台曾主讲四川蓬莱书院，传授音韵之学。通过这样的方式，不仅彰显了贵州学术文化包容、开放的传统，并且增进了贵州地域学术文化与外界的联系，加强了学术文化的交流、互鉴和共荣。

## 二、提升贵州学术文化地位

晚清贵州朴学的勃兴是贵州历史文化的一大盛况，是促进贵州学术融入主流学术文化的直接推动力，也是考察主流学术文化在区域环境中传播、认同和变迁的学术史依据，这大大提升了贵州学术文化的历史地位和影响。

一方面，晚清贵州朴学进一步丰富和扩展了地域学术的内涵，在相应的学术领域形成了一定的社会反响。比如在《说文》学方面，贵州学者所关注的包括了《说文》佚文、新附、六书、篆籀、体例、版本、文本等各个方面，而在逸字、六书、通例方面都有推陈出新的建树和创获。又如在晚清以来关注清代学术史、人物史的著作《清史稿》《清代朴学大师列传》（支伟成，2014）、《乾嘉学派研究》（陈祖武、朱彤窗，2011）等，都提及晚清贵州朴学研究并给予高度评价。

另一方面，晚清贵州朴学的繁荣推动了贵州历史文化的迅速成长与发展。晚清以前，与周边省份相比，贵州学术文化相对落后，但随着道咸贵州朴学家的崛起，在传统朴学的很多领域都取得了超越时代的成果。除郑珍、莫友芝外，贵州学者如傅寿彤、萧光远、黎庶昌、雷廷珍等都有西南大儒之誉，他们不少朴学著述也的确有冠绝西南的水平和成就。例如雷廷珍是公认的晚清南方著名经史学家和教育家，撰有《经义正衡》《文字正衡》《时学正衡》《声韵旁通》《经说》等多种朴学著作，严修赞其为"不意于黔中乃见大儒"，更被其门生姚华评为"五经无双""西南之雄"。而姚华自己不仅继承雷氏遗志，对贵州文教贡献颇大，不仅撰有《小学问答》《说文三例表》《黔语》《书适》《金石系》等朴学著作，在戏曲、刻铜、教育、收藏方面的成就更是让他成为近代中国的文化名人。

此外，随着学者群体的逐渐壮大，他们对贵州地方教育、地方文献整理、学术文化事业等都起到了极大的推动作用。例如晚清贵州朴学家几乎人人都有在地方书院从教的经历，不少学者从教足迹遍及西南，都在一定程度上扩大了贵州学术文化的影响力。而在地方文献整理方面，郑珍、莫友芝合纂《遵义府志》更是享誉历史、文化、方志、舆地等多个领域。这些人物和事迹，都是晚清贵州朴学为贵州学术文化提供的元素，对它们进行吸取与转化，重塑它们的体系和价值，着力打造富含贵州特色的地域学术文化范本，无疑将大大提升贵州的文化实力和地位。

## 三、提供地域学术的贵州参考

客观上讲，与同时期湖湘、广东、江浙、徽州等地域学术相比，贵州朴学既有诸多不足之处，也有自身的特色和优势，在不少方面，晚清贵州朴学能够为中国地域学术文化提供贵州经验与参考。

一是学者群体不甘落后，人人奋发，并积极向外吸收主流学术。与其他时代、其他地域的学者相比，贵州学者有很多"先天不足"。但贵州学者自古就有"奋自僻邑"的精神，汉代时盛览、尹珍都曾走出大山，并将中原文化带回黔地，晚清时莫与俦不仅效法贵州先贤，潜心文教，而且真正走进学术中心，学到朴学之真谛。晚清朴学家如郑珍、莫友芝、萧光远、赵旭、郑知同、赵恺等都在仕途或生活中饱受挫折，但他们始终坚守朴学园地，矢志不渝，做出了超越时代和环境的学术成就。他们身上都有当时贵州学者的共同特点，即虚心向问、转益多师的求学精神和奋起直追、苦读不休的学术使命。

二是在封闭中寻求开放，始终通过人为努力打破环境的束缚。深处西南的贵州，自古都由于地理环境偏远、交通落后等而地处封闭。但在学术文化领域，贵州朴学家一直保持着开放的心态，学者们四处奔走，拜师、问学、交游、仕宦、访书、登临，不断接触和吸收主流学术和其他地域学术，不仅大大提高了晚清贵州朴学家的学养和学术水平，也使贵州学术在开放的氛围中不断充实。而这种开放性，还体现在旅黔学者在文教、学术等方面带来的巨大帮助。正是因为这种开放的心态和开放的风气，推动贵州朴学走向繁盛。

三是在治学领域和研究内容上，晚清贵州朴学家坚持继承弘扬乾嘉学术，但在方法、思想和学理上不仅仅是"步其后尘"，而是尽可能有所发挥。晚清广东朴学大师陈澧曾言："国朝考据之学盛矣，犹有未备者，宜补苴之。"乾嘉之后，各地学术研究大多都以"补苴"为主，但晚清贵州朴学家在这方面却坚持推陈出新，例如郑珍、郑知同对《说文》逸字、新附字的研究，莫友芝对《说文》木部残卷、版本目录和音韵学的研究，黎庶昌对古逸典籍的纂辑，宦懋庸对"六书"的阐述，程棫林对《说文》通例的研究等，不少著述都具有补白、转精的特点。

地域学术的兴盛可能有很多共同原因，但面临的困难却各不相同，晚清贵州朴学能在时代巨变和个人颠沛中，匡扶传统学术，做出难得的成绩，其成果和经验是具有参考价值的，值得当代思考。

## 第二节　充实"黔学"内涵与体系

黔学，是从古至今发生于黔地贵州的国学学术，与我国传统儒学、义理、宗教、艺文等优秀文化血脉相连；又因植根于贵州特定的自然、人文环境，成为与徽学、湘学、蜀学、楚学、滇学等地域文化具有不同内涵特质的学术分野①。黔学经历了不同历史时期的发展，而晚清贵州朴学是黔学发展史的重要一环，汪文学先生曾提倡"用历史细节和微观研究丰富黔学"②，而晚清贵州朴学无疑就能为黔学研究提供更多的史实和细节。一方面，晚清贵州朴学家们四处奔走宣扬黔地学术，又坚守黔地兴业讲学，形成了具有一流学术水准的朴学群体，这一时期的贵州学术，承续乾嘉之盛，博得了应有的学术史地位，从而将古典黔学推向顶峰，促进了黔学纳入西南地区学术文化圈和主流学术史的进程。另一方面，在当代"黔学"越来越受到关注，"黔学"的内涵与体系亟待建立的背景下，系统考察晚清贵州朴学群体及其学术活动，仍然具有非常重要的历史价值。

## 一、追溯黔学的源流与内涵

贵州朴学发轫于西汉经学家犍为郡舍人所著《尔雅注》，它也是黔学的最早源头。国学大师黄侃评价该书："探讨《尔雅》者，究不能不首及于此焉。"张连顺《"黔学"奠基之作〈尔雅·舍人注〉及其相关问题》和《关于"黔学"的再思考》两文认为《尔雅注》是黔学的奠基之作，并认为黔学内涵"是指从古典到现代发生于黔地由学术活动而形成的学术成果与学术研究之总称"。尽管很多学者及其研究如张新民、范松、王路平、汪文学和邹芳望等都

① 张连顺《"黔学"奠基之作〈尔雅·舍人注〉及其相关问题》，《贵州社会科学》2014年第 6 期，第 107 页。
② 汪文学《用历史细节和微观研究丰富黔学》，《贵州日报》2019 年 4 月 26 日。

是着重于从经学、史学、儒学、王学、易学等角度去探讨黔学的思想流变。但从早期的源流看，朴学很早就是黔学的一部分了。

而早在明代时，关注易学的易贵、关注阳明学的孙应鳌就不约而同地转向实学，让具有实学性质的解经之学成为黔学的内涵之一。而至晚清时期，贵州朴学家人人注重扎实的考据学、讲求"以字通经"的朴学新思路，不仅推动贵州学术文化蓬勃发展，并且让外界看到了贵州学术的特质与价值。更为重要的是，朴学历来都是我国国学的核心，从晚清贵州朴学来看，黔学中的朴学部分，具有十分清晰的历史脉络，非常完善的学者群体和治学领域，颇具影响的代表著作，其学术方法与特点、学术思想与价值等，对于追溯黔学的源流、丰富和充实黔学内涵、构建黔学的理论体系，无疑具有重要的价值。

## 二、开展对黔学分支学科的研究

黔学是贵州文化的主体，内部含有王学、易学、心学、经学、小学、佛学、苗学等众多分支学科，以往学界关注最多的是易学和王学。例如龙平久、王路平、汪文学、陆永胜、张立文、王晓昕、张明、张小明、向德俊、何睦、熊尧等对各个分支学科都有关注。相较而言，对朴学及其相关经学、小学的关注则并不多。而加强对晚清贵州朴学的整理与研究，无疑能够充实黔学分支学科的内容和体系。

以朴学为视野，不仅能整理传统学术史上的贵州朴学镜像，同时能全面透视朴学在黔学发展史上的价值与地位。综合多学科考察发现，黔学分支学科中，晚清朴学的影响力是很大的，一定程度上能弥补以往学界偏重方志学、禅学、诗学和心学的不足，真正推动黔学研究走向纵深。

## 三、钩沉代表学者个人、群体及史实

人物、文献及其史实，是考察学术历史最为关键的内容。黔学发展史上，有不少卓有成就的代表学者，学界关注最多的是王阳明、孙应鳌、陈法等，大多从易学、理学、文学、心学等视角。对朴学学者的研究较少，除讨论贵州早期学术时提及舍人、尹珍外，学界如孙晓竹、吴鹏、张红伟、裴汉刚、黄万机、张剑、曾秀芳、张燕婴、陈秋月、史光辉、姚权贵等主要关注郑珍、莫友芝、黎庶昌等学者。而通过本书的研究，晚清贵州朴学学者具有群体性、规模性，具有学术影响的代表学者就有四十余位。

这些朴学家的人生境遇、学术生涯、治学领域，以及他们在学术中表现出的群体品格等，都系统揭示了其在中国文化和地域学术史上的成就、特色与价值。晚清贵州朴学的人物史、学者群体史、文献史为黔学提供了大量重要的历史依据和典型案例，人物史实从更多侧面让我们看到晚清贵州学术文化的发展情况。

总之，黔学是在中原、西南、贵州本土文化的共同作用下孕育、发展和传承下来的地域学术，而直到晚清贵州朴学的兴起，黔学才有了真正意义上的"实学"内涵。一方面，晚清贵州朴学的体系和内容，对清末以来"黔学"学术概念的形成产生了直接推动作用，利用晚清贵州朴学的相关文献资料，能够从传统文化和地域学术角度，理清黔学的源流、名义和内涵；另一方面，贵州朴学取得的成就，能够提升黔学的地位和影响，从而与蜀学、楚学、湘学、滇学一起，形成互荣共生的地域学术图景，促进古典黔学的发展及其向现代黔学的转化，真正成为属于贵州的学术思想史。更为重要的是，作为黔学的重要分支，晚清贵州朴学的兴盛，与晚明以来"儒学南渐"的历史进程密不可分，它的流变与走向，能为晚清以来黔学的发展演变提供更多的线索。

## 第三节　重塑沙滩文化、影山文化

黔北沙滩文化和黔南影山文化，是嘉道以来贵州历史文化的两大标志，关于它们的源流、发展、特点、影响和现状等，学界讨论颇多，我们这里不再赘述。而本节主要谈谈晚清贵州朴学在沙滩文化、影山文化发展过程中所产生的历史作用和当代价值。

### 一、凝练沙滩文化、影山文化精华

沙滩文化、影山文化虽然一南一北，但它们却有着深厚的渊源，甚至可以说是在贵州内部同一种学术文化在不同地域的繁衍传承。两大文化的精华和灵魂是什么？可能不同学术背景的学者会有不同的解读，但从主要人物、代表著述的角度看，能够从中理出主线。

首先，沙滩、影山的文化渊薮都可以追溯到汉代尹珍在贵州植根汉文化，而嘉道时期，推动两大文化复兴并走向鼎盛的关键人物是莫与俦。曾为翰林院庶吉士的他，接触过当时的朴学中心，尽管他自己的学术作品不多，但他对贵州文教的贡献却最为卓越。嘉道时，莫与俦在贵州南北各地，执教长达四十多年，他在教育中融汇训诂、经史等学术精华，又自创教书育人之理念、思想，严格要求晚生学子自守之，不仅在独山培育了以莫氏家学为核心的影山文化，后来执教遵义府学时，又倾力培养郑、莫、黎三大家族的子孙学徒，文教日兴、文化日厚。而在莫氏家族迁居遵义之前，沙滩黎氏早有家风、家学，对乡邦文化影响深远，在黎安理、莫与俦的共同努力下，最终形成以郑、莫、黎三家为核心的沙滩文化。

其次，从治学领域和著述内容看，沙滩、影山学者所治包含易理、汉学、诗词、藏书、著述、校勘、辑古、书画、农医、史地、科技等各个方面，这就是为什么不同的学者看到的重心不同。但从关键人物和家族文化特点看，沙滩、影山学者均以儒家教化为因循，以正统儒学思想为立人为学的根本，而学术上以宋明理学、乾嘉朴学为归依，汇通汉宋，形成"治经宗汉，析理尊宋"的方向与宗旨。这是两大文化的真正核心与精髓。而综合各方面看，沙滩、影山学者成就最高的两个方面，是诗词创作和朴学研究。诗词创作方面学界讨论已经很多，而朴学研究方面，通过本书的整理和初步考察，我们已经知道，郑、莫、黎三家的学者中，大多具备非常深厚的朴学功底，郑珍、莫友芝等学者被《清史稿》列之"儒林"而非"艺林"，是对他们学术成就的高度评价；而晚清贵州朴学群体共同留下了大批高水平朴学著述，不少著述在朴学相关领域颇具影响力。

因此，晚清贵州朴学是沙滩、影山文化的学术精华之一，这是两大文化能够与同时期的其他地域文化相媲美，并能享誉世界的重要原因。通过对晚清贵州朴学系统深入的研究，能够进一步凝练沙滩、影山文化的学者品格、时代风貌、人文精神和学术精华，从而为沙滩、影山文化的保护、传承和当代阐释找到更多的路径和方式。

## 二、从"家族式"走向"家国式"

晚清贵州朴学整体上是家族式、地域性的，它的学者群体具有典型的家学师承和姻亲纽带，除郑、莫、黎三家外，与郑氏有姻亲关系的赵家，也涌现了多位朴学人才，即便遵义、独山之外的贵州其他地方的学者也基本都与郑、莫、黎存在师承、交游关系。沙滩、影山文化以朴学为核心，成为家族式文化的典范，三大家族都诞生了多位晚清贵州乃至近代中国的文化名人，这与沙滩、影山文化谨严的家风、家教，以及家族先贤的品格垂范是分不开的。

而晚清贵州朴学为沙滩、影山文化提供的更大的价值在于，通过学者群体的学术实践，让沙滩、影山文化逐渐从"家族式"走向了"家国式"。黎氏家训言："在家不可一日不以礼法率子弟，在国不可一日不以忠贞告同僚，在乡党不可一日不以正直表愚俗，在官不可一日不守清、慎、勤三字。凡百所为，敬恕而已。"① 这也是沙滩、影山文化家族教育的最好体现，以郑、莫、黎三家为代表的晚清贵州朴学家，人人都谨遵家教，从一而终，不仅具有勤恳自守、苦学力行的个人品质，更有着关怀乡邦、心

---

① 此据《沙滩文化志》转引，参看黄万机著、遵义市地方志编纂委员会编《沙滩文化志》，中国文史出版社，2006年，第324页。

系家国的群体品格。可以说，在乡邦，沙滩、影山学者是"耕读渔樵"，而在外界，他们是"家国天下"。历代学者中如郑珍宗许慎之学，做出了远超同时期学者的学术成就，直与同时代学术主流和精英论短长，让贵州学术屹立学林。而黎庶昌使节海外，搜集散落海外的祖国古籍文献，同时又心系桑梓，投身家乡教育，可谓一代国士。而莫与俦之后，其子友芝、庭芝、祥芝和其孙莫棠、莫绳孙等前赴后继，推崇莫氏家学，在道咸以降的百年间，经数代而不衰。莫氏家族不仅钻研金石文字、音韵、训诂、版本目录、文献校勘、古籍收藏，在众多领域取得重要的学术成果，而且兴业讲学、教书育人，为晚清贵州朴学乃至近代中国文化做出卓越贡献。莫氏家族的文化教育、学术研究、藏书活动都冠以"影山草堂"之名，莫友芝、莫绳孙等即使漂泊他乡，其所居之所、藏书之处仍以"影山草堂"为榜额，并依靠其在藏书、版本、目录、音韵等方面的学术成就，让影山草堂闻名天下，这是莫氏"影山文化"走出家族，走向家国的清晰历程。

民国年间浙江大学史地研究所编撰的《遵义新志》中，主编张其昀先生在"历史地理"一章将两千多年的遵义历史分为九个阶段，其中第八阶段为"沙滩期"，这是"沙滩文化"最早的出处，并认为"沙滩"不仅仅属于遵义，而是"有清中叶曾为一全国知名文化区"。可以看到外界对贵州地域学术文化的认识和认同，以晚清贵州朴学为线索，能够释读沙滩、影山文化更多的信息，从中看到它们的本质与核心，在文化事业飞速发展的今天，只有真正进入并解读那段学术历史，才能获得对当时学术文化的更多体验与认识，从而实现历史财富带来的更确切的现实意义。

# 第四节  探索教育特色与传统

在贵州教育史上，学界一般认为清代贵州教育的发展是最快的，其原因是多方面，从大的方面看主要是清王朝对贵州经济、教育的重视和政策影响，而在小的方面，则主要是贵州本土文化对教育事业的推动，而清代贵州教育特色与传统的形成离不开一大批教育家的多方探索与努力奉献。晚清贵州朴学家中，有很多人都投身过文教事业，有人甚至躬耕一生，为乡邦教育贡献了所有的才学与智慧。

## 一、教育之路

道光十六年（1836），贺长龄任贵州巡抚时，考察发现"黔地苦文教未兴，或数厅县无一义塾"，是贵州教育落后的根本原因。于是贺长龄决定率先发展贵州教育，不仅在各地兴建府学、义塾、书院，而且注重文化学术，让有志有学之士参与志书修纂、兴业讲学，一时间文教蔚然。应其号召，不少学者都积极参与贵州文教事业，郑珍、莫友芝、莫庭芝、莫祥芝、黎兆勋、傅潢、赵旭、胡长新、黎庶焘、李兰台、聂树楷、黎景煊、陈矩、杨恩元、雷廷珍、姚华等历代学者都曾到一线任教，并且以自己在传统学术领域的深厚的学识和思想，致力于培养晚近后学；同时，他们还利用自己在学术文化上的影响力，有的创办书院、有的捐资兴学、有的资助后学、有的编印乡贤著述、有的纂修方志，共同为推动地方文教而多方努力，真正做到了舍己奉献。

又如在独山时，莫与俦便四处奔走，在三都、丹寨等地执教二十余载，并以自己的学术思想和教育理念教导家族子弟，开创了"影山文化"。继任遵义府学后，积极贯彻儒家人文教育，既严格要求家族子弟和师门学徒"端趋向，黜浮华，薄荣利，固穷约"，推崇朴学教育，又乐才善诱，培养好学之气。莫氏以"文章品业"影响数代贵州学子，不仅光大了沙滩、影山文化，而且为贵州教育树立了"以学润教"的典范，开辟了新的治学从教之路。

晚清贵州朴学家群体的积极参与教育事业，大大增强了教育的内在驱动力，使晚清贵州的文教事业出现焕然一新的品质与特点，朴学家在教育中展现出的信念、智慧和创造精神，成为贵州教育历史、教育文化的真正底蕴。晚清贵州朴学家致力于文教事业，摸索出了"学术反哺教育"的特色教育之路，其教育经验与成果，即使在贵州教育不断发展前行的当代，仍然是一笔宝贵的财富。

## 二、教育家精神

伴随晚清贵州朴学家的崛起，贵州教育文化得到快速发展，而从事教育并非这些学者兼而任之，而是当作匹夫之责、毕生之志，从而为我们留下了宝贵的教育家精神。

首先，晚清贵州朴学家在教育事业中的精神，体现在他们对师承、家学的恪守与传承。例如郑、莫、黎三家都是紧紧围绕儒家文化，讲求耕读齐家，世代注重家教家风。郑珍、莫友芝、莫庭芝、莫祥芝、黎庶焘、黎景煊、黎兆勋等学者在面临人生困境时，却能安贫乐道，把教书育人当作平生乐事，正是代代相传的家族教育，对他们的精神品格产生了深刻影响。

其次，晚清贵州朴学家的教育家精神，还体现在"达则兼济天下"的博大情怀。在郑、莫、黎三家的家族教育中，非常重视文化知识对修身、传家的重要性。黎氏很早就在家设立私塾，让家族子弟在知识文化上保持精进，而这种教育方式也将私学之风带进了贵州；后来莫与俦在府学教授，同样要求子弟坚守儒学礼法，耕读持家。正是这种"穷则独善其身，达则兼济天下"的教育精神，让后世子弟在教育事业中勤勉自励、诲人不倦。例如黎恂曾在富庶的江浙为官，但却心系文教落后的贵州，于是在任职期间，四处搜购古籍图书数万卷，返乡后修建"锄经堂"，既为藏书处，也为家塾子弟和学生读书、治学之用，极大地提高了遵义学者的教育能力和学业水平。晚清时期，面临社会的剧烈变动，出身于家族教育的贵州学者仍然以振兴地方文教为己任，始终秉持良好的教育系统。

最后，晚清贵州朴学家的教育家精神还体现在严谨执教、广招学子。郑、莫、黎三家都以执教严谨为传统，他们当中有很多人都是学者出身，因此他们总是把学术研究中的严谨精神带到教育中去。同时，无论家族子弟，还是外来求学者，他们都一视同仁，而且督课严格、教学有方。例如在黎氏家塾中，黎安理以培育人才为乐，在乡里颇有美名；而长子黎恂归里后，绍继家风，开馆招生，教学严谨；次子黎恺先后在大定府学、印江县学任教，以文教为职志，颇有其父遗风。由于黎恂、黎恺兄弟在教育、学术上的贡献流传甚广，人们称他们为"黎氏双璧"。

可以看到，晚清贵州朴学家对教育的精神和理念，是谨依儒家"修身、齐家、治国、平天下"的观念和追求从事文教事业，在他们的人生、家庭、师门、课堂中，始终贯穿着儒家思想耕读传家、读书务本、兼顾治学与从教的传统。正是由于贵州学界在教育领域的努力，逐渐将踏实、勤勉、乐教、务本的教育学风扩展到整个贵州，一时间文教普及、儒学兴焉。总之，晚清贵州朴学家在文教事业中表现出了不惧艰难、淡泊自守、锲而不舍的个人品格和教育家精神，这为贵州教育创造了空前的人文环境和氛围，形成了贵州教育的特色与传统，对后来新式教育在贵州的兴起和推广奠定了深厚的基础。

## 第五节　凝聚贵州人文历史　与人文精神

　　晚清贵州朴学另一个重要的当代价值，就是能够以学术文化为主线，凝聚并展现贵州的人文历史和人文精神。以朴学为例，从汉代舍人研治经学、尹珍传播儒家学术，到明代易贵、孙应鳌重义理、讲实学，建立朴学体系，再到道咸时朴学群体崛起，将贵州学术文化推向主流和高峰，这样脉络清晰的发展历史和思想流变，能够更好地提炼与显现人文历史和人文精神。要更好地发展传承贵州历史文化，必须把握贵州的人文历史和人文精神，但其角度和方法都是复杂多样的，这里我们仅略谈一下晚清贵州朴学在这方面的当代价值。

　　首先，从文化基础和学术基础来看，晚清贵州朴学仍然属于中国传统学术中的儒家学术，其基本思想与方法是遵循乾嘉学术以文字、考据为核心，研治典籍文献。贵州朴学即从考文字、辨音韵入手，治经析理，尊崇汉宋，进而以"以字通经"之法，精研《说文》、"三礼"、金石、群书，从而取得不逊于主流学术的成就。为了达到这种学术理想和追求，晚清贵州朴学家人人勤奋刻苦，并且"遍交海内英儒俊彦以自广"，突破自身局限，见贤思齐，这种学术理路，正是晚清贵州朴学学术精神的体现。

其次，从个人成就和影响看，晚清贵州朴学的代表学者如郑珍、莫友芝、萧光远、傅寿彤、黎庶昌、郑知同等不仅个人在学术修养非常高，并且学术成就已经超越地域限制，广为学界和后人熟知和赞誉。例如郑珍的经学专著《仪礼私笺》《轮舆私笺》《经说》等为学界称道，莫友芝因此评价郑氏经学第一，晚清朴学殿军孙诒让在其名著《周礼正义·冬官考工记》征引郑氏《轮舆私笺》八十余处；而郑珍的文字学成就也很高，不少成果为后世认可，例如《辞海》《辞源》《汉语大字典》等语文辞书中，对一些文字考释就常常参引郑珍《说文逸字》《说文新附考》等。莫友芝的《韵学源流》《邵亭知见传本书目》等著述，都曾一度走在音韵学、版本目录学的最前沿，为儒林倚重，他的《唐写本说文解字本部笺异》都名冠一时，其中《邵亭知见传本书目》被当作历代古籍整理、文献校勘人员的必备工具书，他亦因此被认为是中国版本目录学的开创者之一；而《韵学源流》被认为是中国第一部音韵史专著，罗常培、王力、张世禄对该书评价甚高，并多引其观点。黎庶昌竭尽多年辑成《古逸丛书》，集古籍考逸、版本考据、文本校诂之大成，该书至今仍与《四库全书》《四部丛刊》《丛书集成》等齐名，是中国最具权威的古籍善本之一。郑知同继承父亲郑珍，深耕《说文》、文字、训诂和经学，留下大批文字学专著，著述数量更是居沙滩学者之首；

两广总督张之洞因郑知同学问渊深，特聘其为广雅书局总纂，郑氏任职时，书局声誉和影响得到提振，其文字学水平和成就亦广受认可，章太炎曾盛赞文字学"前有许叔重，后有郑伯更"。

晚清贵州朴学的成功，让外界看到了贵州的人文历史和人文精神，贵州朴学家所体现出的个人品格和学术精神，晚清百年间，数代学者前后相承、交相砥砺的精神力量，激励贵州历史文化奋发进取、不断走向繁荣，铸就了贵州地域学术文化发展的精华与灵魂。

# 结　　语


　　如果把贵州学术文化的历史拉长来看，晚清贵州朴学只是其中很小、很短的一段，但就是这一段微观的学术思想史，不仅续写了传统朴学及其学术文化在贵州的发展演变史，并且从更宽广、更深层的角度拉近了贵州与先进地域学术、主流学术文化的距离，从而将古代贵州学术文化推向了高峰。

　　立足于中国传统学术的总体史观，孕育生长于具有地域特色的生态结构中的晚清贵州朴学，在与主流学术、其他地域学术的比较中，其形态及构成内容有自身的内涵与特质。我们力图通过对贵州朴学家及其学术活动、学术著述，再现晚清贵州朴学如何在地域、思想、社会、文化等复杂的地域元素中，展现出具有贵州特色的学术风貌、思想话语和精神气质。谭其骧先生曾言："任何时代，都不存在一种全国共同的文化。"[①] 古往今来，无论是位居主流的中国传统学术，还是闪耀一时、一地的地域学术，都在奔涌的中国历史文化长河中，寻求目标与变通，追求凝聚与包容，走向认同与扩展，这样丰富多彩、鲜活生动的演化进程，才是真

---

① 谭其骧《中国文化的时代差异和地区差异》，《复旦学报（社会科学版）》1986 年第 2 期，第 7 页。

正属于中华民族的历史记忆、文化记忆、社会记忆。而晚清贵州朴学既是贵州地域文化的记忆，也是中华民族历史文化记忆的一部分。

研究地域学术不能忽视人物、文献及其学术领域所孕育发展的历史环境，忽视时间层次和空间环境，都难以窥见晚清贵州朴学的完整面貌和真正意义。从人物史、文献史的角度看，从早期莫与俦接触乾嘉学术，到郑珍、莫友芝崛起贵州，再到后来杨兆麟、平刚等结交章炳麟、黄侃等，贵州朴学可谓上承"乾嘉之盛"，下接"章黄之新"，真正参与了晚清以来的中国学术史，并且走出了自身的特色。道咸之际朴学由盛而转向低谷徘徊，虽相对沉寂却在发生转变，这在贵州朴学家的研究著述中亦有所体现。贵州朴学虽未出乾嘉治学门径，但在具体研究内容上，晚清贵州朴学家精耕细作，对乾嘉诸儒不仅多有驳正，并且有所增益，多所发明。

而在这一历史进程中，晚清贵州朴学家展现出了非常宝贵的"群体品格"，他们作为一个学术共同体，不唯有高洁人格，更有高度一致的学术信仰和使命感，在个人命运万分困苦的境遇下，坚持著书立说，始终保持与主流学术思潮一致，从而振兴了朴学，最终推动贵州朴学成为中国学术史之一脉，并起到了承上启下的历史作用。可以说，没有晚清贵州朴学家的苦行力学、刻苦自勉、奋力拼搏，古代贵州的学术文化将更加荒芜。曾国藩曾说："豪英不地囿，十九兴偏邦。"这既是晚清贵州朴学家群体学术生命的客观评价，也是贵州地域学术文化发展演变的真实镜像。

在贵州省会贵阳城东的扶风山麓，有一组始建于嘉庆十九年

（1814）的古建筑群"阳明祠"，它由阳明祠、尹道真祠、扶风寺组成，这里古色古香、幽静美丽，郑珍曾誉之为"插天一朵青芙蓉"。在尹道真祠内，不仅供奉着贵州"汉三贤"，还祭奉着郑珍、莫友芝、黎庶昌等晚清贵州朴学核心人物，从尹珍到阳明，再到晚清贵州朴学诸先贤，这里似乎凝聚着整个贵州学术文化史。祠堂的门柱上刻有一副楹联："北学游中国，南天破大荒。"这既是贵州人对先哲尹珍的最高赞誉，也是人们对坚韧、弘毅的贵州学术文化精神的铭刻。历史上的贵州曾长期被看作"三野之地"：一为朝野之"野"，谓远离国家政治中心；二为文野之"野"，谓其远离华夏文化中心；三为"荒野"之"野"，谓远离国家经济中心。但随着前辈学者对郑、莫、黎家族文化的挖掘与整理，对沙滩文化、影山文化的系统性关照，对贵州汉文学的历史梳理，对阳明文化与"黔中王学"的深入研究，以及我们对晚清贵州朴学的整理与考述，贵州在历史文化方面，有了越来越多的元素和闪光点，至少在文化方面，贵州已不再是"文野"之"野"，而是"文化"之地，是"文明"之园。这里拥有深厚的文化土壤和深远的思想源泉，还有一大批为文化践行、为学术躬耕的文人群体，都在彰显着贵州文化的兴盛与传衍。

总之，当回顾贵州历史文化及其演变进程，我们可以自信地说：贵州有学术！而且是有水平、有影响的学术！晚清贵州朴学是当时那批具有中国知识分子传统精神与品格的学者，为我们留下的宝贵财富，它的昌盛与贵州历史文化存在密切的内在关系，朴学本是儒家主流学术的重要分支，正因为处于荒隅的贵州文化始终向主流学术文化看齐，经过百多年的传衍发展，才使晚清贵州朴学成为传统学术的流派之一，并且在与其他地域学术之间的学习互鉴、交融互动中，孕育出自身丰富而深邃的学术思想和学术形态，共同推动了我国传统学术文化的发展。这就是晚清贵州朴学的核心价值，也是贵州地域学术文化对中国传统学术的深刻认同。

# 参 考 文 献

**一、典籍**

1. 敖继公《仪礼集说》，《文渊阁四库全书》第 102 册，台湾商务印书馆，1983—1986 年。

2. 班固《白虎通德论》，《四部丛刊》景元大德覆宋监本。

3. 班固《汉书》，清乾隆武英殿刻本。

4. 班固撰，王先谦补注《汉书补注》，上海古籍出版社，2008 年。

5. 曹元弼《礼经学》，清宣统元年（1909）刻本。

6. 陈康祺《燕下乡脞录》，清光绪七年（1881）刊本。

7. 陈彭年《宋本广韵》（影印张氏泽存堂本，简称《广韵》），中国书店，1982 年。

8. 陈彭年《宋本玉篇》（影印张氏泽存堂本，简称《玉篇》），中国书店，1983 年。

9. 褚寅亮《仪礼管见》，《续修四库全书》第 88 册，上海古籍出版社，2002 年。

10. 丁度《集韵》（影印述古堂影宋钞本），上海古籍出版社，1985 年。

11. 段玉裁《说文解字注》（中华书局编辑部编《说文解字四种》影印本），中华书局，1998 年。

12. 段玉裁《说文解字注》（影印经韵楼藏版），上海古籍出版社，1981 年。

13. 段玉裁《经韵楼集》，清嘉庆十九年（1814）刻本。

14. 范晔《后汉书》，百衲本景宋绍熙刻本。

15. 方苞《仪礼析疑》，《文渊阁四库全书》第 109 册，台湾商务印书馆，1983—1986 年。

16. 方东树《汉学商兑》，清光绪十一年（1885）刻本。

17. 傅寿彤《古音类表》，《续修四库全书》第 248 册，上海古籍出版社，1995 年。

18. 顾炎武撰，陈垣校注《日知录校注》，安徽大学出版社，2007 年。

19. 管仲《管子》（缩印浙江书局汇刻《二十二子》本），上海古籍出版社，1986 年。

20. 桂馥《说文解字义证》，中华书局，1987 年。

21. 郝懿行《尔雅郭注义疏》，清同治五年（1866）郝氏家刻本。

22. 何超《晋书音义》，《文渊阁四库全书》第 256 册，台湾商务印书馆，1986 年。

23. 何休解诂，徐彦疏《春秋公羊传注疏》，清嘉庆二十年（1815）南昌府学重刊宋本十三经注疏本。

24. 黄以周撰，王文锦点校《礼书通故》，中华书局，2007 年。

25. 黄宗羲《明儒学案》，《文渊阁四库全书》第 457 册，台湾商务印书馆，1983—1986 年。

26. 姜兆锡《仪礼经传内外编》，《续修四库全书》第 87 册，上海古籍出版社，2002 年。

27. 孔安国传，孔颖达疏《尚书注疏》，清嘉庆二十年（1815）南昌府学重刊宋本十三经注疏本。

28. 孔广森《仪礼臆测》，《四库全书存目丛书》第 89 册，齐鲁书社，1997 年。

29. 孔尚任《桃花扇》，清康熙刻本。

30. 黎庶昌《拙尊园丛稿》，中国文史出版社，2007 年。

31. 李零、刘新光整理《汗简·古文四声韵》，中华书局，2010 年。

32. 梁章钜、郑珍《称谓录·亲属记》，中华书局，1996 年。

33. 凌惕安《郑子尹先生年谱》，上海商务印书馆，1945 年。

34. 凌廷堪著，彭林点校《礼经释例》，"中央研究院"中国文哲研究所，2002 年。

35. 刘沅《仪礼恒解》，《四库全书存目丛书》第 91 册，齐鲁书社，1997 年。

36. 娄机《汉隶字源》，摘藻堂《四库全书荟要》第 79 册，世界书局，1985 年。

37. 陆德明《经典释文》，上海古籍出版社，2013 年。

38. 陆德明《经典释文》，清抱经堂丛书本。

39. 凌濛初《二刻拍案惊奇》，明崇祯尚友堂刻本。

40. 罗书勤、贾肇华、翁仲康、杨汉辉点校，黄永堂审校《黔书·续黔书·黔记·黔语》，贵州人民出版社，1992 年。

41. 毛亨著、郑玄笺、陆德明音义《毛诗》，《四部丛刊》景宋本。

42. 毛亨传，郑玄笺，孔颖达疏《毛诗注疏》，清嘉庆二十年（1815）南昌府学重刊宋本十三经注疏本。

43. 梅尧臣《宛陵先生集》，《四部丛刊》景明万历梅氏祠堂本。

44. 梅膺祚《字汇》（影印本），上海辞书出版社，1991 年。

45. 梅镇涵《说文解字部首增释》，民国十三年（1924）北京公记印书局石印本。

46. 莫友芝《邵亭遗文》，清光绪元年（1875）江宁首刻本。

47. 莫友芝《唐写本说文解字木部笺异》，《续修四库全书》第 227 册，上海古籍出版社，1995 年。

48. 莫友芝著，梁光华、饶文谊《莫友芝〈韵学源流〉手稿点校》，高等教育出版社，2015 年。

49. 莫友芝著，龙先绪、符均笺注《〈邵亭诗钞〉笺注》，三秦出版社，2003 年。

50. 莫友芝著，张剑整理《莫友芝日记》，凤凰出版社，2014 年。

51. 莫友芝著，陈振寰注评《韵学源流注评》，贵州人民出版社，1988 年。

52. 秦蕙田《五礼通考》，清光绪六年（1880）江苏书局刻本。

53. 阮元《揅经室集》，中华书局，1993 年。

54. 沈彤《仪礼小疏》，《文渊阁四库全书》第 109 册，台湾商务印书馆，1983—1986 年。

55. 沈文倬《菿闇文存》，商务印书馆，2006 年。

56. 盛世佐《仪礼集编》，《文渊阁四库全书》第 110 册、111 册，台北商务印书馆，1983—1986 年。

57. 释慧琳《一切经音义》，《大正藏》第 54 册，台北新文丰出版公司，1985 年。

58. 释空海《篆隶万象名义》（缩印日本崇文丛书本，简称《篆隶万象名义》），中华书局，1995 年。

59. 释行均《龙龛手镜》（影印高丽本，简称《龙龛》），中华书局，1985 年。

60. 司马迁《史记》，中华书局，1959 年。

61. 孙诒让著，雪克辑点《十三经注疏校记》，齐鲁书社，1983 年。

62. 万斯大《仪礼商》，《文渊阁四库全书》第 108 册，台湾商务印书馆，1983—1986 年。

63. 王弼注，孔颖达疏《周易正义》，北京大学出版社，2000 年。

64. 王念孙《广雅疏证》，江苏古籍出版社，1984 年。

65. 王仁昫《刊谬补缺切韵》，《续修四库全书》第 250 册，上海古籍出版社，1996 年。

66. 王仁昫《刊谬补缺切韵》，《续修四库全书》第 250 册，上海古籍出版社，1996 年。

67. 王士让《仪礼训解》，《四库全书存目丛书》第 88 册，齐鲁书社，1997 年。

68. 王逸章句，洪兴祖补注《楚辞》，《四部丛刊》景明翻宋本。

69. 王引之《经义述闻》，清道光刻本。

70. 韦协梦《仪礼蠡测》，《四库全书存目丛书》第 89 册，齐鲁书社，1997 年。

71. 吴之英《寿栎庐仪礼奭固》，《四库全书存目丛书》第 93 册，齐鲁书社，1997 年。

72. 萧统编，李善注《文选》，中华书局，1977 年。

73. 萧统编，李善注《文选》，胡刻本。

74. 许慎《说文解字》，中华书局，2010 年。

75. 荀况撰，杨倞注《荀子》，清乾隆抱经堂丛书本。

76. 颜元孙《干禄字书》（影印明拓本），紫禁城出版社，1990 年。

77. 扬雄《方言》，《四部丛刊》景江安傅氏双鉴楼藏宋刊本。

78. 杨天宇《仪礼译注》，上海古籍出版社，2004 年。

79. 佚名著，王钟翰点校《清史列传》，中华书局，1987 年。

80. 翟灏《通俗编》（《续修四库全书》影印清乾隆十六年（1751）刻本，第 194 册），上海古籍出版社，1996 年。

81. 张玉书《康熙字典》（影印同文书局原本），中华书局，1958 年。

82. 张自烈《正字通》（清康熙刻本影印本），国际文化出版公司，1996 年。

83. 章学诚著，叶瑛校注《文史通义校注》（上下册），中华书局，2014 年。

84. 赵岐注《孟子》，《四部丛刊》景宋大字本。

85. 赵尔巽《清史稿》，中华书局，1977 年。

86. 赵翼《陔馀丛考》，清乾隆五十五年（1790）湛贻堂刻本。

87. 支伟成《清代朴学大师列传》，上海人民出版社，2014 年。

88. 郑樵《通志》，《文渊阁四库全书》第 372—381 册，台湾商务印书馆，1983—1986 年。

89. 郑玄注，孔颖达疏《礼记疏》，清嘉庆二十年（1815）南昌府学重刊宋本十三经注疏本。

90. 郑玄注，贾公彦疏《仪礼注疏》，上海古籍出版社，2008 年。

91. 郑玄注，贾公彦疏《仪礼疏》，清嘉庆二十年（1815）南昌府学重刊宋本十三经注疏本。

92. 郑珍、莫友芝著，遵义市地方志编纂委员会办公室整理点校

《遵义府志》，巴蜀书社，2013 年。

93. 莫友芝著，梁光华注评《唐写本说文解字木部笺异注评》，上海古籍出版社，2016 年。

94. 王锳等《郑珍集·经学》，贵州人民出版社，1991 年。

95. 萧光远著，刘海涛、龙先绪、欧蕾、赵中、聂有才点校《萧光远全集》，贵州民族出版社，2018 年。

96. 姚华著，邓见宽点注《书适》，贵州人民出版社，1988 年。

97. 姚际恒撰，陈祖武点校《仪礼通论》，中国社会科学出版社，1998 年。

98. 袁枚《随园随笔》，凤凰出版社，1993 年。

99. 郑珍《说文新附考》（王锳、袁本良《郑珍集·小学》点校本），贵州人民出版社，2001 年。

100. 郑珍撰，白敦仁校注《巢经巢诗钞校注》，巴蜀书社，1996 年。

101. 郑珍撰，黄万机等校注《巢经巢文集校注》，中央民族大学出版社，2013 年。

102. 周祖谟《尔雅校笺》，江苏教育出版社，1984 年。

103. 朱骏声《说文通训定声》，清道光二十八年（1848）刻本。


二、著作

1. 卞仁海《杨树达训诂研究》，中山大学出版社，2014 年。

2. 曾光光《桐城派与清代学术流变》，中国社会科学出版社，2016 年。

3. 曾良《俗字及古籍文字通例研究》，百花洲文艺出版社，2006 年。

4. 曾良、陈敏《明清小说俗字典》，广陵书社，2017 年。

5. 车冬梅《清代道咸同时期理学学术与思想研究》，西北大学出版社，2013 年。

6. 陈松长《马王堆简帛文字编》，文物出版社，2001 年。

7. 陈祖武、朱彤窗《乾嘉学派研究》，人民出版社，2011 年。

8. 邓声国《清代〈仪礼〉文献研究》，上海古籍出版社，2006 年。

9. 邓珍《"西南巨儒"郑珍之文字学研究》，武汉大学出版社，2024 年。

10. 丁鼎《〈仪礼·丧服〉考论》，社会科学文献出版社，2003 年。

11. 范同寿《贵州历史笔记》，贵州人民出版社，2008 年。

12. 方向东《孙诒让训诂研究》，中华书局，2007 年。

13. 贵州省地方志编纂委员会《贵州省志·人物志》，方志出版社，2010 年。

14. 贵州省交通厅交通史志编审委员会《贵州公路史》（第一册），人民交通出版社，1989 年。

15. 郭康松《清代考据学研究》，湖北辞书出版社，2001 年。

16. 郭在贻《训诂丛稿》（《郭在贻文集》第一卷），中华书局，2002 年。

17. 郭在贻《训诂学》，中华书局，2005 年。

18. 韩小荆《可洪音义研究——以文字为中心》，巴蜀书社，2009 年。

19. 何九盈、蒋绍愚《古汉语词汇讲话》，中华书局，2010 年。

20. 何九盈《中国古代语言学史》，北京大学出版社，2005 年。

21. 何琳仪《战国古文字典》，中华书局，1998 年。

22. 何琳仪《战国古文字通论》，江苏教育出版社，2003 年。

23. 何长凤编著《贵阳文通书局（1909—1952）》，贵州教育出版社，2002 年。

24. 洪湛侯《徽派朴学》，安徽人民出版社，2005 年。

25. 胡朴安《中国文字学史》，中国书店，1983 年。

26. 胡朴安《中国训诂学史》，上海书店，1984 年。

27. 胡士云《汉语亲属称谓研究》，商务印书馆，2007 年。

28. 黄爱平《朴学与清代社会》，河北人民出版社，2003 年。

29. 黄德宽、陈秉新《汉语文字学史》，安徽教育出版社，2014 年。

30. 黄德宽《古文字谱系疏证》，商务印书馆，2007 年。

31. 黄德宽《古文字学》，上海古籍出版社，2015 年。

32. 黄侃《黄侃国学文集》，中华书局，2006 年。

33. 黄万机《贵州汉文学发展史》，贵州人民出版社，1999 年。

34. 黄万机《莫友芝评传》，贵州人民出版社，1992 年。

35. 黄万机《郑珍评传》，巴蜀书社，1989 年。

36. 黄万机著，遵义市地方志编纂委员会办公室编《沙滩文化志》，中国文史出版社，2006 年。

37. 黄锡全《汗简注释》，武汉大学出版社，1990 年。

38. 黄征《敦煌俗字典》，上海教育出版社，2005 年。

39. 季旭昇《说文新证》，福建人民出版社，2010 年。

40. 蒋礼鸿《敦煌变文字义通释》，上海古籍出版社，1988 年。

41. 蒋绍愚《古汉语词汇纲要》，商务印书馆，2005 年。

42. 李绪柏《清代广东朴学研究》，广东省地图出版社，2001 年。

43. 李学勤《失落的文明》，上海文艺出版社，1997 年。

44. 李学勤《字源》，天津古籍出版社，2012 年。

45. 李宗焜《甲骨文字编》，中华书局，2012 年。

46. 林沄《古文字学简论》，中华书局，2012 年。

47. 梁光华、欧阳大霖《邵亭知见传本书目》，贵州大学出版社，2017 年。

48. 梁启超《清代学术概论》，朝华出版社，2019 年。

49. 梁启超《中国近三百年学术史（新校本）》，商务印书馆，2018 年。

50. 梁中美《晚清民国时期贵州留日学生与贵州近代化》，西南交通大学出版社，2014 年。

51. 刘建臻《清代扬州学派经学研究》，江苏人民出版社，2018 年。

52. 刘思文《地域学派视野下方成珪考据学研究》，中国社会科学出版社，2024 年。

53. 刘钊《古文字构形学》，福建人民出版社，2006 年。

54. 刘宗碧、龙连荣、王雄夫《孙应鳌文集》，贵州教育出版社，1996 年。

55. 罗君惕《汉文字学要籍概述》，中华书局，1984 年。

56. 吕浩《篆隶万象名义校释》，学林出版社，2007 年。

57. 毛远明《汉魏六朝碑刻异体字典》，中华书局，2014 年。

58. 庞思纯《明清贵州 6 000 举人》，贵州人民出版社，2006 年。

59. 庞天佑《考据学研究》，新疆大学出版社，1994 年。

60. 漆永祥《乾嘉考据学研究》，中国社会科学出版社，2018 年。

61. 钱锺书《谈艺录》，生活·读书·新知三联书店，2001 年。

62. 秦公、刘大新《广碑别字》，国际文化出版公司，1995 年。

63. 裴锡圭《文字学概要》，商务印书馆，2009 年。

64. 容庚《金文编》，中华书局，1985 年。

65. 上海图书馆《中国丛书综录》，上海古籍出版社，1982 年。

66. 申满秀《贵州历史与文化》，西南交通大学出版社，2015 年。

67. 沈康年《古文字谱》，云南人民出版社，2006 年。

68. 施吉瑞著，王立译《诗人郑珍与中国现代性的崛起》，河南大学出版社，2017 年。

69. 史光辉、姚权贵《郑珍小学研究》，上海古籍出版社，2023 年。

70. 史继忠《贵州文化》，内蒙古教育出版社，2003 年。

71. 史仲文、胡晓林《中国全史·政治卷（百卷本）》，中国书籍出版社，2011 年。

72. 谭德兴《贵州历代著述考：经部》，贵州大学出版社，2015 年。

73. 汤余惠等《战国文字编》，福建人民出版社，2001 年。

74. 万献初《〈说文〉学导论》，武汉大学出版社，2014 年。

75. 汪启明《考据学论稿》，巴蜀书社，2010 年。

76. 汪文学《边省地域与文学生产：文学地理视野下的黔中古近代文学生产和传播研究》，贵州人民出版社，2020 年。

77. 王锷《三礼研究论著提要》，甘肃教育出版社，2001 年。

78. 王俊年《中国近代文学论文集（1919—1949）概论·诗文卷》，中国社会科学出版社，1988 年。

79. 王力《汉语史稿》，中华书局，2008 年。

80. 王力《龙虫并雕斋文集》（第 1 册），中华书局，1982 年。

81. 王琪《上古汉语称谓研究》，中华书局，2008 年。

82. 王晓清《中国地域学派叙论》，湖北人民出版社，2013 年。

83. 王锳、曾明德《诗词曲语辞集释》，语文出版社，1991 年。

84. 吴仁敬、辛安潮《中国陶瓷史》，北京图书馆出版社，1998 年。

85. 肖先治《贵州文化出版名人传略》，贵州民族出版社，1999 年。

86. 徐在国《传抄古文字编》，线装书局，2006 年。

87. 徐在国《隶定古文疏证》，安徽大学出版社，2002 年。

88. 许子滨《〈春秋〉〈左传〉礼制研究》，上海古籍出版社，2012 年。

89. 杨宝忠《疑难字考释与研究》，中华书局，2005 年。

90. 余国庆《说文学导论》，安徽教育出版社，1995 年。

91. 张剑《莫友芝年谱长编》，中华书局，2008 年。

92. 张舜徽《清人笔记条辩》，华中师范大学出版社，2004 年。

93. 张舜徽《清人文集别录》，华中师范大学出版社，2004 年。

94. 张涌泉《汉语俗字研究(增订本)》，商务印书馆，2016 年。

95. 张涌泉《俗字里的学问》，语文出版社，2000 年。

96. 张羽琼、郭树高、安尊华《贵州：教育发展的轨迹》，贵州人民出版社，2009 年。

97. 张羽琼《贵州古代教育史》，贵州教育出版社，2002 年。

98. 张之洞著，冯天瑜、姜海龙译注《劝学篇》，中华书局，2016 年。

99. 郑远汉《黄侃学术研究》，武汉大学出版社，1997 年。

100. 周鼎等《贵州古旧文献提要目录》，贵州历史文献研究会，1996 年。

101. 周积明、宋德金等《中国社会史论》（卷下），湖北教育出版社，2000 年。

102. 遵义市地方志编纂委员会办公室《遵义市人物志（第一、二卷）》，中国文史出版社，2014 年。


### 三、论文

1. 安树彬《晚清朴学流变研究》，西北大学硕士学位论文，2005 年。

2. 蔡婉怡《黎恂及〈蛉石斋诗钞〉研究》，贵州民族大学硕士学位论文，2021 年。

3. 陈海花《莫友芝与〈邵亭知见传本书目〉》，山东大学硕士学位论文，2006 年。

4. 陈蕾《郑珍诗学研究》，华东师范大学博士学位论文，2011 年。

5. 陈奇《郑珍对〈说文〉逸字的补正》，《贵州大学学报（社科版）》1985 年第 5 期。

6. 陈秋月《郑珍〈说文逸字〉研究》，陕西师范大学博士学位论文，2018 年。

7. 陈欣《论郑知同〈楚辞考辨〉的屈原评价》，《贵州师范学院学报》2017 年第 10 期。

8. 陈永革《浙学及其周边：从地域学术到地方文化》，《浙江社会科学》2020 年第 11 期。

9. 代威《汉代篆文研究》，吉林大学硕士学位论文，2013 年。

10. 戴永恒《莫友芝文学研究》，广西师范大学博士学位论文，2023 年。

11. 邓珍《郑珍文字学之研究》，华中科技大学博士学位论文，2020 年。

12. 丁臻《莫友芝篆书研究》，中国美术学院硕士学位论文，2022 年。

13. 窦属东《郑珍〈亲属记〉研究》，贵州师范大学硕士学位论文，2014 年。

14. 范松《黔学与黔学研究刍论》，《贵州社会科学》2013 年第 2 期。

15. 方笑一《莫棠〈铜井文房砖录〉的文献价值》，《文献》2017 年第 5 期。

16. 花友娟《郑珍〈汗简笺正〉研究》，贵州师范大学硕士学位论文，2016 年。

17. 贾沛玉《〈说文浅说〉初探》，《今古文创》2024 年第 25 期。

18. 李明勇《晚清贵州图书传播研究（1840—1911）》，华中师范大学博士学位论文，2018 年。

19. 李远《清代学者莫与俦》，《贵州师范大学学报（社科版）》1991 年第 4 期。

20. 刘海涛《萧光远与郑珍、莫友芝交往述论》，《贵阳学院学报（社科版）》2022 年第 5 期。

21. 刘汉志《莫友芝影山草堂藏书考证——兼与杨祖恺同志商榷》，《贵州文史丛刊》1990 年第 1 期。

22. 刘恒《郑珍信札四通考释》，《贵州文史丛刊》2020 年第 4 期。

23. 卢高媛《清代诗人集会专题研究》，浙江大学博士学位论文，2019 年。

24. 马延炜《晚清湖南武陵杨氏家族的学术研究与文化传衍》，《武陵学刊》2022 年第 4 期。

25. 欧多恒《浅析清代贵州教育发展的原因》，《贵州社会科学》

1985 年第 2 期。

26. 秦礼显《一代硕儒廖袭华》,《文史天地》2003 年第 7 期。

27. 丘铸昌《近代黔学研究的收获——评黄万机的两部人物传记》,
    《贵州社会科学》1991 年第 8 期。

28. 石尚彬《晚清著名教育家莫与俦》,《贵州文史丛刊》1997 年第
    5 期。

29. 史光辉《绝代经巢第一流:西南大儒郑珍的小学研究》,《孔学
    堂》2018 年第 4 期。

30. 史光辉、姚权贵《〈说文逸字〉在〈说文〉学研究方面的文献学
    价值》,《古籍整理研究学刊》2015 年第 3 期。

31. 史继忠《贵州置省的历史意义》,《贵州民族研究》1997 年第
    3 期。

32. 舒大刚、吴光、刘学智、张新民、朱汉民《百花齐放 百家争
    鸣——地域学术论辩大会纪实》,《孔学堂》2018 年第 2 期。

33. 唐明贵《孙应鳌〈论语近语〉的诠释特色》,《贵阳学院学报
    (社科版)》,2021 年第 5 期。

34. 汪文学《黔学彰显"多彩贵州"文化根基》,《贵州日报》2015
    年 8 月 7 日刊。

35. 汪文学《用历史细节和微观研究丰富黔学》,《贵州日报》2019
    年 4 月 26 日刊。

36. 王晓昕《阳明入黔前的黔中文化与文化人》,《贵州民族大学学
    报(哲社版)》2017 年第 6 期。

37. 王锳《郑珍经学著作二种校点前言》,《贵州民族学院学报(社
    科版)》1989 年第 2 期。

38. 王永平《晋宋之际北府地域学术群体之兴起及其学术文化风尚（上）》，《河北学刊》2014 年第 3 期。

39. 王永平《晋宋之际北府地域学术群体之兴起及其学术文化风尚（下）》，《河北学刊》2014 年第 4 期。

40. 翁仲康《黎庶昌对地方文献的功绩》，《贵州文史丛刊》1992 年第 3 期。

41. 姚权贵《郑珍〈说文〉学研究》，贵州师范大学硕士学位论文，2013 年。

42. 姚权贵、史光辉《〈说文〉新附俗写源流考辨——基于郑珍的〈说文新附考〉》，《浙江师范大学学报（社科版）》2016 年第 2 期。

43. 叶舟《清代地域学术的互动：以常州与徽州的学术交流为例》，《安徽大学学报（哲社版）》2018 年第 3 期。

44. 易健贤《宦懋庸〈六书略平议〉》，《贵州文史丛刊》1994 年第 2 期。

45. 袁艳秋、孙家愉《程棫林〈说文通例〉稿本考》，《贵州文史丛刊》2022 年第 3 期。

46. 张超人《郑珍〈仪礼私笺〉研究》，贵州师范大学硕士学位论文，2015 年。

47. 张佳莹《傅寿彤〈古音类表〉研究》，曲阜师范大学硕士学位论文，2016 年。

48. 张连顺《"黔学"奠基之作〈尔雅·舍人注〉及其相关问题》，《贵州社会科学》2014 年第 6 期。

49. 张连顺《关于"黔学"的再思考》，《贵州日报·理论周刊·文化贵州创刊号》2018 年 2 月 6 日。

50. 张新民《经学视域下贵州学术思想的流变》，《当代贵州》2013
年第 10 期。

51. 张新民《孙应鳌及其传世著述考论》，《孔学堂》2021 年第 1 期。

52. 钟莉《〈黎氏家集〉简介》，《贵州文史丛刊》1992 年第 3 期。

53. 周之翔《大力推进黔学研究》，《贵州日报》2019 年 4 月 10 日。

54. 周之翔《贵州自觉的历程：从地理空间自觉到人文价值自觉》，
《孔学堂》2020 年第 1 期。

55. 朱修春《论清初四书学者群体"格物致知"思想的特色与意
义》，《天府新论》2008 年第 1 期。

56. 邹芳望《黔学的形成及其转折》，《社科纵横》2019 年第 2 期。

## 四、辞书

1. 辞源修订组《辞源（修订本）》，商务印书馆，1988 年。

2. 汉语大词典编辑委员会《汉语大词典》，汉语大词典出版社，
1986—1993 年。

3. 汉语大字典编辑委员会《汉语大字典（第二版）》，崇文书局、
四川辞书出版社，2010 年。

4. 洪钧陶、启功《草字编》，文物出版社，1983 年。

5. 许宝华、宫田一郎主编《汉语方言大词典（五卷本）》，中华书
局，1999 年。

6. 中国大百科全书出版社《中国大百科全书·语言文字》，中国大
百科全书出版社，1988 年。

**图书在版编目(CIP)数据**

晚清贵州朴学研究／姚权贵著. -- 上海：上海古籍出版社，2025. 5. -- ISBN 978-7-5732-1637-3

Ⅰ. K092.52

中国国家版本馆 CIP 数据核字第 2025E08L83 号

**晚清贵州朴学研究**

姚权贵　著

上海古籍出版社出版发行

（上海市闵行区号景路 159 弄 1-5 号 A 座 5F　邮政编码 201101）

（1）网址：www.guji.com.cn

（2）E-mail：guji1@guji.com.cn

（3）易文网网址：www.ewen.co

上海颛辉印刷厂有限公司印刷

开本 890×1240　1/32　印张 12.5　插页 3　字数 301,000

2025 年 5 月第 1 版　2025 年 5 月第 1 次印刷

ISBN 978-7-5732-1637-3

B·1462　定价：58.00 元

如有质量问题,请与承印公司联系